财经法务与职业道德

主　编　朱丹红

副主编　周红梅

FINANCIAL REGULATIONS
AND PROFESSIONAL ETHICS

厦门大学出版社　国家一级出版社
XIAMEN UNIVERSITY PRESS　全国百佳图书出版单位

图书在版编目（CIP）数据

财经法务与职业道德 / 朱丹红主编；周红梅副主编
. -- 厦门：厦门大学出版社，2023.1
ISBN 978-7-5615-8809-3

Ⅰ．①财… Ⅱ．①朱… ②周… Ⅲ．①财政法－中国
－高等学校－教材②经济法－中国－高等学校－教材③会
计人员－职业道德－高等学校－教材 Ⅳ．①D922.2
②F233

中国版本图书馆CIP数据核字(2022)第189900号

出 版 人　郑文礼
责任编辑　许红兵
美术编辑　李嘉彬
技术编辑　朱　楷

出版发行　厦门大学出版社
社　　址　厦门市软件园二期望海路 39 号
邮政编码　361008
总 编 办　0592-2182177　0592-2181253(传真)
营销中心　0592-2184458　0592-2181365
网　　址　http://www.xmupress.com
邮　　箱　xmupress@126.com
印　　刷　厦门金凯龙包装科技有限公司

开本　787 mm×1 092 mm　1/16
印张　16.75
插页　1
字数　398 千字
版次　2023 年 1 月第 1 版
印次　2023 年 1 月第 1 次印刷
定价　46.00 元

本书如有印装质量问题请直接寄承印厂调换

厦门大学出版社
微信二维码

厦门大学出版社
微博二维码

前　言

"财经法务与职业道德"是会计专业的一门专业基础课,是会计专业学生学习财经法律法规知识及培养会计职业道德素养的必修课程。本课程综合了法学、经济学、会计学、伦理学等学科知识,课程内容涵盖会计法律制度、支付结算法律制度、税收法律制度、劳动合同与社会保险法律制度、会计职业道德五大模块。通过本课程的教与学,学生可以掌握财经法律法规基础理论知识与会计职业道德规范,熟悉我国税法体系及各税种的构成要素和计算方法,助力学生考取相应的初级会计专业技术资格证书,为今后顺利走上会计工作岗位打下坚实的基础。

本教材基于黎明职业大学"十四五"校企共建项目,由黎明职业大学与泉州经贸职业技术学院两所兄弟院校的一线教师共同编写,编写过程中还得到了宏兴会计集团的指导和支持。本教材具有以下特色:

(1)凸显"课证融通"特色。本教材根据最新全国初级会计专业技术资格考试"经济法基础"科目考试大纲及最新财税法律法规编写,内容充分满足初级会计专业技术资格考试要求。

(2)强化育人导向。本教材每个模块在完成明确的课程教学目标的同时,融入课程思政内容,强化思政育人目标,将专业知识的教学与提升学生财经法律素养、会计职业道德素养紧密结合起来。

(3)校企合作。本教材的开发由学校一线教师与企业会计人员共同完成。

本教材由黎明职业大学朱丹红副教授担任主编,对全书进行设计、规划和统稿,并负责模块二和模块三中任务一的编写;黎明职业大学周红梅担任副主编,并负责模块一和模块四的编写;黎明职业大学江湘茹负责模块二中任务二、任务三的编写;泉州经贸职业技术学院陈小凤负责模块二中任务四至任务七的编写;黎明职业大学杨国胜负责模块五的编写;宏兴会计集团从事会计教育的邓丽华校长提供实务方面的指导。

由于编者水平、时间有限,书中难免存在不足和疏漏,敬请各位专家及读者批评指正。

编者

2022 年 11 月

目 录

模块一　会计法律制度

课程教学目标

了解：法律部门、法律体系、法律责任的概念；会计法律制度的概念、《会计法》的适用范围、会计机构、会计法律责任。

熟悉：法和法律的概念、法的本质与特征、法律责任的种类；会计工作管理体制、代理记账、会计岗位设置、会计工作交接。

掌握：法的分类；法律关系的要素；会计核算、会计档案管理、会计监督、会计人员。

思政育人目标

践行社会主义核心价值观，培养法律思维方式和思考习惯，树立会计法律意识，依法开展会计核算和会计监督。

任务一　法律基础与会计法律制度认知

一、法的概念、本质与特征

(一)法和法律的概念

1.法的概念

法是由国家制定或认可，并由国家强制力保证实施的，反映统治阶级意志的规范体系。这一意志的内容由统治阶级的物质生活条件所决定，它通过规定人们在社会关系中的权利和义务，确认、保护和发展有利于统治阶级的社会关系和社会秩序。

2.法律的概念

法律有广义与狭义之分。广义的法律是指法的整体，即国家制定或认可，并由国家强制力保证实施的各种行为规范的总和。狭义的法律专指拥有立法权的国家机关依照立法程序制定和颁布的规范性文件，就我国而言，专指全国人民代表大会及其常务委员会制定的法律，如《中华人民共和国会计法》《中华人民共和国票据法》等。

学理上，法与法律有区分。法是一系列社会规则、原则及概念等的结合，而法律仅仅是法的形式之一，具有具体性、形象性的特点。在实践中，人们对法和法律的概念往往不加严格区分。

(二)法的本质

法的本质即法是统治阶级的国家意志的体现。这一本质可以从以下几个方面来理解：

1.法不是社会各阶级意志的体现，只能是统治阶级意志的体现。

2.法所体现的统治阶级的意志，是由统治阶级的物质生活条件决定的，是社会客观需要的反映。

3.法体现的是统治阶级的整体意志和根本利益，而不是统治阶级每个成员个人意志的简单相加。

4.法体现的不是一般的统治阶级意志，而是统治阶级的国家意志。

5.统治阶级的某个成员违反法律，也要受到法律制裁。

(三)法的特征

1.法是经过国家制定或认可才得以形成的规范，具有国家意志性。制定和认可，是国家创制法的两种方式，是把统治阶级的意志上升为国家意志的两条途径。

2.法凭借国家强制力的保证而获得普遍遵守的效力，具有强制性。与道德规范主要依靠社会舆论来实施不同，法的国家强制性是以军队、警察、法庭、监狱等为后盾，与国家制裁相联系的，表现为对违法者采取国家强制措施。

3.法是确定人们在社会关系中的权利和义务的行为规范，具有利导性。法是通过规定人们的权利和义务来分配利益，从而影响人们的动机和行为，实现统治阶级的意志和要求，维持社会秩序。法具有为人们提供行为模式和标准的属性，所以其具有利导性的特点。

4.法是明确而普遍适用的规范，具有明确公开性和普遍约束性。法的明确公开性表现在，法的内容明确公开，能使人们预知自己或他人一定行为的法律后果。法的普遍约束性体现在，法在国家权力管辖和法律调整的范围、期限内，对所有社会成员及其活动都具有普遍适用性。

二、法律关系

(一)法律关系的概念

法律关系是法律规范在调整人们的行为过程中所形成的一种特殊的社会关系，即法律上的权利与义务关系，或者说，是被法律规范所调整的权利与义务关系。调整社会关系的法律规范不同，所形成的法律关系也不一样，比如民事法律关系、刑事法律关系、行政法律关系等。

(二)法律关系的要素

法律关系由法律关系的主体、内容和客体三个要素构成。缺少其中任何一个要素，都不能构成法律关系。

法律关系的主体,指参加法律关系,依法享有权利和承担义务的当事人。任何法律关系最少要有两个主体。我国法律关系主体的种类包括:①自然人,这是最常见的法律关系主体;②法人,分为营利法人、非营利法人和特别法人;③非法人组织,如个人独资企业、合伙企业等;④国家,在特殊情况下,国家可以作为一个整体成为法律主体。

法律关系的内容,指法律关系主体所享有的权利和承担的义务。权利和义务是密切联系不可分离的,法律上的权利和义务,都受国家法律保障。

法律关系的客体,指法律关系主体的权利和义务所共同指向的对象。能够作为法律关系客体的东西应当具备能为人类所控制并对人类有价值这一特征。法律关系客体的具体内容在不断演变。法律关系的客体主要包括:①物,可以是自然物,也可以是人造物,还可以是货币及有价证券;②智力成果,是指人们通过脑力劳动创造的能够带来经济价值的精神财富,主要是知识产权的客体,如著作、发明、设计、商标等;③行为,作为法律关系的客体不是指人们的一切行为,而是人的有意识的活动,如生产经营行为、经济管理行为等;④人身、人格,人的整体只能是法律关系的主体,以人身、人格作为法律关系客体的范围,法律有严格的限制;⑤信息、数据、网络虚拟财产,《中华人民共和国民法典》(以下简称《民法典》)规定,"法律对数据、网络虚拟财产的保护有规定的,依照其规定",数据、虚拟财产因具有财产属性,可以成为法律关系的客体。

(三)法律事实

法律事实是指由法律规范所确定的,能够产生法律后果,即能够直接引起法律关系发生、变更或者消灭的情况。通常划分为法律事件和法律行为。

法律事件是不以当事人的主观意志为转移的,能够引起法律关系发生、变更和消灭的法定情况或者现象。法律事件可以是自然现象,如地震、台风、洪水、海啸等自然灾害,也可以是某些社会现象,如爆发战争等。

法律行为是以法律关系主体意志为转移,能够引起法律后果,即引起法律关系发生、变更和消灭的人们有意识的活动。它是引起法律关系发生、变更和消灭的最普遍的法律事实。法律行为包括法律关系主体的合法行为与违法行为、善意行为与恶意行为等。

三、法的分类

根据不同的标准,可以对法作出如下分类。

(一)成文法和不成文法

这是根据法的创制方式和发布形式不同所作的分类。成文法是指有权制定法律的国家机关,依照法定程序制定的具有条文形式的规范性文件。不成文法是指国家机关认可的、不具有条文形式的规范,如习惯法、判例法等。我国是成文法国家,习惯与判例不能成为法律。

(二)根本法和普通法

这是根据法的内容、效力和制定程序所作的分类。根本法即宪法。宪法规定国家制度和社会制度的基本原则,具有最高的法律效力,是普通法立法的依据。宪法的制定和修改需要经过比普通法更为严格的程序。宪法以外的所有法律泛指普通法。

(三)实体法和程序法

这是根据法的内容所作的分类。实体法是指具体规定法律主体权利和义务的法律，如《中华人民共和国民法典》等。程序法是指为了保障法律主体权利和义务的实现而制定的程序方面的法律，如《中华人民共和国民事诉讼法》《中华人民共和国税收征收管理法》等。

(四)国际法和国内法

这是根据法的主体、调整对象和渊源所作的分类。国际法是指调整国家之间相互关系的法律规制的总体。国内法是指由特定国家创制的并适用于本国主权所及范围内的法律规制的总体。

(五)公法和私法

这是根据法律运用的目的所作的分类。学者普遍认为，凡是以保护公共利益为目的的法律为公法，如宪法、刑法、行政法等；凡是以保护私人利益为目的的法律为私法，如民法、商法等。

四、法律部门与法律体系

(一)法律部门与法律体系的概念

1.法律部门

法律部门又称为部门法，是根据一定标准和原则所划定的同类法律规范的总称。法律部门划分的标准首先是法律调整的对象，即法律调整的社会关系，其次是法律调整的方法。

2.法律体系

法律体系又称为部门法体系。一个国家的现行法律规范分类组合为若干个法律部门，法律体系是指由这些法律部门组成的具有内在联系的、互相协调的统一整体。

(二)我国现行的法律部门与法律体系

1.宪法及宪法相关法

主要包括四个方面的内容：①有关国家机构的产生、组织、职权和基本工作制度的法律；②有关民族区域自治制度、特别行政区制度、基层群众自治制度的法律；③有关维护国家主权、领土完整和国家安全的法律；④有关保证公民基本政治权利的法律。

2.民商法

民商法所调整的是自然人、法人和其他组织之间以平等地位而发生的各种法律关系。民法调整的是自然人、法人及其他组织等平等主体之间的人身关系和财产关系。商法是在民法的基础上发展起来的，是调整平等主体之间商事关系的法律，包括公司、破产、保险、票据等方面的法律。

3.行政法

行政法是规范国家行政管理活动的法律规范的总和，如《中华人民共和国行政许可法》《中华人民共和国行政处罚法》等。

4.经济法

经济法是调整国家从社会整体利益出发对市场经济活动实行干预、管理、调控所产生的社会经济关系的法律规范的总和，如《中华人民共和国反不正当竞争法》《中华人民共和国反垄断法》《中华人民共和国预算法》等。

5.劳动法与社会法

劳动法与社会法是调整有关劳动关系、社会保障和社会福利关系的法律规范的总和，如《中华人民共和国劳动合同法》《中华人民共和国社会保险法》等。

6.刑法

刑法是规定犯罪、刑事责任和刑罚的法律规范的总和。

7.诉讼与非诉讼程序法

诉讼与非诉讼程序法是调整因诉讼活动和非诉讼活动而产生的社会关系的法律规范的总和，包括《中华人民共和国刑事诉讼法》《中华人民共和国民事诉讼法》《中华人民共和国行政诉讼法》《中华人民共和国仲裁法》等。

五、法律责任

(一)法律责任的概念

法律责任是法律关系主体由于违反法定的义务而应承受的不利的法律后果。

狭义的法律责任与违法行为和法律制裁紧密相连。违法行为是一切违反现行法律要求或超出现行法律允许范围的危害社会的活动。广义的违法包括一般违法和犯罪；狭义的违法是不构成犯罪的一般违法行为。法律制裁是由特定国家机关对违法者依其所应负的法律责任而实施的强制性惩罚措施。

(二)法律责任的种类

1.民事责任

根据《民法典》的规定，承担民事责任的方式主要有：停止侵害；排除妨碍；消除危险；返还财产；恢复原状；继续履行；修理、重作、更换；赔偿损失；支付违约金；消除影响、恢复名誉；赔礼道歉等。

2.行政责任

(1)行政处罚：是行政主体对行政相对人违反行政法律法规尚未构成犯罪的行为所给予的法律制裁。具体形式包括：警告；罚款；没收违法所得，没收非法财物；责令停产停业；暂扣或者吊销许可证，暂扣或吊销执照；行政拘留；法律、行政法规规定的其他行政处罚。

(2)行政处分：是对违反法律规定的国家机关工作人员或被授权、委托的执法人员所实施的内部制裁措施。具体包括警告、记过、记大过、降级、撤职、开除。

3.刑事责任

(1)主刑：管制，期限为 3 个月以上 2 年以下；拘役，期限为 1 个月以上 6 个月以下；有期徒刑，期限为 6 个月以上 15 年以下；无期徒刑；死刑。

主刑中，数罪并罚的，管制最高不能超过 3 年，拘役最高不能超过 1 年，有期徒刑总和刑期不满 35 年的,最高不能超过 20 年,总和刑期在 35 年以上的,最高不能超过 25 年。

(2)附加刑:可以同主刑一起适用,也可以独立适用。其种类有:罚金;剥夺政治权利;没收财产;驱逐出境。

六、会计法律制度

(一)会计法律制度的概念

会计法律制度,是指国家权力机关和行政机关依法制定的,用以调整会计关系的各种法律、法规、规章和规范性文件的总称。会计关系是会计机构和会计人员在办理会计事务过程中以及国家在管理会计工作过程中发生的经济关系。

(二)会计法律制度的适用范围

《中华人民共和国会计法》(以下简称《会计法》)第二条规定,国家机关、社会团体、公司、企业、事业单位和其他组织必须依照本法办理会计事务。

国家实行统一的会计制度。国家统一的会计制度由国务院财政部门根据《会计法》制定并公布。

国务院有关部门可以依照《会计法》和国家统一的会计制度制定对会计核算和会计监督有特殊要求的行业实施国家统一的会计制度的具体办法或者补充规定,报国务院财政部门审核批准。

中国人民解放军总后勤部可以依照《会计法》和国家统一的会计制度制定军队实施国家统一的会计制度的具体办法,报国务院财政部门备案。

(三)会计工作管理体制

1.会计工作的行政管理

《会计法》第七条规定,国务院财政部门主管全国的会计工作。县级以上地方各级人民政府财政部门管理本行政区域内的会计工作。

2.单位内部的会计工作管理

《会计法》第四条规定,单位负责人对本单位的会计工作和会计资料的真实性、完整性负责。单位负责人指单位法定代表人或者法律、行政法规规定代表单位行使职权的主要负责人。单位负责人应当保证会计机构、会计人员依法履行职责,不得授意、指使、强令会计机构、会计人员违法办理会计事项。

任务二　会计核算与会计监督

一、会计核算

《会计法》第九条规定,各单位必须根据实际发生的经济业务事项进行会计核算,填制会计凭证,登记会计账簿,编制财务会计报告。任何单位不得以虚假的经济业务事项或者资料进行会计核算。

(一)会计核算的基本要求

1.依法建账

《会计法》第三条规定,各单位必须依法设置会计账簿,并保证其真实、完整。

《会计法》第三十六条规定,各单位应当根据会计业务的需要,设置会计机构,或者在有关机构中设置会计人员并指定会计主管人员;不具备设置条件的,应当委托经批准设立从事会计代理记账业务的中介机构代理记账。

2.会计核算应当以实际发生的经济业务事项为依据

其具体要求是:根据实际发生的经济业务,取得合法、可靠的凭证,并据此登记账簿,编制财务会计报告,形成符合质量标准的会计资料。

3.保证会计资料的真实性和完整性

会计资料的真实性,主要是指会计资料所反映的内容和结果,应当同单位实际发生的经济业务的内容及其结果相一致。会计资料的完整性,主要是指构成会计资料的各项要素都必须齐全。其基本要求是:任何单位和个人不得伪造、变造会计凭证、会计账簿和其他会计资料,不得提供虚假的财务会计报告。

4.正确采用会计处理方法

《会计法》第十八条规定,各单位采用的会计处理方法,前后各期应当一致,不得随意变更;确有必要变更的,应当按照国家统一的会计制度的规定变更,并将变更的原因、情况及影响在财务会计报告中说明。

5.正确使用会计记录文字

《会计法》第二十二条规定,会计记录的文字应当使用中文。在民族自治地方,会计记录可以同时使用当地通用的一种民族文字。在中华人民共和国境内的外商投资企业、外国企业和其他外国组织的会计记录可以同时使用一种外国文字。

6.使用计算机进行会计核算必须符合法律规定

为保证计算机生成的会计资料真实、完整和安全,《会计法》对会计电算化作了两个方面的规定:一是用计算机进行会计核算的单位,其使用的会计软件必须符合国家统一的会计制度的规定;二是用计算机生成的会计资料,必须符合国家统一的会计制度的要求。

(二)会计核算的主要内容

1.款项和有价证券的收付

款项是作为支付手段的货币资金,包括库存现金、银行存款和其他货币资金,以及单位其他部门使用的备用金等。有价证券是指表示一定财产拥有权或支配权的证券,如国库券、股票、企业债券和其他债券等。款项和有价证券是流动性最强的资产,是各单位内部控制的重点。

2.财物的收发、增减和使用

财物是单位财产物资的简称,是单位进行或维持生产经营活动、具有实物形态的经济资源。一般包括原材料、燃料、包装物、低值易耗品、在产品、自制半成品、产成品(或库存商品)等存货,以及房屋、建筑物、机器、设备、设施、运输工具等固定资产。

3.债权债务的发生和结算

债权是单位未来收取款项的权利,包括应收账款、应收票据、预付账款、其他应收款、应收股利、应收利息、应收补贴款等。债务是指由于过去的交易或事项形成的,由单位承担并预期会导致经济利益流出单位的现时义务,包括各种借款、应付及预收款项等。

4.资本、基金的增减

资本是投资者为开展生产经营活动而投入的本钱。会计上的资本专指所有者权益中的投入资本。基金是各单位按照法律、法规的规定而设置或筹集的具有某些特定用途的专项资金,如政府基金、社会保险基金、教育基金等。

5.收入、支出、费用、成本的计算

收入、支出、费用、成本的计算,是确定经营成果及其盈亏状况或收支结余状况的直接依据,也直接影响单位财务状况。

6.财务成果的计算和处理

财务成果主要是指企业和企业化管理的事业单位在一定时期内通过从事经营活动而在财务上所取得的结果,具体表现为利润或亏损。财务成果的计算和处理一般包括利润的计算、所得税的计算和交纳、利润分配或亏损弥补等。

7.其他需要办理会计手续、进行会计核算的事项

即按照国家统一的会计制度规定,应当办理会计手续、进行会计核算的其他经济业务事项。

(三)会计凭证

会计凭证是指具有一定格式,用以记录经济业务事项的发生和完成情况的书面证明,也是登记账簿的依据。会计凭证按照编制的程序和用途不同,分为原始凭证和记账凭证。

1.原始凭证

(1)原始凭证的概念

原始凭证又称单据,是在经济业务发生或完成时,由业务经办人员直接取得或者填制,用以表明某项经济业务事项已经发生或完成情况并明确有关经济责任的一种凭据。除了结账和更正错误的记账凭证可以不附原始凭证外,其他记账凭证必须附有原始凭证。

(2)原始凭证填制的基本要求

原始凭证必须具备以下内容:凭证的名称;填制原始凭证的日期;填制单位名称或填制人姓名;经办人员签名或签章;接受原始凭证单位名称;经济业务内容;数量、单价、金额。

从外单位取得的原始凭证,必须盖有填制单位的公章;从个人取得的原始凭证,必须有填制人员的签名或者盖章。自制原始凭证,必须有经办单位领导人或者其指定的人员签名或者盖章。对外开出的原始凭证,必须加盖本单位公章。

凡填有大写和小写金额的原始凭证,大写与小写金额必须相符。购买实物的原始凭证,必须有验收证明。支付款项的原始凭证,必须有收款单位和收款人的收款证明。

一式几联的原始凭证,应当注明各联的用途,只能以一联作为报销凭证。

发生销货退回的,除填制退货发票外,还必须有退货验收证明;退款时,必须取得对方的收款收据或者汇款银行的凭证,不得以退货发票代替收据。

(3)原始凭证的审核

会计机构、会计人员审核原始凭证应当按照国家统一的会计制度的规定进行。经审核的原始凭证应根据不同情况处理：会计机构、会计人员对于不真实、不合法的原始凭证，有权不予接受，并向单位负责人报告；对于记载不准确、不完整的原始凭证，应予以退回，并要求经办人员按照国家统一的会计制度的规定进行更正、补充。

(4)原始凭证错误的更正

原始凭证所记载的各项内容均不得涂改，随意涂改的原始凭证为无效凭证，不能以此作为填制记账凭证或登记账簿的依据。原始凭证记载的内容有错误的，应当由开具单位重开或更正，并在更正处加盖出具单位的印章。原始凭证金额出现错误的不得更正，只能由原始凭证开具单位重新开具。

2.记账凭证

(1)记账凭证的概念

记账凭证，是对经济业务事项按其性质加以分类，确定会计分录，并据以登记会计账簿的凭证。记账凭证必须根据审核无误的原始凭证和有关资料编制。

(2)记账凭证填制的基本要求

记账凭证必须具备以下内容：填制记账凭证的日期；记账凭证的编号；经济业务事项的内容摘要；经济业务事项所涉及的会计科目及其记账方向；经济业务事项的金额；所附原始凭证张数；记账标记；有关人员签章。

(3)记账凭证的审核内容

记账凭证审核内容为：内容是否真实；记账凭证是否附有原始凭证，所附原始凭证的内容与记账凭证的内容是否一致；项目是否齐全；科目（对应关系）是否正确；金额是否正确，书写是否正确等。

(四)会计账簿

会计账簿是指由一定格式、相互联系的账页组成的，用来序时、分类地全面记录和反映一个单位经济业务事项的簿籍。

1.会计账簿的种类

(1)总账（总分类账），是根据总账科目开设的，用于分类登记单位的全部经济业务事项的账簿。有订本账和活页账两种，一般多采用订本账。

(2)明细账（明细分类账），是根据总账科目所属的明细科目设置的，用于分类登记单位的某一类经济业务事项，提供有关明细核算资料的账簿。明细账是会计资料形成的基础环节。明细账通常使用活页账。

(3)日记账，是一种特殊的序时明细账，是按照经济业务发生或完成时间的先后顺序逐日逐笔进行登记的账簿。大多数单位一般只设现金日记账和银行存款日记账。

(4)其他辅助账簿（备查账簿），是对某些在序时账簿和分类账簿等主要账簿中都不予登记或登记不够详细的经济业务事项进行补充登记时使用的账簿。例如租借设备、物资的辅助登记簿，应收、应付款项的备查簿，担保、抵押的备查簿等。

2.启用会计账簿的要求

启用新的会计账簿时，应当在账簿封面上写明单位名称和账簿名称，并填写账簿扉页上的"账簿启用及经管人员一览表",内容包括启用日期、账簿起止页数、记账人员和会计机构负责人(会计主管人员)姓名等,并加盖有关人员的签章和单位公章。更换记账人员或会计机构负责人(会计主管人员)时,应办理交接手续,在交接记录内填写交接日期、接交人员和监交人员姓名,并签名或盖章。

3.登记会计账簿的基本要求

(1)登记账簿时,应当将会计凭证日期、编号、业务内容摘要、金额和其他有关资料逐项记入账内,做到数字准确、摘要清楚、登记及时、字迹工整。

(2)登记账簿时,必须使用蓝黑墨水或碳素墨水书写,不得使用圆珠笔(银行的复写账簿除外)或者铅笔书写。

(3)账簿中书写的文字和数字上面要留有适当的空格,不要写满格,一般应占格距的1/2。

(4)各种账簿应按页码顺序连续登记,不得隔页、跳行。如无意发生隔页、跳行现象,应在空页、空行处用红色墨水画对角线注销,或者注明"此页空白"或"此行空白"字样,并由记账人员签名或者签章。

(5)凡需要结出余额的账户,应当定期结出余额。现金日记账和银行存款日记账必须逐日结出余额。

(6)每一账页登记完毕结转下页时,应当结出本页合计数及余额,写在本页最后一行和下页第一行有关栏内,并在摘要栏内注明"过次页"和"承前页"字样;也可以将本页合计数及余额只写在下页第一行有关栏内,并在摘要栏内注明"承前页"字样,以保持账簿记录的连续性,便于对账和结账。对需要结计本月发生额的账户,结计"过次页"的本页合计数应当为自本月初起至本页末止的发生额合计数;对需要结计本年累计发生额的账户,结计"过次页"的本页合计数应当为自年初起至本页末止的累计数;对既不需要结计本月发生额也不需要结计本年累计发生额的账户,可以只将每页末的余额结转次页。

(7)错账更正。如果账簿记录发生错误,不准涂改、挖补、刮擦或者用药水消除字迹,不准重新抄写,而必须按照规定的方法予以更正。错账更正方法有划线更正法、红字更正法和补充登记法。

(五)财务会计报告

财务会计报告,是指单位对外提供的反映其在某一特定日期财务状况和某一会计期间经营成果、现金流量等会计信息的文件。

1.财务会计报告的构成

财务会计报告按编制期间不同,分为年度、半年度、季度和月度财务会计报告。

年度、半年度财务会计报告应当由会计报表、会计报表附注、财务情况说明书构成。会计报表应当包括资产负债、利润表、现金流量表、所有者权益(或股东权益)变动表。

季度、月度财务会计报告,通常仅指会计报表。会计报表至少应当包括资产负债表和利润表。

2.财务会计报告的对外提供

(1)向有关各方提供的财务会计报告,其编制基础、编制依据、编制原则和方法应当一致,反映的信息应当真实、完整。

（2）按规定的提供期限及时对外报送。

（3）封面签名盖章，即由单位负责人和主管会计工作的负责人、会计机构负责人（会计主管人员）签名并盖章，设置总会计师的还应当由总会计师签名并盖章。

（4）国有企业、国有控股或占主导地位的企业，每年至少一次向本企业的职工代表大会公布财务会计报告，并重点说明以下信息：与职工利益密切相关的信息；内审发现的问题及纠正情况；注册会计师审计的情况；国家审计机关审计发现的问题及纠正情况；重大投资、融资和资产处置情况；其他需说明的重要事项。

（5）须经审计的财务会计报告，应随审计报告一并报出。

（6）在财务会计报告未正式对外披露前，知悉者应对其内容保密。

二、会计档案管理

（一）会计档案的种类

1.会计凭证：原始凭证、记账凭证。

2.会计账簿：总账、明细账、日记账、固定资产卡片、其他辅助性账簿。

3.财务会计报告：月度、季度、半年度、年度财务会计报告。

4.其他会计资料：银行存款余额调节表、银行对账单、纳税申报表、会计档案移交清册、会计档案保管清册、会计档案销毁清册、会计档案鉴定意见书及其他具有保存价值的会计资料。

（二）会计档案的归档和移交

1.同时满足下列条件的，单位内部形成的属于归档范围的电子会计资料可仅以电子形式保存，形成电子会计档案：

（1）形成的电子会计资料来源真实有效，由计算机等电子设备形成和传输；

（2）使用的会计核算系统能够准确、完整、有效接收和读取电子会计资料，能够输出符合国家标准归档格式的会计凭证、会计账簿、财务会计报表等会计资料，设定了经办、审核、审批等必要的审签程序；

（3）使用的电子档案管理系统能够有效接收、管理、利用电子会计档案，符合电子档案的长期保管要求，并建立了电子会计档案与相关联的其他纸质会计档案的检索关系；

（4）采取有效措施，防止电子会计档案被篡改；

（5）建立电子会计档案备份制度，能够有效防范自然灾害、意外事故和人为破坏的影响；

（6）形成的电子会计资料不属于具有永久保存价值或者其他重要保存价值的会计档案。

满足《会计档案管理办法》上述规定的条件，单位从外部接收的电子会计资料附有符合《中华人民共和国电子签名法》规定的电子签名的，可仅以电子形式归档保存，形成电子会计档案。

2.单位的会计机构或会计人员所属机构按照归档范围和归档要求，负责定期将应当归档的会计资料整理立卷,编制会计档案保管清册。

3.当年形成的会计档案,在会计年度终了后,可由单位会计管理机构临时保管一年,再移交单位档案管理机构保管。因工作需要确需推迟移交的,应当经单位档案管理机构同意。

单位会计管理机构临时保管会计档案最长不超过三年。临时保管期间,会计档案的保管应当符合国家档案管理的有关规定,且出纳人员不得兼管会计档案。

4.单位会计管理机构在办理会计档案移交时,应当编制会计档案移交清册,并按照国家档案管理的有关规定办理移交手续。

纸质会计档案移交时应当保持原卷的封装。电子会计档案移交时应当将电子会计档案及其元数据一并移交,且文件格式应当符合国家档案管理的有关规定。特殊格式的电子会计档案应当与其读取平台一并移交。

单位档案管理机构接收电子会计档案时,应当对电子会计档案的准确性、完整性、可用性、安全性进行检测,符合要求的才能接收。

5.单位应当严格按照相关制度利用会计档案,在进行会计档案查阅、复制、借出时履行登记手续,严禁篡改和损坏。

单位保存的会计档案一般不得对外借出。确因工作需要且根据国家有关规定必须借出的,应当严格按照规定办理相关手续。

会计档案借用单位应当妥善保管和利用借入的会计档案,确保借入会计档案的安全完整,并在规定时间内归还。

(三)会计档案的保管期限

会计档案的保管期限分为永久、定期两类。定期保管期限一般分为10年和30年。

1.需永久保管的会计档案:年度财务报告、会计档案保管清册、会计档案销毁清册、会计档案鉴定意见书。

2.最低保管期为30年的会计档案:会计凭证、会计账簿、会计档案移交清册。

3.最低保管期为10年的会计档案:其他财务报告、银行存款余额调节表、银行对账单、纳税申报表。

4.固定资产卡片在固定资产报废清理后保管5年。

会计档案的保管期限,从会计年度终了后的第一天算起。

(四)会计档案的鉴定和销毁

1.鉴定

单位应当定期对已到保管期限的会计档案进行鉴定,并形成会计档案鉴定意见书。经鉴定,仍需继续保存的会计档案,应当重新划定保管期限;对保管期满、确无保存价值的会计档案,可以销毁。会计档案鉴定工作应当由单位档案管理机构牵头,组织单位会计、审计、纪检监察等机构或人员共同进行。

2.销毁

经鉴定可以销毁的会计档案,应当按照以下程序销毁:

(1)单位档案管理机构编制会计档案销毁清册,列明拟销毁会计档案的名称、卷号、册数、起止年度、档案编号、应保管期限、已保管期限和销毁时间等内容。

（2）单位负责人、档案管理机构负责人、会计管理机构负责人、档案管理机构经办人、会计管理机构经办人在会计档案销毁清册上签署意见。

（3）单位档案管理机构负责组织会计档案销毁工作，并与会计管理机构共同派员监销。监销人在会计档案销毁前，应当按照会计档案销毁清册所列内容进行清点核对；在会计档案销毁后，应当在会计档案销毁清册上签名或盖章。

电子会计档案的销毁还应当符合国家有关电子档案的规定，并由单位档案管理机构、会计管理机构和信息系统管理机构共同派员监销。

（五）特殊情况下会计档案的处理

1.保管期满但未结清的债权债务会计凭证和涉及其他未了事项的会计凭证不得销毁，纸质会计档案应当单独抽出立卷，电子会计档案单独转存，保管到未了事项完结时为止。单独抽出立卷或转存的会计档案，应当在会计档案鉴定意见书、会计档案销毁清册和会计档案保管清册中列明。

2.单位因撤销、解散、破产或其他原因而终止的，在终止或办理注销登记手续之前形成的会计档案，按照国家档案管理的有关规定处置。

3.单位分立后原单位存续的，其会计档案应当由分立后的存续方统一保管，其他方可以查阅、复制与其业务相关的会计档案。

单位分立后原单位解散的，其会计档案应当经各方协商后由其中一方代管或按照国家档案管理的有关规定处置，各方可以查阅、复制与其业务相关的会计档案。

单位分立中未结清的会计事项所涉及的会计凭证，应当单独抽出由业务相关方保存，并按照规定办理交接手续。

单位因业务移交其他单位办理所涉及的会计档案，应当由原单位保管，承接业务单位可以查阅、复制与其业务相关的会计档案。对其中未结清的会计事项所涉及的会计凭证，应当单独抽出由承接业务单位保存，并按照规定办理交接手续。

4.单位合并后原各单位解散或者一方存续其他方解散的，原各单位的会计档案应当由合并后的单位统一保管。单位合并后原各单位仍存续的，其会计档案仍应当由原各单位保管。

5.建设单位在项目建设期间形成的会计档案，需要移交给建设项目接受单位的，应当在办理竣工财务决算后及时移交，并按照规定办理交接手续。

6.单位之间交接会计档案时，交接双方应当办理会计档案交接手续。

移交会计档案的单位，应当编制会计档案移交清册，列明应当移交的会计档案名称、卷号、册数、起止年度、档案编号、应保管期限和已保管期限等内容。

交接会计档案时，交接双方应当按照会计档案移交清册所列内容逐项交接，并由交接双方的单位有关负责人负责监督。交接完毕后，交接双方经办人和监督人应当在会计档案移交清册上签名或盖章。

电子会计档案应当与其元数据一并移交，特殊格式的电子会计档案应当与其读取平台一并移交。档案接受单位应当对保存电子会计档案的载体及其技术环境进行检验，确保所接收电子会计档案的准确、完整、可用和安全。

三、会计监督

加强会计监督,最重要的是要建立有效的会计监督体系。我国已形成了三位一体的会计监督体系,包括单位内部监督、以财政部门为主体的政府监督和以注册会计师为主体的社会监督。内部监督的本质是一种内部控制,是内部管理的重要组成部分;社会监督是对内部监督的再监督,其特征是独立性和有偿性;政府监督是对内部监督和社会监督的再监督,其特征是强制性和无偿性。我国《会计法》所确立的会计监督体系,是三种监督相互补充、相互制约和不可替代的关系,是一种有效的会计监督体系。

(一)会计工作的单位内部监督

1.概念

单位内部会计监督,是指为了保护单位资产的安全、完整,保证其经营活动符合国家法律、法规和内部有关管理制度,提高经营管理水平和效率,在单位内部采取的一系列相互制约、相互监督的制度和方法。

2.单位内部会计监督制度的基本要求

(1)会计机构和会计人员对违反《会计法》和国家统一的会计制度规定的会计事项,有权拒绝办理或者按照职权予以纠正。

(2)会计机构和会计人员有权对单位的会计资料实施监督。发现会计账簿记录与实物、款项及有关资料不相符的,按照国家统一的会计制度规定有权自行处理的,应当及时处理;无权处理的,应当立即向单位负责人报告,请求查明原因,作出处理。

根据《会计法》的规定,单位负责人负责单位内部会计监督制度的组织实施,对本单位内部会计监督制度的建立及有效实施承担最终责任。

3.单位内部控制制度

(1)内部控制的原则:全面性原则;重要性原则;制衡性原则;适应性原则;成本效益原则。

(2)内部控制的措施。企业内部控制的措施有:不相容职务相互分离控制;授权审批控制;会计系统控制;预算控制;财产保全控制;运营分析控制;绩效考评控制。行政事业单位内部控制的措施有:不相容职务相互分离控制;内部授权审批控制;会计系统控制;预算控制;财产保全控制;归口管理;单据控制;信息内部公开。

(二)会计工作的政府监督

1.概念

会计工作的政府监督,主要是指财政部门代表国家对单位和单位中相关人员的会计行为实施的监督检查,以及对发现的违法会计行为实施的行政处罚。

2.会计工作政府监督实施主体

国务院财政部门主管全国的会计工作。县级以上地方各级人民政府财政部门管理本行政区域内的会计工作。

财政部门是《会计法》的执法主体,是会计工作政府监督实施主体。

此外,《会计法》规定,除财政部门外,审计、税务、人民银行、证券监管、保险监管等部门依照有关法律、行政法规规定的职责和权限,可以对有关单位的会计资料实施监督检查。

3.财政部门实施会计监督的对象和范围

(1)财政部门实施会计监督检查的对象是会计行为,并对发现的有会计违法行为的单位和个人实施行政处罚。

(2)财政部门可以依法对各单位的下列情况实施监督:

①各单位是否依法设置会计账簿;

②各单位的会计凭证、会计账簿、财务会计报告和其他会计资料是否真实、完整;

③各单位的会计核算是否符合《会计法》和国家统一的会计制度的规定;

④各单位从事会计工作的人员是否具备专业能力、遵守职业道德。

(三)会计工作的社会监督

1.概念

会计工作的社会监督,主要是指由注册会计师及其所在的会计师事务所依法对委托单位的经济活动进行审计,并据实作出客观评价的一种监督制度。

任何单位和个人检举违反《会计法》和国家统一的会计制度规定的行为,也属于会计工作社会监督的范畴。

2.注册会计师的审计报告

(1)审计报告的概念

审计报告,是指注册会计师根据审计准则的规定,在执行审计工作的基础上,对被审计单位财务报表发表审计意见的书面文件。注册会计师应当就财务报表是否在所有重大方面按照适用的财务报告编制基础编制并实现公允反映形成审计意见。

(2)审计报告的要素

审计报告的要素为:①标题;②收件人;③引言段;④管理层对财务报表的责任段;⑤注册会计师的责任段;⑥审计意见段;⑦注册会计师的签名和盖章;⑧会计师事务所的名称、地址和盖章;⑨报告日期。

审计报告要素是所有意见类型的审计报告均必须包括的内容,不包括非标准审计报告中增加的,如强调事项段或其他事项段等要素。

(3)审计报告的种类

审计报告分为标准审计报告和非标准审计报告。

标准审计报告,是指不含有说明段、强调事项段、其他事项段或其他任何修饰性用语的无保留意见的审计报告。包含其他报告责任段,但不含有强调事项段或其他事项段的无保留意见的审计报告也被视为标准审计报告。

非标准审计报告,是指带强调事项段或其他事项段的无保留意见的审计报告和非无保留意见的审计报告。

(4)审计意见的类型

①无保留意见。是指当注册会计师认为财务报表在所有重大方面按照适用的财务报告编制基础的规定编制并实现公允反映时发表的审计意见。

②非无保留意见。当存在下列情形之一时，注册会计师应当在审计报告中发表非无保留意见：根据获取的审计证据，得出财务报表整体存在重大错报的结论；无法获取充分、适当的审计证据，不能得出财务报表整体不存在重大错报的结论。

③保留意见。当存在下列情形之一时，注册会计师应当发表保留意见：在获取充分、适当的审计证据后，注册会计师认为错报单独或汇总起来对财务报表影响重大，但不具有广泛性；注册会计师无法获取充分、适当的审计证据以作为形成审计意见的基础，但认为未发现的错报（如存在）对财务报表可能产生的影响重大，但不具有广泛性。

④否定意见。在获取充分、适当的审计证据后，如果认为错报单独或汇总起来对财务报表的影响重大且具有广泛性，注册会计师应当发表否定意见。

⑤无法表示意见。如果无法获取充分、适当的审计证据以作为形成审计意见的基础，但认为未发现的错报（如存在）对财务报表可能产生的影响重大且具有广泛性，注册会计师应当发表无法表示意见。在极少数情况下，可能存在多个不确定事项。尽管注册会计师对每个单独的不确定事项获取了充分、适当的审计证据，但由于不确定事项之间可能存在相互影响，以及可能对财务报表产生累积影响，注册会计师不可能对财务报表形成审计意见。在这种情况下，注册会计师应当发表无法表示意见。

任务三　会计机构和会计人员

一、会计机构

会计机构，是指各单位办理会计事务的职能部门。《会计法》第三十六条规定，各单位应当根据会计业务的需要，设置会计机构，或者在有关机构中设置会计人员并指定会计主管人员；不具备设置条件的，应当委托经批准设立从事会计代理记账业务的中介机构代理记账。

二、代理记账

代理记账是指从事代理记账业务的社会中介机构接受委托人的委托办理会计业务。

除会计师事务所外，其他从事代理记账业务的机构，应当依法经县级以上地方人民政府财政部门批准并取得代理记账许可证书后，方可从事代理记账业务。

(一)代理记账的业务范围

1.根据委托人提供的原始凭证和其他相关资料，按照国家统一会计制度的规定，进行会计核算，包括审核原始凭证、填制记账凭证、登记会计账簿、编制财务会计报告等。

2.对外提供财务会计报告，其财务会计报告需由代理记账机构负责人与委托人签名并盖章。

3.向税务机构提供税务资料。

4.办理委托人委托的其他会计业务。

(二)委托代理记账的委托人应履行的义务

1.对本单位发生的经济业务事项,应当填制或者取得符合国家统一的会计制度规定的原始凭证。

2.应当配备专人负责日常货币收支和保管。

3.及时向代理记账机构提供真实、完整的凭证和其他相关资料。

4.对于代理记账机构退回的要求按照国家统一会计制度的规定进行更正、补充的原始凭证,应当及时予以更正、补充。

(三)代理记账机构及其从业人员应履行的义务

1.按照委托合同办理代理记账业务,遵守有关法律、行政法规和国家统一的会计制度的规定。

2.对在执行业务中知悉的商业秘密应当保密。

3.对委托人示意要求作出不当的会计处理,提供不实会计资料,以及其他不符合法律、行政法规和国家统一的会计制度行为的,应当拒绝。

4.对委托人提出的有关会计处理相关问题应当予以解释。

(四)代理记账承担的法律责任

1.委托人对代理记账机构在委托合同约定范围内的行为承担责任,代理记账机构对其专职从业人员和兼职从业人员的业务活动承担责任。

2.代理记账机构违反《代理记账管理办法》和国家有关规定造成委托人会计核算混乱,损害国家和委托人利益的,委托人故意向代理记账机构隐瞒真实情况或者委托人会同代理记账机构共同提供不真实会计资料的,应当承担相应的法律责任。

三、会计岗位设置

(一)会计工作岗位设置要求

会计工作岗位是指一个单位会计机构内部根据业务分工而设置的职能岗位。根据《会计基础工作规范》的要求,各单位应当根据会计业务需要设置会计工作岗位。

会计岗位一般可分为会计机构负责人或者会计主管人员、出纳、财产物资核算、工资核算、成本费用核算、财务成果核算、资金核算、往来结算、总账报表、稽核、档案管理等。开展会计电算化和管理会计的单位,可以根据需要设置相应的工作岗位,也可以与其他工作岗位相结合。

会计工作岗位可以一人一岗、一人多岗或者一岗多人。但出纳人员不得兼任稽核、会计档案保管和收入、支出、费用、债权债务账目的登记工作。会计人员的工作岗位应当有计划地进行轮换。注意,档案管理部门的人员管理会计档案,不属于会计岗位。

(二)会计人员回避制度

国家机关、国有企业、事业单位任用会计人员应当实行回避制度。单位领导人的直系亲属不得担任本单位的会计机构负责人、会计主管人员。会计机构负责人、会计主管人员的直系亲属不得在本单位会计机构中担任出纳工作。需要回避的直系亲属为：夫妻关系、直系血亲关系、三代以内旁系血亲以及姻亲关系。

四、会计人员

(一)会计人员的概念和范围

会计人员是指根据《会计法》的规定,在国家机关、社会团体、企业、事业单位和其他组织中从事会计核算、实行会计监督等会计工作的人员。

会计人员包括从事下列具体会计工作的人员：①出纳；②稽核；③资产、负债和所有者权益(净资产)的核算；④收入、费用的核算；⑤财务成果的核算；⑥财务会计报告(决算报告)编制；⑦会计监督；⑧会计机构内会计档案管理；⑨其他会计工作。担任单位会计机构负责人(会计主管人员)、总会计师的人员,属于会计人员。

(二)对会计人员的一般要求

会计人员从事会计工作,应当符合下列要求：①遵守《会计法》和国家统一的会计制度等法律法规；②具备良好的职业道德；③按照国家有关规定参加继续教育；④具备从事会计工作所需要的专业能力。

会计人员具有会计类专业知识,基本掌握会计基础知识和业务技能,能够独立处理基本会计业务,表明具备从事会计工作所需要的专业能力。

会计机构负责人、会计主管人员是在一个单位内具体负责会计工作的中层领导人员。会计机构负责人、会计主管人员应当具备下列基本条件：①坚持原则,廉洁奉公；②具备会计师以上专业技术职务资格或者从事会计工作不少于 3 年；③熟悉国家财经法律、法规、规章和方针、政策,掌握本行业业务管理的有关知识；④有较强的组织能力；⑤身体状况能够适应本职工作的要求。

(三)会计工作的禁入规定

1.因有提供虚假财务会计报告,做假账,隐匿或者故意销毁会计凭证、会计账簿、财务会计报告,贪污,挪用公款,职务侵占等与会计职务有关的违法行为被依法追究刑事责任的人员,不得再从事会计工作。

2.因伪造、变造会计凭证、会计账簿,编制虚假财务会计报告,隐匿或者故意销毁依法应当保存的会计凭证、会计账簿、财务会计报告,尚不构成犯罪的,5 年内不得从事会计工作。

3.会计人员具有违反国家统一的会计制度的一般违法行为,情节严重的,5 年内不得从事会计工作。

(四)会计专业职务与会计专业技术资格

1.会计专业职务(会计职称)

根据人力资源社会保障部、财政部《关于深化会计人员职称制度改革的指导意见》(人社部发〔2019〕8 号),会计人员职称层级分为初级、中级、副高级和正高级。初级职称只设助理级,高级职称分设副高级和正高级,形成初级、中级、高级层次清晰、相互衔接、体系完整的会计人员职称评价体系。初级、中级、副高级和正高级职称名称依次为助理会计师、会计师、高级会计师和正高级会计师。

2.会计专业技术资格

会计专业技术资格,是指担任会计专业职务的任职资格,简称会计资格。会计专业技术资格分为初级资格、中级资格和高级资格三个级别,分别对应初级、中级、副高级会计职称(会计专业职务)的任职资格。目前,初级、中级资格实行全国统一考试制度,高级会计师资格实行考试与评审相结合制度。通过全国统一考试取得初级或中级会计专业技术资格的会计人员,表明其已具备担任相应级别会计专业职务的任职资格。用人单位可根据工作需要和德才兼备的原则,从获得会计专业技术资格的会计人员中择优聘任。

(五)会计人员继续教育

根据《会计专业技术人员继续教育规定》,国家机关、企业、事业单位以及社会团体组织具有会计专业技术资格的人员,或不具有会计专业技术资格但从事会计工作的人员享有参加继续教育的权利和接受继续教育的义务。用人单位应当保障本单位会计专业技术人员参加继续教育的权利。

具有会计专业技术资格的人员应当自取得会计专业技术资格的次年开始参加继续教育,并在规定时间内取得规定学分。

不具有会计专业技术资格但从事会计工作的人员应当自从事会计工作的次年开始参加继续教育,并在规定时间内取得规定学分。

会计专业技术人员参加继续教育实行学分制管理,每年参加继续教育取得的学分不少于90学分。

继续教育内容包括公需科目和专业科目。公需科目包括法律法规、政策理论、职业道德、技术信息等基本知识。专业科目包括财务会计、管理会计、财务管理、内部控制与风险管理、会计信息化、会计职业道德、财税金融、会计法律法规等相关专业知识。其中,专业科目学分一般不少于总学分的三分之二。

会计专业技术人员参加继续教育取得的学分,在全国范围内当年度有效,不得结转以后年度。

(六)总会计师

1.概念

总会计师,是指依法设置的负责组织领导本单位的财务管理、成本管理、预算管理、会计核算和会计监督等方面的工作,并参与本单位重要经济问题分析和决策的,担任单位行政领导职务的高级管理人员。总会计师是主管本单位会计工作的行政领导,不是会计机构的负责人或会计主管人员,也不是会计专业技术职务。

2.设置范围

(1)国有的和国有资产占控股地位或主导地位的大、中型企业必须设置总会计师。

(2)不限制除国有大、中型企业以外的其他单位设置总会计师,事业单位根据需要,经批准可以设置总会计师。

3.地位

《总会计师条例》规定,总会计师是单位领导成员,协助单位主要行政领导人工作,直接对单位主要行政领导人负责。凡设置总会计师的单位不再设置与总会计师职责重叠的副职,如分管会计工作的副总经理或副总会计师等。

4.任职条件

取得会计师任职资格后,主管一个单位或单位内部一个重要方面的财务会计工作的时间不少于3年。

五、会计工作交接

会计工作交接,是指会计人员工作调动、离职或者因病暂时不能工作,应与接管人员办理交接手续的一种工作程序。

(一)必要性

1.做好会计交接工作,可以使会计工作前后衔接,保证会计工作连续进行。

2.做好会计交接工作,可以防止因会计人员的更换出现账目不清、财务混乱等现象。

3.做好会计交接工作,是分清移交人员和接管人员责任的有效措施。

(二)需要办理会计工作交接的情形

1.会计人员正常调动工作或离职时

2.特殊情况

(1)会计人员临时离职或其他原因暂时不能工作时,应办理会计工作交接。

①临时离职或因病不能工作,需要接替或代理的,会计机构负责人(会计主管人员)或单位负责人必须指定专人接替或者代理,并办理会计工作交接手续。

②临时离职或因病不能工作的会计人员恢复工作时,应当与接替或代理人员办理交接手续。

③移交人员因病或其他特殊原因不能亲自办理移交手续的,经单位负责人批准,可由移交人委托他人代办交接,但委托人应当对所移交的会计凭证、会计账簿、财务会计报告和其他有关资料的真实性、完整性承担法律责任。

(2)依法终止的单位需办理会计工作交接手续。依法终止的单位,在办理注销登记之前,其单位负责人应当组织会计人员会同有关人员对财产、债权、债务及时进行清理,编制移交清册,办理交接手续。

(3)会计人员擅自离职、死亡、失踪或者下落不明时需办理会计交接手续。会计人员擅自离职、死亡、失踪或者下落不明的,由单位主管会计工作负责人、会计机构负责人或者会计主管人员组织清理有关会计事项,办理移交手续。

(三)会计工作交接的基本程序

1.移交人员向会计机构提出会计工作交接申请

2.做好办理移交手续前的准备工作

(1)已经受理的经济业务尚未填制会计凭证的应当填制完毕。

（2）尚未登记的账目应当登记完毕，结出余额，并在最后一笔余额后加盖经办人印章。

（3）整理好应该移交的各项资料，对未了事项和遗留问题要写出书面说明材料。

（4）编制移交清册，列明应该移交的会计凭证、会计账簿、财务会计报告、公章、现金、有价证券、支票簿、发票、文件、其他会计资料和物品等内容。

（5）实行会计电算化的单位，从事该项工作的移交人员应在移交清册上列明会计软件及密码、数据盘、磁带等内容。

（6）会计机构负责人（会计主管人员）移交时，应将财务会计工作、重大财务收支问题和会计人员情况等向接替人员介绍清楚。

3.移交点收

接替人员应认真按照移交清册逐项点收，具体要求为：

（1）现金要根据会计账簿记录余额进行当面点交，不得短缺，接替人员发现不一致或"白条顶库"现象时，移交人员在规定期限内负责查清处理。

（2）有价证券的数量要与会计账簿记录一致，有价证券面额与发行价不一致时，按照会计账簿余额交接。

（3）会计凭证、会计账簿、财务会计报告和其他会计资料必须完整无缺，不得遗漏。如有短缺，必须查清原因，并在移交清册中加以说明，由移交人负责。

（4）银行存款账户余额要与银行对账单核对相符，如有未达账项，应编制银行存款余额调节表调节相符；各种财产物资和债权债务的明细账户余额，要与总账有关账户的余额核对相符；对重要实物要实地盘点，对余额较大的往来账户要与往来单位、个人核对。

（5）公章、收据、空白支票、发票、科目印章以及其他物品等必须交接清楚。

（6）实行会计电算化的单位，交接双方应在电子计算机上对有关数据进行实际操作，确认有关数字正确无误后，方可交接。

4.专人负责监交

对监交的具体要求为：

（1）一般会计人员办理交接手续，由会计机构负责人（会计主管人员）监交。

（2）会计机构负责人（会计主管人员）办理交接手续，由单位负责人监交，必要时主管单位可以派人会同监交。

5.处理交接后的有关事宜

（1）会计工作交接完毕后，交接双方和监交人在移交清册上签名或盖章，并应在移交清册上注明单位名称，交接日期，交接双方和监交人的职务、姓名，移交清册页数以及需要说明的问题和意见等。

（2）接替人员应继续使用移交前的账簿，不得擅自另立账簿，以保证会计记录前后衔接，内容完整。

（3）移交清册一般应填制一式三份，交接双方各执一份，存档一份。

（四）交接人员的责任

移交人员所移交的会计凭证、会计账簿、财务会计报告和其他会计资料是在其经办会计工作期间内发生的，应当对这些会计资料的真实性、完整性负责，即便接替人员在交接时因疏忽没有发现所接会计资料在合法性、真实性、完整性方面存在的问题，如事后发现，仍应由原移交人员负责,原移交人员不应以会计资料已移交而推脱责任,接替人员不对移交过来的会计资料的真实性、完整性承担法律上的责任。

任务四　会计法律责任

一、法律责任的概念

法律责任,是指违反法律规定的行为应当承担的法律后果,也就是对违法者的制裁。《会计法》规定的法律责任主要有两种形式:一是行政责任;二是刑事责任。

二、违反会计法律制度规定应承担的法律责任

(一)违反国家统一的会计制度规定的行为应承担的法律责任

《会计法》第四十二条规定,有下列行为之一的,由县级以上人民政府财政部门责令限期改正,可以对单位并处3 000元以上5万元以下罚款;对其直接负责的主管人员和其他直接责任人员,可以处2 000元以上2万元以下罚款;属于国家工作人员的,还应当由其所在单位或者有关单位依法给予行政处分:(1)不依法设置会计账簿的行为;(2)私设会计账簿的行为;(3)未按照规定填制、取得原始凭证或者填制、取得的原始凭证不符合规定的行为;(4)以未经审核的会计凭证为依据登记会计账簿或者登记会计账簿不符合规定的行为;(5)随意变更会计处理方法的行为;(6)向不同的会计资料使用者提供的财务会计报告编制依据不一致的行为;(7)未按照规定使用会计记录文字或者记账本位币的行为;(8)未按照规定保管会计资料,致使会计资料毁损、灭失的行为;(9)未按照规定建立并实施单位内部会计监督制度,或者拒绝依法实施的监督,或者不如实提供有关会计资料及有关情况的行为;(10)任用会计人员不符合《会计法》规定的行为。有上述所列行为之一,构成犯罪的,依法追究刑事责任。会计人员有上述所列违法行为之一,情节严重的,五年内不得从事会计工作。

(二)其他违反国家统一的会计制度规定的行为应承担的法律责任

1.伪造、变造会计凭证、会计账簿,编制虚假财务会计报告的法律责任

《会计法》第四十三条规定,伪造、变造会计凭证、会计账簿,编制虚假财务会计报告,构成犯罪的,依法追究刑事责任。尚不构成犯罪的,由县级以上人民政府财政部门予以通报,可以对单位并处5 000元以上10万元以下罚款;对其直接负责的主管人员和其他直接责任人员,可以处3 000元以上5万元以下的罚款;属于国家工作人员的,还应当由其所在单位或者有关单位依法给予撤职直至开除的行政处分;对其中的会计人员,五年内不得从事会计工作。

2.隐匿或者故意销毁依法应当保存的会计凭证、会计账簿、财务会计报告的法律责任

《会计法》第四十四条规定，隐匿或者故意销毁依法应当保存的会计凭证、会计账簿、财务会计报告，构成犯罪的，依法追究刑事责任。尚不构成犯罪的，由县级以上人民政府财政部门予以通报，可以对单位并处 5 000 元以上 10 万元以下的罚款；对其直接负责的主管人员和其他直接责任人员，可以处 3 000 元以上 5 万元以下的罚款；属于国家工作人员的，还应当由其所在单位或者有关单位依法给予撤职直至开除的行政处分；对其中的会计人员，五年内不得从事会计工作。

3.授意、指使、强令会计机构、会计人员及其他人员伪造、变造会计凭证、会计账簿，编制虚假财务会计报告或者隐匿、故意销毁依法应当保存的会计凭证、会计账簿、财务会计报告的法律责任

《会计法》第四十五条规定，授意、指使、强令会计机构、会计人员及其他人员伪造、变造会计凭证、会计账簿，编制虚假财务会计报告或者隐匿、故意销毁依法应当保存的会计凭证、会计账簿、财务会计报告，构成犯罪的，依法追究刑事责任；尚不构成犯罪的，可以处以 5 000 元以上 5 万元以下的罚款；属于国家工作人员的，还应当由其所在单位或者有关单位依法给予降级、撤职、开除的行政处分。

4.单位负责人对依法履行职责、抵制违反《会计法》规定行为的会计人员实行打击报复的法律责任，以及对受打击报复的会计人员的补救措施

《会计法》第四十六条规定，单位负责人对依法履行职责、抵制违反《会计法》规定行为的会计人员以降级、撤职、调离工作岗位、解聘或者开除等方式实行打击报复，构成犯罪的，依法追究刑事责任；尚不构成犯罪的，由其所在单位或者有关单位依法给予行政处分。对受打击报复的会计人员，应当恢复其名誉和原有职务、级别。

根据《中华人民共和国刑法》规定，公司、企业、事业单位、机关、团体的领导人，对依法履行职责、抵制违反《会计法》行为的会计人员实行打击报复，情节恶劣的，处 3 年以下有期徒刑或者拘役。

5.财政部门及有关行政部门的工作人员职务违法行为的法律责任

《会计法》第四十七条规定，财政部门及有关行政部门的工作人员在实施监督管理中滥用职权、玩忽职守、徇私舞弊或者泄露国家秘密、商业秘密，构成犯罪的，依法追究刑事责任；尚不构成犯罪的，依法给予行政处分。

模块二　支付结算法律制度

课程教学目标

了解：支付结算的概念，支付结算服务组织和支付结算的工具；银行结算账户的概念和种类；银行卡的概念和分类；网上银行。

熟悉：银行结算账户的开立、变更和撤销；各类银行结算账户的开立和使用；银行结算账户的管理要求；银行卡收单、条码支付、网络支付、预付卡；支付结算纪律，违反支付结算法律制度的法律责任。

掌握：支付结算的基本要求；票据的概念和种类，票据行为，票据权利与责任，票据追索；银行汇票、商业汇票、银行本票、支票；银行卡账户和交易，银行卡计息与收费；汇兑、委托收款；支付机构的概念，支付服务的种类。

思政育人目标

熟悉违反支付结算法律制度的法律责任，规范票据行为，树立遵循诚信原则、秉持诚实、恪守承诺的意识。

任务一　支付结算法律制度认知

一、支付结算的概念

支付结算，是指单位、个人在社会经济活动中使用票据（支票、商业汇票、银行汇票、银行本票）、银行卡、汇兑、委托收款、银行电子支付等结算方式进行货币给付及其资金清算的行为。其主要功能是完成资金从一方当事人向另一方当事人的转移。

银行、城市信用合作社、农村信用合作社（以下简称银行）以及单位（含个体工商户）和个人是办理支付结算的主体。其中，银行是支付结算和资金清算的中介机构。

二、支付结算的特征

支付结算作为一种法律行为,具有以下特征:

1.支付结算必须通过中国人民银行批准的金融机构进行

中国人民银行颁发的《支付结算办法》第六条规定:"银行是支付结算和资金清算的中介机构。未经中国人民银行批准的非银行金融机构和其他单位不得作为中介机构经营支付结算业务。但法律、行政法规另有规定的除外。"这与一般的货币给付及资金清算行为明显不同。

2.支付结算的发生取决于委托人的意志

当事人对在银行的存款有自己的支配权,银行在支付结算中充当的是中介机构的角色。银行在办理结算时必须遵循存款人的委托,按照其意志,将所收款项支付给委托人指定的收款人。

3.支付结算实行统一领导,分级管理

支付结算是一项政策性强、与当事人利益息息相关的活动,因此,必须对其实行统一领导。此外,支付结算还实行分级管理,《支付结算办法》第二十条规定:"中国人民银行总行负责制定统一的支付结算制度,组织、协调、管理、监督全国的支付结算工作,调解、处理银行之间的支付结算纠纷。中国人民银行省、自治区、直辖市分行根据统一的支付结算制度制定实施细则,报总行备案;根据需要可以制定单项支付结算办法,报经中国人民银行总行批准后执行。中国人民银行分、支行负责组织、协调、管理、监督本辖区的支付结算工作,调解、处理本辖区银行之间的支付结算纠纷。政策性银行、商业银行总行可以根据统一的支付结算制度,结合本行情况,制定具体管理实施办法,报经中国人民银行总行批准后执行。政策性银行、商业银行负责组织、管理、协调本行内的支付结算工作,调解、处理本行内分支机构之间的支付结算纠纷。"

4.支付结算是一种要式行为

要式行为,是指法律规定必须依照一定形式进行的行为。如果该行为不符合法定的形式要件,即为无效。《支付结算办法》第九条规定:"票据和结算凭证是办理支付结算的工具。单位、个人和银行办理支付结算,必须使用按中国人民银行统一规定印制的票据凭证和统一规定的结算凭证。未使用按中国人民银行统一规定印制的票据,票据无效;未使用中国人民银行统一规定格式的结算凭证,银行不予受理。"为了保证支付结算的准确、及时和安全,使其业务正常进行,中国人民银行除了对票据和结算凭证的格式有统一的要求外,还就正确填写票据和结算凭证作出了基本规定(具体规定详见本节"四、办理支付结算的要求")。

5.支付结算必须依法进行

《支付结算办法》第五条规定:"银行、城市信用合作社、农村信用合作社(以下简称银行)以及单位和个人(含个体工商户),办理支付结算必须遵守国家的法律、行政法规和本办法的各项规定,不得损害社会公共利益。"因此,支付结算的当事人必须严格依法进行支付结算活动。

三、支付结算的原则

支付结算的原则，是指单位、个人和银行在进行支付结算活动时必须遵循的行为准则。《支付结算办法》第十六条规定，单位、个人和银行办理支付结算必须遵守下列原则：

1.恪守信用，履约付款

这一原则是《民法典》"遵循诚信原则，秉持诚实，恪守承诺"这一基本规定在支付结算中的具体表现。结算双方办理款项收付完全建立在自觉自愿、相互信任的基础上。根据该原则，各单位之间、单位与个人之间发生交易往来，产生支付结算行为时，结算当事人必须依照双方约定的民事法律关系内容依法承担义务和行使权利，严格遵守信用，履行付款义务，特别是应当按照约定的付款金额和付款日期进行支付。这一原则对履行付款义务的当事人具有约束力，是维护合同秩序、保障当事人经济利益的重要保证。

2.谁的钱进谁的账，由谁支配

这一原则旨在维护存款人对存款资金的所有权，保证其对资金支配的自主权。银行作为资金结算的中介机构，在办理结算时必须遵循存款人的委托，按照其意志，保证将所收款项支付给存款人指定的收款人；对存款人的资金，除国家法律另有规定外，必须由其自主支配，其他任何单位、个人以及银行本身都不得对其资金进行干预和侵犯。这一原则既保护了存款人的合法权益，又加强了银行办理结算的责任。

3.银行不垫款

这一原则旨在划清银行资金和存款人资金的界限。根据该原则，银行只负责办理结算当事人之间的资金转移，而不能在结算过程中为其垫付资金。这一原则有利于保护银行资金的所有权或经营权，也有利于促使单位和个人以自己所有或经营管理的财产直接对自己的债务承担责任，从而保证了银行资金的安全。

上述三个原则既可单独发挥作用，亦是一个有机的整体，分别从不同角度强调了付款人、收款人和银行在结算过程中的权利和义务，从而切实保障了结算活动的正常进行。

四、办理支付结算的要求

(一)办理支付结算的基本要求

根据《支付结算办法》的规定，单位、个人和银行办理支付结算时应符合下列基本要求：

1.办理支付结算必须使用中国人民银行统一规定的票据和结算凭证。未使用中国人民银行统一规定的票据，票据无效；未使用中国人民银行统一规定的结算凭证，银行不予受理。

2.办理支付结算必须按照《人民币银行结算账户管理办法》的规定开立和使用账户。

在银行开立存款账户的单位和个人办理支付结算，账户内须有足够的资金保证支付。

银行依法对单位、个人在银行开立的基本存款账户、一般存款账户、专用存款账户和临时存款账户的存款保密，维护其资金的自主支配权。对单位、个人在银行开立上述存款账户的存款,除国家法律、行政法规另有规定外,银行不得为任何单位或者个人查询;除国家法律另有规定外,银行不代任何单位或者个人冻结、扣款,不得停止单位、个人存款的正常支付。

3.填写票据和结算凭证应当全面规范,做到数字正确、要素齐全、不错不漏、字迹清晰,防止涂改。

票据和结算凭证金额以中文大写和阿拉伯数字同时记载,二者必须一致。二者不一致的票据无效;二者不一致的结算凭证,银行不予受理。

少数民族地区和外国驻华使领馆根据实际需要,金额大写可以使用少数民族文字或者外国文字记载。

4.票据和结算凭证上的签章和记载事项必须真实,不得变造伪造。

票据和结算凭证上的签章,为签名、盖章或者签名加盖章。单位、银行在票据上的签章和单位在结算凭证上的签章,为该单位、银行的盖章加其法定代表人或其授权的代理人的签名或盖章。个人在票据和结算凭证上的签章,应为该个人本名的签名或盖章。票据上有伪造、变造的签章的,不影响票据上其他当事人真实签章的效力。这里的"本名"是指符合法律、行政法规以及国家有关规定的身份证件上的姓名。

票据和结算凭证的金额、出票或签发日期、收款人名称不得更改,更改的票据无效;更改的结算凭证,银行不予受理。对票据和结算凭证上的其他记载事项,原记载人可以更改,更改时应当由原记载人在更改处签章证明。

这里的"变造"是指无权更改票据内容的人,对票据上签章以外的记载事项加以改变的行为。变造票据的方法多是在合法票据的基础上,对票据加以剪接、挖补、覆盖、涂改,从而非法改变票据记载事项。签章的变造属于伪造。这里的"伪造"是指无权限人假冒他人或虚构人名义签章的行为。伪造、变造票据属于欺诈行为,应追究其刑事责任。

(二)支付结算凭证填写的要求

银行、单位和个人填写的各种票据和结算凭证是办理支付结算和现金收付的重要依据,直接关系到支付结算的准确、及时和安全。票据和结算凭证是银行、单位和个人凭以记载账务的会计凭证,是记载经济业务和明确经济责任的一种书面证明。因此,填写票据和结算凭证,必须做到标准化、规范化,要素齐全、数字正确、字迹清晰、不错漏、不潦草,防止涂改。

1.票据的出票日期必须使用中文大写。为防止变造票据的出票日期,在填写月、日时,月为壹、贰和壹拾的,日为壹至玖和壹拾、贰拾和叁拾的,应在其前加"零";日为拾壹至拾玖的,应在其前加"壹"。如1月15日,应写成零壹月壹拾伍日;10月20日,应写成零壹拾月零贰拾日。票据出票日期使用小写填写的,银行不予受理。大写日期未按要求规范填写的,银行可予受理,但由此造成损失的,由出票人自行承担。

2.中文大写金额数字应用正楷或行书填写,如壹、贰、叁、肆、伍、陆、柒、捌、玖、拾、佰、仟、万、亿、元、角、分、零、整(正)等字样。不得用一、二(两)、三、四、五、六、七、八、九、十、廿、毛、另(或0)填写,不得自造简化字。如果金额数字书写中使用繁体字,如貳、陆、億、萬、圆的,也应受理。

3.中文大写金额数字前应标明"人民币"字样,大写金额数字应紧接"人民币"字样填写,不得留有空白。大写金额数字前未印"人民币"字样的,应加填"人民币"三字。在票据和结算凭证大写金额栏内不得预印固定的"仟、佰、拾、万、仟、佰、拾、元、角、分"字样。

4.中文大写金额数字到"元"为止的,在"元"之后应写"整"(或"正")字。中文大写金额数字到"角"为止的,在"角"之后可以不写"整"(或"正")字。大写金额数字有"分"的,"分"后面不写"整"(或"正")字。

5.阿拉伯小写金额数字前面,均应填写人民币符号"￥"。阿拉伯小写金额数字要认真填写,不得连写分辨不清。

6.阿拉伯小写金额数字中有"0"时,中文大写应按照汉语语言规律、金额数字构成和防止涂改的要求进行书写。举例如下:

(1)阿拉伯数字中间有"0"时,中文大写金额要写"零"字。如￥1 409.50,应写成人民币壹仟肆佰零玖元伍角整(正),或者人民币壹仟肆佰零玖元伍角。

(2)阿拉伯数字中间有连续的几个"0"时,中文大写金额中间可以只写一个"零"字。如￥6 007.14,应写成人民币陆仟零柒元壹角肆分。

(3)阿拉伯金额数字万位或元位是"0",或者数字中间连续有几个"0",万位、元位也是"0",但千位、角位不是"0"时,中文大写金额中可以只写一个"零"字,也可以不写"零"字。如￥1 680.32,应写成人民币壹仟陆佰捌拾元零叁角贰分,或者写成人民币壹仟陆佰捌拾元叁角贰分;￥107 000.53,应写成人民币壹拾万柒仟元零伍角叁分,或者写成人民币壹拾万零柒仟元伍角叁分。

(4)阿拉伯金额数字角位是"0",而分位不是"0"时,中文大写金额"元"后面应写"零"字。如￥16 409.02,应写成人民币壹万陆仟肆佰零玖元零贰分;￥325.04,应写成人民币叁佰贰拾伍元零肆分。

任务二　银行结算账户

一、银行结算账户的概念

银行结算账户,是指存款人在经办银行开立的办理资金收付结算的人民币活期存款账户。这里的存款人是指在中国境内开立银行结算账户的机关、团体、部队、企业、事业单位、其他组织(以下统称单位)、个体工商户和自然人;银行是指在中国境内经中国人民银行批准经营支付结算业务的政策性银行、商业银行(含外资独资银行、中外合资银行、外国银行分行)、城市信用合作社、农村信用合作社。

从该定义可知,银行结算账户具有以下三个特点:

(1)办理人民币业务。这与外币存款账户不同。外币存款账户办理的是外币业务,其开立和使用要遵守国家外汇管理局的有关规定。

(2)办理资金收付结算业务。这与储蓄账户不同。储蓄账户的基本功能是存取本金和支取利息,但是不能办理资金的收付。

(3)是活期存款账户。这与单位的定期存款账户不同。单位的定期存款账户不具有结算功能。

二、银行结算账户的分类

1.按开立主体分为单位银行结算账户和个人银行结算账户

存款人以单位名称开立的银行结算账户为单位银行结算账户。存款人凭个人身份证件以自然人名称开立的银行结算账户为个人银行结算账户。

个体工商户凭营业执照以字号或经营者姓名开立的银行结算账户纳入单位银行结算账户管理。邮政储蓄机构办理银行卡业务开立的账户纳入个人银行结算账户管理。

单位银行结算账户按用途分为基本存款账户、一般存款账户、专用存款账户和临时存款账户。

2.按开户地分为本地银行结算账户和异地银行结算账户

本地银行结算账户,是指存款人在注册地或住所地开立的银行结算账户。异地银行结算账户,是指存款人根据规定的条件在异地(跨省、市、县)开立的银行结算账户。

三、开立银行结算账户的基本原则

根据《人民币银行结算账户管理办法》的有关规定,开立银行结算账户应当遵守以下基本原则:

1.一个基本账户原则

单位银行结算账户的存款人只能在银行开立一个基本存款账户。

2.自主选择原则

存款人可以自主选择银行开立银行结算账户。除国家法律、行政法规和国务院规定外,任何单位和个人不得强令存款人到指定银行开立银行结算账户。存款人应在注册地或住所地开立银行结算账户,但符合规定可以在异地(跨省、市、县)开立银行结算账户的除外。

3.守法合规原则

银行结算账户的开立和使用应当遵守法律、行政法规,不得利用银行结算账户进行偷逃税款、逃废债务、套取现金及其他违法犯罪活动。

4.存款信息保密原则

银行应依法为存款人的银行结算账户信息保密。对单位银行结算账户的存款和有关资料,除国家法律、行政法规另有规定外,银行有权拒绝任何单位或个人查询。对个人银行结算账户的存款和有关资料,除国家法律另有规定外,银行有权拒绝任何单位或个人查询。

四、银行结算账户的开立、变更和撤销

中国人民银行是银行结算账户的监督管理部门,负责对银行结算账户的开立、使用、变更和撤销进行检查监督。

(一)银行结算账户的开立

存款人应以实名开立银行结算账户,并对其出具的开户申请资料实质内容的真实性负责,法律、行政法规另有规定的除外。银行应负责对存款人开户申请资料的真实性、完整性和合规性进行审查。中国人民银行应负责对银行报送的核准类银行结算账户的开户资料的合规性以及存款人开立基本存款账户的唯一性进行审核。

境内依法设立的企业法人、非法人企业、个体工商户(以下统称企业)在银行办理基本存款账户、临时存款账户业务实行备案制。机关、实行预算管理的事业单位开立基本存款账户、临时存款账户和专用存款账户实行核准制,应经财政部门批准并经人民银行核准;另有规定的除外。

企业申请开立银行结算账户,应当按规定提交开户材料。经审核符合开立条件的,银行应当与企业签订银行结算账户管理协议,予以开立银行结算账户。银行为企业开立基本存款账户、临时存款账户后,应当立即至迟于当日将开户信息通过账户管理系统向当地人民银行分支机构备案,并在2个工作日内将开户资料复印件或影像报送当地人民银行分支机构。银行完成企业基本存款账户信息备案后,账户管理系统生成基本存款账户编号,企业基本存款账户编号代替原基本存款账户核准号使用。持有基本存款账户编号的企业申请开立一般存款账户、专用存款账户、临时存款账户时,应当提供基本存款账户编号。企业银行结算账户自开立之日即可办理收付款业务。详见图2-1。

图 2-1 备案类银行结算账户开立业务流程图

机关、实行预算管理的事业单位应事先经财政部门审批同意(出具账户批复书),向银行提交开户材料,开户行审查并在开户申请书上签署审查意见,连同相关的证明文件复印件等开户资料报送人民银行。符合开户条件的,人民银行核发开户许可证;不符合开户条件的,在开户申请书上签署意见,连同有关证明文件一并退回报送银行。银行根据人民银行核发的开户许可证为存款人办理开户手续。详见图2-2。

(二)银行结算账户的变更

银行结算账户的变更,是指存款人的账户信息资料发生的变化或改变。存款人的账户信息资料包括存款人名称、单位法定代表人或主要负责人、住址以及其他开户资料。银行结算账户发生变更的,应当办理相关的变更手续。

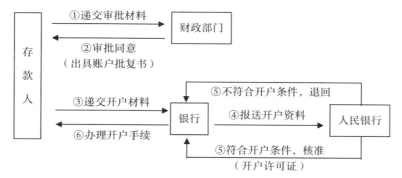

图 2-2 核准类银行结算账户开立业务流程图

存款人更改名称,但不改变开户银行及账号的,应于 5 个工作日内向开户银行提出银行结算账户的变更申请,并出具有关部门的证明文件。"提出银行结算账户的变更申请"是指,存款人申请办理银行结算账户信息变更时,应填写"变更银行结算账户申请书"。属于申请变更单位银行结算账户的,应加盖单位公章;属于申请变更个人银行结算账户的,应加其个人签章。单位的法定代表人或主要负责人、住址以及其他开户资料发生变更时,应于 5 个工作日内书面通知开户银行并提供有关证明。银行接到存款人的变更通知后,应及时办理变更手续,并于 2 个工作日内向中国人民银行报告。详见图 2-3。

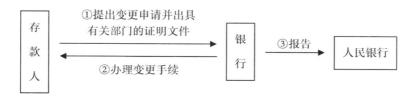

图 2-3 银行结算账户变更业务流程图

存款人申请变更核准类银行结算账户的存款人名称、法定代表人或单位负责人的,银行应在接到变更申请后的 2 个工作日内,将存款人的"变更银行结算账户申请书"、开户许可证以及有关证明文件报送中国人民银行当地分支行。符合变更条件的,中国人民银行当地分支行核准其变更申请,收回原开户许可证,颁发新的开户许可证。不符合变更条件的,中国人民银行当地分支行不核准其变更申请。

(三)银行结算账户的撤销

银行结算账户的撤销,是指存款人因开户资格或其他原因终止银行结算账户使用的行为。有下列情形之一的,存款人应向开户银行提出撤销银行结算账户的申请:①被撤并、解散、宣告破产或关闭的;②注销、被吊销营业执照的;③因迁址需要变更开户银行的;④其他原因需要撤销银行结算账户的。存款人有上述第①、②项情形的,应于 5 个工作日内向开户银行提出撤销银行结算账户的申请。

存款人申请撤销银行结算账户时,应填写"撤销银行结算账户申请书"。属于申请撤销单位银行结算账户的,应加盖单位公章;属于申请撤销个人银行结算账户的,应加盖其个人签章。

银行在收到存款人撤销银行结算账户的申请后，对于符合销户条件的，应在2个工作日内办理撤销手续。详见图2-4。

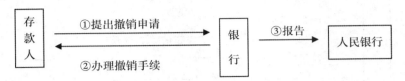

图 2-4　银行结算账户撤销业务流程图

存款人因上述第①、②项原因撤销银行结算账户的，应先撤销一般存款账户、专用存款账户、临时存款账户，将账户资金转入基本存款账户后，方可办理基本存款账户的撤销。

存款人尚未清偿其开户银行债务的，不得申请撤销该账户。

未获得工商行政管理部门核准登记的单位，在验资期满后，应向银行申请撤销注册验资临时存款账户，其账户资金应退还给原汇款人账户。注册验资资金以现金方式存入，出资人需提取现金的，应出具缴存现金时的现金缴款单原件及其有效身份证件。

存款人因上述第③、④项原因撤销基本存款账户后，需要重新开立基本存款账户的，应在撤销其原基本存款账户后10日内申请重新开立基本存款账户。存款人在申请重新开立基本存款账户时，除应向银行出具存款人申请开立基本存款账户的证明文件外，还应出具"已开立银行结算账户清单"。

银行得知存款人有上述第①、②项情况，存款人超过规定期限未主动办理撤销银行结算账户手续的，银行有权停止其银行结算账户的对外支付。

存款人因上述第①、②项原因撤销基本存款账户的，存款人基本存款账户的开户银行应自撤销银行结算账户之日起2个工作日内将撤销该基本存款账户的情况书面通知该存款人其他银行结算账户的开户银行；存款人其他银行结算账户的开户银行，应自收到通知之日起2个工作日内通知存款人撤销有关银行结算账户，存款人应自收到通知之日起3个工作日内办理其他银行结算账户的撤销。

五、各类银行结算账户的开立和使用

(一)基本存款账户

基本存款账户是存款人因办理日常转账结算和现金收付需要开立的银行结算账户。单位银行结算账户的存款人只能在银行开立一个基本存款账户。

1.基本存款账户的使用范围

基本存款账户是存款人的主办账户。存款人日常经营活动的资金收付及其工资、奖金和现金的支取应通过该账户办理。

2.基本存款账户的开户要求

(1)开立基本存款账户的存款人资格

下列存款人可以申请开立基本存款账户：①企业法人；②非法人企业；③机关、事业单位；④团级(含)以上军队、武警部队及分散执勤的支(分)队；⑤社会团体；⑥民办非企业组织;⑦异地常设机构;⑧外国驻华机构;⑨个体工商户;⑩居民委员会、村民委员会、社区委员会;⑪单位设立的独立核算的附属机构;⑫其他组织。

（2）开立基本存款账户所需的证明文件

开立基本存款账户应按照规定的程序办理并提交有关证明文件。存款人申请开立基本存款账户,应向银行出具下列证明文件:

①企业法人,应出具企业法人营业执照正本。

②非法人企业,应出具企业营业执照正本。

③机关和实行预算管理的事业单位,应出具政府人事部门或编制委员会的批文或登记证书和财政部门同意其开户的证明;非预算管理的事业单位,应出具政府人事部门或编制委员会的批文或登记证书。

④军队、武警团级（含）以上单位以及分散执勤的支（分）队,应出具军队军级以上单位财务部门、武警总队财务部门的开户证明。

⑤社会团体,应出具社会团体登记证书,宗教组织还应出具宗教事务管理部门的批文或证明。

⑥民办非企业组织,应出具民办非企业登记证书。

⑦外地常设机构,应出具其驻在地政府主管部门的批文。

⑧外国驻华机构,应出具国家有关主管部门的批文或证明;外资企业驻华代表处、办事处应出具国家登记机关颁发的登记证。

⑨个体工商户,应出具个体工商户营业执照正本。

⑩居民委员会、村民委员会、社区委员会,应出具其主管部门的批文或证明。

⑪独立核算的附属机构,应出具其主管部门的基本存款账户开户许可证和批文。

⑫其他组织,应出具政府主管部门的批文或证明。

（二）一般存款账户

一般存款账户是存款人因借款或其他结算需要,在基本存款账户开户银行以外的银行营业机构开立的银行结算账户。

1.一般存款账户的使用范围

一般存款账户用于办理存款人借款转存、借款归还和其他结算的资金收付。一般存款账户可以办理现金缴存,但不得办理现金支取。

2.一般存款账户的开户要求

（1）开立一般存款账户的存款人资格

开立基本存款账户的存款人都可以开立一般存款账户,只要存款人具有借款或其他结算要求,都可以申请开立一般存款账户,且没有数量限制。

（2）开立一般存款账户所需的证明文件

存款人申请开立一般存款账户,应向银行出具其开立基本存款账户规定的证明文件、基本存款账户开户许可证和下列证明文件:

①存款人因向银行借款需要,应出具借款合同。

②存款人因其他结算需要,应出具有关证明。

(三)专用存款账户

专用存款账户是存款人按照法律、行政法规和规章,对其特定用途资金进行专项管理和使用而开立的银行结算账户。

1.专用存款账户的使用范围

专用存款账户用于办理各项专用资金的收付。《人民币银行结算账户管理办法》对不同的专用资金规定了不同的使用范围:

(1)单位银行卡账户的资金必须由其基本存款账户转账存入。该账户不得办理现金收付业务。

(2)财政预算外资金、证券交易结算资金、期货交易保证金和信托基金专用存款账户不得支取现金。

(3)基本建设资金、更新改造资金、政策性房地产开发资金、金融机构存放同业资金账户需要支取现金的,应在开户时报中国人民银行当地分支行批准。中国人民银行当地分支行应根据国家现金管理的规定审查批准。

(4)粮、棉、油收购资金、社会保障基金、住房基金和党、团、工会经费等专用存款账户支取现金时,应按照国家现金管理的规定办理。

(5)收入汇缴账户除向其基本存款账户或预算外资金财政专用存款户划缴款项外,只收不付,不得支取现金。业务支出账户除从其基本存款账户拨入款项外,只付不收,其现金支取必须按照国家现金管理的规定办理。

银行应按照以上各项规定和国家对粮、棉、油收购资金使用管理规定加强监督,对不符合规定的资金收付和现金支取,不得办理。但对其他专用资金的使用不负监督责任。

2.专用存款账户的开户要求

(1)开立专用存款账户的存款人资格

对下列资金的管理与使用,存款人可以申请开立专用存款账户:①基本建设资金;②更新改造资金;③财政预算外资金;④粮、棉、油收购资金;⑤证券交易结算资金;⑥期货交易保证金;⑦信托基金;⑧金融机构存放同业资金;⑨政策性房地产开发资金;⑩单位银行卡备用金;⑪住房基金;⑫社会保障基金;⑬收入汇缴资金和业务支出资金;⑭党、团、工会设在单位的组织机构经费;⑮其他需要专项管理和使用的资金。

上述第⑬项收入汇缴资金和业务支出资金,是指基本存款账户存款人附属的非独立核算单位或派出机构发生的收入和支出的资金。因收入汇缴资金和业务支出资金开立的专用存款账户,应使用隶属单位的名称。

(2)开立专用存款账户所需的证明文件

存款人申请开立专用存款账户,应向银行出具其开立基本存款账户规定的证明文件、基本存款账户开户许可证和下列证明文件:

①基本建设资金、更新改造资金、政策性房地产开发资金、住房基金、社会保障基金,应出具主管部门批文。

②财政预算外资金,应出具财政部门的证明。

③粮、棉、油收购资金,应出具主管部门批文。

④单位银行卡备用金,应按照中国人民银行批准的银行卡章程的规定出具有关证明

和资料。

⑤证券交易结算资金,应出具证券公司或证券管理部门的证明。

⑥期货交易保证金,应出具期货公司或期货管理部门的证明。

⑦金融机构存放同业资金,应出具其证明。

⑧收入汇缴资金和业务支出资金,应出具基本存款账户存款人有关的证明。

⑨党、团、工会设在单位的组织机构经费,应出具该单位或有关部门的批文或证明。

⑩其他按规定需要专项管理和使用的资金,应出具有关法规、规章或政府部门的有关文件。

存款人凭上述同一证明文件,只能开立一个专用存款账户。

合格境外机构投资者在境内从事证券投资开立的人民币特殊账户和人民币结算资金账户(简称"QFII专用存款账户")纳入专用存款账户管理。开立人民币特殊账户时应出具国家外汇管理部门的批复文件,开立人民币结算资金账户时应出具证券管理部门的证券投资业务许可证。

(四)预算单位零余额账户

预算单位零余额账户是财政部门为实行财政国库集中支付的预算单位在商业银行开设的结算账户。

1.预算单位零余额账户的使用范围

预算单位零余额账户用于财政授权支付。支付的资金由代理银行在每天规定的时间内与人民银行通过国库账户进行清算,将当天支付的所有资金从人民银行国库划到代理银行账户,当天轧账后,账户的余额为零。实行零余额账户支付制度,其目标是最大限度地减少财政资金的库外沉淀和闲置浪费,提高资金使用效益,更好地发挥财政在宏观调控中的作用。

预算单位零余额账户的用款额度具有与人民币存款相同的支付结算功能,可办理转账、汇兑、委托收款和提取现金等支付结算业务。

2.预算单位零余额账户管理的有关规定

(1)独立核算的基层预算单位,才能开设一个零余额账户;非独立核算的单位,包括单位财务机构以外的内设职能部门,不得开设零余额账户。

(2)预算单位零余额账户只能用于本级开支,不得用于资金转拨,一般情况下不得向本单位实有资金账户划拨资金,如有特殊情况,确需将资金从本单位零余额账户拨入本单位实有资金账户的,需要报上级财政部门审核,收到上级财政部门批准文件后方可办理资金划转业务。

(五)临时存款账户

临时存款账户,是存款人因临时需要并在规定期限内使用而开立的银行结算账户。

1.临时存款账户的使用范围

临时存款账户用于办理临时机构以及存款人临时经营活动发生的资金收付。

2.临时存款账户的开户要求

(1)开立临时存款账户的存款人资格

有下列情况的,存款人可以申请开立临时存款账户:①设立临时机构,如工程指挥部、摄制组、筹备领导小组等;②异地临时经营活动,如建筑施工及安装单位等;③注册验资。

(2)开立临时存款账户所需的证明文件

存款人申请开立临时存款账户,应向银行出具下列证明文件:

①临时机构,应出具其驻在地主管部门同意设立临时机构的批文。

②异地建筑施工及安装单位,应出具其营业执照正本或其隶属单位的营业执照正本,以及施工及安装地建设主管部门核发的许可证或建筑施工及安装合同。

③异地从事临时经营活动的单位,应出具其营业执照正本以及临时经营地工商行政管理部门的批文。

④注册验资资金,应出具工商行政管理部门核发的企业名称预先核准通知书或有关部门的批文。

上述第②、③项还应出具其基本存款账户开户许可证。

境外(含港澳台地区)机构在境内从事经营活动的,或境内单位在异地从事临时活动的,持政府有关部门批准其从事该项活动的证明文件,经中国人民银行当地分支行核准后可开立临时存款账户。

(3)开立临时存款账户的其他规定

临时存款账户应根据有关开户证明文件确定的期限或存款人的需要确定其有效期限。

注册验资资金的汇缴人应与出资人的名称一致。

存款人为临时机构的,只能在其驻在地开立一个临时存款账户,不得开立其他银行结算账户。

存款人在异地从事临时活动的,只能在其临时活动地开立一个临时存款账户。

建筑施工及安装单位企业在异地同时承建多个项目的,可根据建筑施工及安装合同开立不超过项目合同个数的临时存款账户。

3.临时存款账户使用中应注意的问题

存款人在账户的使用中需要延长期限的,应在有效期限内向开户银行提出申请,并由开户银行报中国人民银行当地分支行核准后办理展期。临时存款账户的有效期最长不得超过2年。"临时存款账户展期"的具体办理程序是:存款人在临时存款账户有效期届满前申请办理展期时,应填写"临时存款账户展期申请书",并加盖单位公章,连同临时存款账户开户许可证及开立临时存款账户时需要出具的相关证明文件一并通过开户银行报送中国人民银行当地分支行。符合展期条件的,中国人民银行当地分支行应核准其展期,收回原临时存款账户开户许可证,并颁发新的临时存款账户开户许可证。不符合展期条件的,中国人民银行当地分支行不核准其展期申请,存款人应及时办理该临时存款账户的撤销手续。

临时存款账户支取现金,应按照国家现金管理的规定办理。

注册验资的临时存款账户在验资期间只收不付。

存款人因注册验资或增资验资开立临时存款账户后,需要在临时存款账户有效期届满前退还资金的,应出具工商行政管理部门的证明;无法出具证明的,应于账户有效期届满后办理销户退款手续。

(六)个人银行结算账户

个人银行结算账户,是自然人因投资、消费、结算等而开立的可办理支付结算业务的存款账户。这里所指的个人包括中国公民(含香港、澳门、台湾居民)和外国公民。

1.个人银行结算账户的使用范围

个人银行结算账户用于办理个人转账收付和现金支取。储蓄账户仅限于办理现金存取业务,不得办理转账结算。

2.个人银行结算账户的开户要求

(1)开立个人银行结算账户的存款人资格

有下列情况的,可以申请开立个人银行结算账户:①使用支票、信用卡等信用支付工具的;②办理汇兑、定期借记、定期贷记、借记卡等结算业务的。

自然人可根据需要申请开立个人银行结算账户,也可以在已开立的储蓄账户中选择并向开户银行申请确认为个人银行结算账户。

(2)开立个人银行结算账户所需的证明文件

《人民币银行结算账户管理办法》第二十二条规定,存款人申请开立个人银行结算账户,应向银行出具下列证明文件:

①中国居民,应出具居民身份证或临时身份证。

②中国人民解放军军人,应出具军人身份证件。

③中国人民武装警察,应出具武警身份证件。

④香港、澳门居民,应出具港澳居民往来内地通行证;台湾居民,应出具台湾居民来往大陆通行证或者其他有效旅行证件。

⑤外国公民,应出具护照。

⑥法律、法规和国家有关文件规定的其他有效证件。

银行为个人开立银行结算账户时,根据需要还可要求申请人出具户口簿、驾驶执照、护照等有效证件。

《人民币银行结算账户管理办法实施细则》第十五条规定,自然人除可凭《人民币银行结算账户管理办法》第二十二条规定的证明文件申请开立个人银行结算账户外,还可凭下列证明文件申请开立个人银行结算账户:

①居住在境内的中国公民,可出具户口簿或护照。

②军队(武装警察)离退休干部以及在解放军军事院校学习的现役军人,可出具离休干部荣誉证、军官退休证、文职干部退休证或军事院校学员证。

③居住在境内或境外的中国籍的华侨,可出具中国护照。

④外国边民在我国边境地区的银行开立个人银行账户,可出具所在国制发的《边民出入境通行证》。

⑤获得在中国永久居留资格的外国人,可出具外国人永久居留证。

3.个人银行结算账户使用中应注意的问题

(1)个人银行结算账户用于办理个人转账收付和现金存取。下列款项可以转入个人银行结算账户:①工资、奖金收入;②稿费、演出费等劳务收入;③债券、期货、信托等投资的本金和收益；④个人债权或产权转让收益；⑤个人贷款转存；⑥证券交易结算资金和期货交易保证金；⑦继承、赠与款项；⑧保险理赔、保费退还等款项；⑨纳税退还；⑩农、副、矿产品销售收入；⑪其他合法款项。

（2）单位从其银行结算账户支付给个人银行结算账户的款项，每笔超过5万元的，应向其开户银行提供下列付款依据：①代发工资协议和收款人清单；②奖励证明；③新闻出版、演出主办等单位与收款人签订的劳务合同或支付给个人款项的证明；④证券公司、期货公司、信托投资公司、奖券发行或承销部门支付或退还给自然人款项的证明；⑤债权或产权转让协议；⑥借款合同；⑦保险公司的证明；⑧税收征管部门的证明；⑨农、副、矿产品购销合同；⑩其他合法款项的证明。

从单位银行结算账户支付给个人银行结算账户的款项应纳税的，税收代扣单位付款时应向其开户银行提供完税证明。

（3）有下列情形之一的，个人应出具上述第（2）点的有关收款依据：①个人持出票人为单位的支票向开户银行委托收款，将款项转入其个人银行结算账户的；②个人持申请人为单位的银行汇票和银行本票向开户银行提示付款，将款项转入其个人银行结算账户的。

（4）个人持出票人（或申请人）为单位且一手或多手背书人为单位的支票、银行汇票或银行本票，向开户银行提示付款并将款项转入其个人银行结算账户的，应向开户银行出具最后一手背书人为单位且被背书人为个人的收款依据。

（5）单位银行结算账户支付给个人银行结算账户款项的，对于上述第（2）点规定的情形，单位银行结算账户的开户银行应认真审查付款依据的原件，并留存复印件；对于上述第（3）点规定的情形，个人银行结算账户的开户银行应认真审查依据的原件，并留存复印件。未提供相关依据或相关依据不符合规定的，银行应拒绝办理。

（七）异地银行结算账户

异地银行结算账户是指存款人符合法定条件，根据需要在异地开立相应的银行结算账户。

1.异地银行结算账户的使用范围

单位或个人只要符合相关条件，均可根据需要在异地开立相应的银行结算账户。异地银行结算账户的使用应按照开设的不同账户的使用规定进行使用。

2.异地银行结算账户的开户要求

（1）开立异地银行结算账户的存款人资格

存款人有下列情形之一的，可以在异地开立有关银行结算账户：

①营业执照注册地与经营地不在同一行政区域（跨省、市、县）需要开立基本存款账户的。

②办理异地借款和其他结算需要开立一般存款账户的。

③存款人因附属的非独立核算单位或派出机构发生的收入汇缴或业务支出需要开立专用存款账户的。

④异地临时经营活动需要开立临时存款账户的。

⑤自然人根据需要在异地开立个人银行结算账户的。

（2）开立异地银行结算账户所需的证明文件

①存款人需要在异地开立单位银行结算账户的，除出具申请开立基本存款账户、一般存款账户、专用存款账户、临时存款账户规定的有关证明文件外，还应出具下列相应的证明文件：

A.经营地与注册地不在同一行政区域的存款人，在异地开立基本存款账户的，应出具注册地中国人民银行分支行的未开立基本存款账户的证明。

B.异地借款的存款人，在异地开立一般存款账户的，应出具在异地取得贷款的借款合同。

C.因经营需要在异地办理收入汇缴和业务支出的存款人，在异地开立专用存款账户的，应出具隶属单位的证明。

属上述 B、C 项情况的，还应出具其基本存款账户开户许可证。

②存款人需要在异地开立个人银行结算账户的，应向银行出具的证明文件与申请开立个人银行结算账户的证明文件一样。

六、银行结算账户管理的其他规定

（一）存款人预留银行签章的管理

银行为存款人开立银行结算账户，除中国人民银行另有规定的以外，应建立存款人预留签章卡片，并将签章式样和有关证明文件的原件或复印件留存归档。

存款人为单位的，其预留签章为该单位的公章或财务专用章加其法定代表人（单位负责人）或其授权的代理人的签名或者盖章。存款人为个人的，其预留签章为该个人的签名或者盖章。

存款人在申请开立单位银行结算账户时，其申请开立的银行结算账户的账户名称、出具的开户证明文件上记载的存款人名称以及预留银行签章中公章或财务专用章的名称应保持一致，但下列情形除外：（1）因注册验资开立的临时存款账户，其账户名称为工商行政管理部门核发的"企业名称预先核准通知书"或政府有关部门批文中注明的名称，其预留银行签章中公章或财务专用章的名称应是存款人与银行在银行结算账户管理协议中约定的出资人名称；（2）预留银行签章中公章或财务专用章的名称依法可使用简称的，账户名称应与其保持一致；（3）没有字号的个体工商户开立的银行结算账户，其预留签章中公章或财务专用章应是个体户字样加营业执照上载明的经营者的签字或盖章。

单位遗失预留公章或财务专用章的，应向开户银行出具书面申请、开户许可证、营业执照等相关证明文件。

单位存款人申请更换预留公章或财务专用章，应向开户银行出具书面申请、原预留公章或财务专用章等相关证明材料。单位存款人申请更换预留公章或财务专用章但无法提供原预留公章或财务专用章的，应向开户银行出具原印签卡片、开户许可证、营业执照正本、司法部门的证明等相关证明文件。单位存款人申请变更预留公章或财务专用章，可由法定代表人或单位负责人直接办理，也可授权他人办理。由法定代表人或单位负责人直接办理的，除出具相应的证明文件外，还应出具法定代表人或单位负责人的身份证件；授权他人办理的,除出具相应的证明文件外,还应出具法定代表人或单位负责人的身份证件及其出具的授权书,以及被授权人的身份证件。

单位存款人申请更换预留个人签章,可由法定代表人或单位负责人直接办理,也可授权他人办理。由法定代表人或单位负责人直接办理的,应出具加盖该单位公章的书面申请以及法定代表人或单位负责人的身份证件。授权他人办理的,应出具加盖该单位公章的书面申请、法定代表人或单位负责人的身份证件及其出具的授权书、被授权人的身份证件。无法出具法定代表人或单位负责人的身份证件的,应出具加盖该单位公章的书面申请、该单位出具的授权书以及被授权人的身份证件。

个人遗失或更换预留个人印章或更换签字人时,应向开户银行出具经签名确认的书面申请,以及原预留印章或签字人的个人身份证件。银行应留存相应的复印件,并凭以办理预留银行签章的变更。

(二)银行结算账户的对账管理

银行应按规定与存款人核对账务。银行结算账户的存款人收到对账单或对账信息后,应及时核对账务并在规定期限内向银行发出对账回单或确认信息。

任务三 票 据

一、票据概述

(一)票据的概念和种类

票据有广义和狭义之分。广义的票据,是指商业活动中的一切票证,包括各种有价证券和凭证,如股票、债券、本票、提货单、车船票、借据等。狭义的票据仅指《中华人民共和国票据法》规定的票据,是指出票人依法签发,由自己无条件支付或委托他人无条件支付一定金额的有价证券,包括汇票、本票和支票。本章所指票据仅指狭义的票据。

(二)票据的特征

1.票据是债权凭证

持票人可以就票据上所载的金额向特定票据债务人行使其请求权,其性质是债权,所以票据是债权凭证。

2.票据是金钱凭证

就债权的标的而言,持票人享有的权利就是请求债务人给付一定的金钱,所以票据是一种金钱凭证。

3.票据是设权证券

票据权利是经过出票人的出票行为而产生的,即由出票行为设立票据权利。

4.票据是文义证券

票据上的权利义务只依票据上所记载的文义来确定,票据文义以外的任何事实与证据皆不能用来作为认定票据上的权利和义务的证据。

5.票据是无因证券

所谓票据的无因性,是指票据如果具备《中华人民共和国票据法》上的条件,票据权利就成立,至于票据行为赖以发生的原因,在所不问。

6.票据是要式证券

指票据的制作格式和记载事项,必须严格遵守法律规定,才能产生正常的票据效力,否则,票据效力受到一定程度的影响。换言之,票据必须按照《票据法》规定的格式进行出票、背书、保证、承兑等票据行为,票据上记载的文字也在符合格式要式的范围内发生票据法上的文义效力。

(三)票据的功能

票据的功能,是指票据在社会经济生活中的作用。由于票据的形式简单明了,流通自由,因而它具有以下主要功能:

1.支付功能

支付功能是票据的基本功能。以票据作为支付工具,代替现金支付,可以达到迅速、准确、安全的目的,可消除现金携带不便和点钞的麻烦,节省计算现金的时间。

2.汇兑功能

在异地贸易中携带现金不方便、不安全,还存在不同种类货币之间的兑换困难。票据是异地输送现金和兑换货币的工具,可解决异地之间现金支储在空间上的障碍。

3.信用功能

票据当事人可以凭借自己的信誉,将未来才能获得的金钱提前消费。信用功能是票据的核心功能,被称为"票据的生命"。

4.结算功能

即债务抵消功能。票据作为货币给付的手段,可以用它在同城或异地的经济往来中,抵消不同当事人之间相互的收款、欠款或相互的支付关系,即:通过票据交换,使各方收付相抵,相互债务冲减。

5.融资功能

即调度资产。票据的融资功能是通过票据的贴现、转贴现和再贴现实现的。

贴现,是指持票人为获得现金,将未到期的票据出卖给银行的票据转让行为。银行按票面金额扣除贴现利息后将余款支付给收款人。票据一经贴现便归贴现银行所有,贴现银行到期可凭票直接向付款人收取票款。一般工商企业向银行办理的票据贴现就属于这一种。

转贴现,是指银行为了获得资金,将贴现购得的没有到期的票据向其他银行所作的票据转让。转贴现一般是银行间相互拆借资金的一种方式。

再贴现,是指银行为了获得资金,将贴现购得的没有到期的票据向中国人民银行所作的票据转让。

(四)票据行为

票据行为,是指能够产生票据权利与责任关系的法律行为,包括出票、背书、承兑和保证四种。

1.出票

出票,是指出票人签发票据并将其交付给收款人的票据行为。它包括"作成"和"交付"两种行为。所谓"作成"就是出票人按照法定款式制作票据,在票据上记载法定内容并签名。由于现在各种票据都由一定机关印制,因而所谓"作成"只是填写有关内容和签名而已。所谓"交付"是指根据出票人本人的意愿将其交给收款人的行为。不是出于出票人本人意愿的行为(如偷窃票据)不能称作"交付",因而也不能称作出票行为。

2.背书

背书,是指持票人转让票据权利与他人,在票据背面或者粘单上记载有关事项并签章的票据行为。票据的特点在于其流通。票据转让的主要方法是背书(除此之外还有单纯交付)。背书转让是持票人的票据行为,只有持票人才能进行票据的背书。背书是转让票据权利的行为,票据一经背书转让,票据上的权利也随之转让给被背书人。用于支取现金的支票不得背书转让。未填写实际结算金额或实际结算金额超过出票金额的银行汇票不得背书转让。

3.承兑

承兑,是指汇票付款人承诺在汇票到期日支付汇票金额的票据行为。承兑为汇票所独有。汇票的出票人和付款人之间是一种委托关系,出票人签发汇票,并不等于付款人就一定付款,持票人为确定汇票到期时能得到付款,在汇票到期前向付款人进行承兑提示。如果付款人签字承兑,那么他就对汇票的到期付款承担责任,否则持票人有权对其提起诉讼。

4.保证

保证,是指除票据债务人以外的人为担保票据债务的履行、以负担同一内容的票据债务为目的的一种附属票据行为。票据保证的目的是担保票据债务的履行,适用于汇票和本票,不适用于支票。

(五)票据当事人

票据当事人,是指票据法律关系中享有票据权利、承担票据义务的当事人,也称票据法律关系主体。票据当事人可分为基本当事人和非基本当事人。

1.基本当事人

基本当事人,是指在票据作成和交付时就已经存在的当事人,是构成票据法律关系的必要主体。基本当事人包括出票人、收款人和付款人。

(1)出票人,是指依法定方式签发票据并将票据交付给收款人的人。

(2)收款人,是指票据到期后有权收取票据所载金额的人。

(3)付款人,是指由出票人委托付款或自行承担付款责任的人。

汇票和支票的基本当事人有三个:出票人、收款人和付款人。本票的基本当事人只有两个:出票人和收款人,付款人与出票人为同一人。

2.非基本当事人

非基本当事人,是指在票据签发时并不存在,在票据作成并交付后,通过一定的票据行为加入票据关系而享有一定权利、承担一定义务的当事人,包括承兑人、背书人、被背书人、保证人和被保证人等。非基本当事人是否存在,取决于相应票据行为是否发生,如由于背书行为而产生背书人和被背书人,由于保证行为产生保证人和被保证人。

(1)承兑人,是指接受汇票出票人的付款委托同意承担支付票款义务的人。

(2)背书人,是指在转让票据时,在票据背面签字或盖章并将该票据交付给受让人的票据收款人或持有人。

(3)被背书人,是指经背书人的背书转让行为而取得票据的人。

(4)保证人,是指为票据债务提供担保的人,由票据债务人以外的他人担当。

(5)被保证人,是保证人所担保的对象。如果保证人未指明被保证人,已承兑的票据,以承兑人为被保证人;未承兑的票据或无需承兑的票据,以出票人为被保证人。

(六)票据签章

票据签章,是指票据有关当事人在票据上签名、盖章或签名加盖章的行为。

票据签章是票据行为生效的重要条件,是票据行为表现形式中绝对应记载的事项。如果票据缺少当事人的签章,该项票据行为便无效。票据上的签章因票据行为的性质不同,签章当事人也不相同;票据签发时,由出票人签章;票据转让时,由背书人签章;票据承兑时,由承兑人签章;票据保证时,由保证人签章;持票人行使票据权利时,由持票人签章。

银行汇票的出票人在票据上的签章,银行承兑汇票、办理商业汇票转贴现、再贴现时的签章,应为经中国人民银行批准使用的该银行汇票专用章加其法定代表人或其授权经办人的签名或者盖章。银行本票的出票人在票据上的签章,应为经中国人民银行批准使用的该银行本票专用章加其法定代表人或其授权经办人的签名或者盖章。

单位在票据上的签章,应为该单位的财务专用章或者公章加其法定代表人或其授权的代理人的签名或者盖章。

个人在票据上的签章,应为该个人的签名或者盖章。

支票的出票人和商业承兑汇票的承兑人在票据上的签章,应为其预留银行的签章。

出票人在票据上的签章不符合规定的,票据无效;承兑人、保证人在票据上的签章不符合规定的,其签章无效,但不影响其他符合规定签章的效力;背书人在票据上的签章不符合规定的,其签章无效,但不影响其前手符合规定签章的效力;无民事行为能力人或者限制民事行为能力人在票据上签章的,其签章无效,但是不影响其他签章的效力。

(七)票据记载事项

票据记载事项,是指依法在票据上记载的票据相关内容。票据记载事项可分为绝对记载事项、相对记载事项和任意记载事项等。

1.绝对记载事项

绝对记载事项,是指《中华人民共和国票据法》明文规定必须记载的,如不记载,票据即为无效的事项。如票据必须记明"汇票""本票""支票"字样,以表明票据的种类,否则票据无效;票据缺少出票人签章,票据就为无效票据。

2.相对记载事项

相对记载事项,是指《中华人民共和国票据法》规定应该记载而未记载,但适用法律的有关规定而不使票据失效的事项。相对记载事项主要有付款日期、出票地、收款地、付款地等。汇票上未记载付款日期的,为见票即付;汇票上未记载付款地的,付款人的营业场所、住所或经常居住地为付款地；支票上未记载付款地的，付款人的营业场所为付款地；支票上未记载出票地的，出票人的营业场所、住所或者经常居住地为出票地。

3.任意记载事项

任意记载事项，是指《中华人民共和国票据法》不强制当事人必须记载而允许当事人自行选择，不记载时不影响票据效力，记载时则产生票据效力的事项。任意记载事项主要有"禁止背书"字样、"现金"字样、"不得转让"字样等。如出票人在汇票记载"不得转让"字样的，汇票不得转让。

票据的记载事项中，票据金额、日期、收款人名称不得更改，更改的票据无效；对票据上的其他记载事项，原记载人可以更改，更改时应当由原记载人签章证明。票据上的记载事项应当真实，不得伪造、变造。伪造、变造票据上的签章和其他记载事项的，应当承担法律责任。

因票据种类的不同，票据所记载的事项和要求也有所不同。

(八)票据权利与责任

1.票据权利

票据权利，是指持票人向票据债务人请求支付票据金额的权利，包括付款请求权和追索权。票据权利是票据关系中票据债权人享有的权利，它是基于特定的票据行为产生后就与票据同时存在的，不占有票据就不能行使票据权利。

(1)付款请求权

付款请求权，是指持票人向票据主债务人请求按票据上记载的金额付款的权利。行使付款请求权的权利人是持票人，这里的持票人可能是票据记载的收款人，也可能是最后的被背书人。这里的票据主债务人包括汇票的承兑人、本票的发票人、支票的付款人。付款请求权是合法持票人享有的第一次请求权。

(2)追索权

追索权，又称偿还请求权，是指票据持票人到期不能获得付款或在到期日前不获承兑或有其他法定原因时，持票人请求其前手清偿票据金额、利息及有关费用的票据权利。追索权一般是在付款请求权不能实现或无法得到满足时，持票人才行使的权利，因此，它是付款请求权的补充或保障性权利，是票据上的第二次请求权。行使追索权的权利人除票据记载的收款人和最后的被背书人外，还可能是代为清偿票据债务的保证人、背书人。

2.票据责任

票据责任，是指票据债务人向持票人支付票据金额的义务。在票据上签章的人(包括出票人、背书人、承兑人、保证人)均为票据债务人，必须按照票据上所记载的事项承担票据责任。汇票的付款人或承兑人、本票的出票人为票据的主债务人，负有无条件支付票据金额的责任；汇票和支票的出票人及其保证人，汇票、本票和支票的背书人及其保证人负有担保承兑和担保付款的责任；出票人、背书人、承兑人、保证人负有连带的责任。

(九)票据丧失的补救

票据丧失，是指票据因灭失、遗失、被盗等原因而使票据权利人脱离其对票据的占有。由于票据具有流通性和无因性等特点，使得票据在丧失后如果不及时采取有效的补救措施,很可能导致失票人丧失票据利益。票据丧失后可以采取挂失止付、公示催告、普通诉讼三种形式进行补救。

1.挂失止付

挂失止付,是失票人向付款人告知票据已丧失的情况,指示付款人停止付款。可以挂失止付的票据包括:已承兑的商业汇票、支票、填明"现金"字样和代理付款人的银行汇票、填明"现金"字样的银行本票。不得挂失止付的票据包括:未填明"现金"字样和代理付款人的银行汇票、未填明"现金"字样的银行本票。此处的付款人或者代理付款人,具体是指银行汇票的代理付款银行或者出票银行、商业汇票的承兑人、银行本票的出票人和支票的付款银行。挂失止付的申请人为最后持票人,即失票人。挂失止付的受理人为票据的付款人或者代理付款人,除商业承兑汇票的承兑人为非金融机构外,其他票据的付款人或者代理付款人均为票据上记载的金融机构。

付款人收到挂失止付通知后,查明挂失票据确未付款时,应立即暂停支付。如果付款人在收到挂失止付通知后 12 日内未收到法院的止付通知书,便不再承担暂停支付义务,可在持票人提示付款时支付票款而不承担责任。如果收到了法院的止付通知书,则按通知书的要求暂停更长时间的支付,等待法院的判决结果。

挂失止付只是失票人丧失票据后可以采取的一种临时补救措施,以防止所失票据被他人冒领。票据本身并不因挂失止付而无效,失票人的票据责任并不因此免除,失票人的票据权利也不能因挂失止付得到最终的恢复。因此,票据丧失后,失票人在挂失止付后,还应当及时采取其他的补救措施,保障自己的权利,如向法院申请公示催告、提起普通诉讼等。需要注意的是,挂失止付并不是公示催告程序和诉讼程序的必经程序。

2.公示催告

公示催告,即票据丧失后,失票人向法院提出申请,请求法院以公告的方式通知不明利害关系的有关当事人限期申报权利,逾期不报的,其权利即失效。失票人应向票据支付地的基层人民法院申请公示催告。公示催告要在规定的时间内提出:如果没有挂失止付,可随时申请;如果已挂失,则必须在挂失后三日内申请。

法院受理公示催告后,应当立即通知支付人停止支付,并在通知后 3 日内发出公告,催促利害关系人在 3 个月内申报权利。公告期间,票据权利被冻结,不能承兑、不能付款、不能贴现、不能转让,有关当事人对票据的任何处分均没有法律效力。如果在公示催告期间收到了有关权利人的权利申报,法院应当裁定终结公示催告程序,并通知申请人和付款人。如果申请人和申报人出现争议,申请人和申报人都可以另行向法院起诉,由法院审理后作出判决。如果公示催告期间届满后仍无人前来法院申报权利,法院作出除权判决,宣告丧失的票据无效。法院作出的除权判决是对公示催告申请人票据权利恢复的确认,公示催告申请人依据生效判决向票据付款人请求付款或者退款。

3.普通诉讼

普通诉讼,是指在票据丧失后,失票人为恢复票据权利而进行的一种的诉讼,适用的是普通程序。它以失票人为原告,以承兑人或出票人为被告,请求人民法院判决被告向失票人付款。失票人应当在通知挂失止付后 3 日内,也可以在票据丧失后,依法向人民法院提起诉讼。

失票人在丧失票据后，如果与票据上的权利有利害关系的人是明确的，无须公示催告，可以直接向法院提起民事诉讼，请求法院判令票据债务人向其支付票据金额。《中华人民共和国票据法》没有对该程序作出详细规定。一般认为，在失票人选择诉讼途径救济自己的票据权利时，应当向法院提供有关的书面证明，证明自己对所丧失的票据上的有关记载事项。此外，失票人在起诉时还应当提供必要的担保，以补偿票据债务人因支付失票人票据款项可能出现的损失。

二、支票

(一)支票的概念及适用范围

支票，是出票人签发的，委托办理支票存款业务的银行在见票时无条件支付确定的金额给收款人或者持票人的票据。

单位和个人的各种款项结算，均可以使用支票。2007年7月8日，中国人民银行宣布，支票可以实现全国范围内互通使用。支票可以背书转让，但用于支取现金的支票不能背书转让。

(二)支票的种类

支票按照支付票款的方式分为现金支票、转账支票和普通支票。支票上印有"现金"字样的为现金支票，现金支票只能用于支取现金。支票上印有"转账"字样的为转账支票，转账支票只能用于转账。支票上未印有"现金"或"转账"字样的为普通支票，普通支票可以用于支取现金，也可以用于转账。在普通支票左上角划两条平行线的，为划线支票，划线支票只能用于转账，不得支取现金。

(三)支票结算的业务流程

支票结算的业务流程如图2-5所示(以持票人委托开户银行收款为例)。

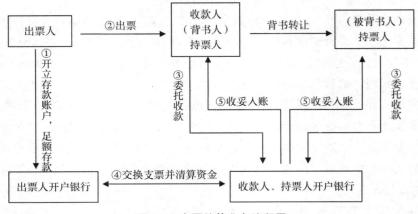

图 2-5　支票结算业务流程图

（四）支票的出票

1.出票人的确定

支票的出票人为在经中国人民银行当地分支行批准办理支票业务的银行机构开立可以使用支票的存款账户的单位和个人。

2.支票的记载事项

（1）支票的绝对记载事项：①表明"支票"的字样；②无条件支付的委托；③确定的金额；④付款人名称；⑤出票日期；⑥出票人签章。欠缺记载上列事项之一的，支票无效。支票的金额、收款人名称，可以由出票人授权补记。未补记前不得背书转让和提示付款。

（2）支票的相对记载事项：①付款地，支票上未记载付款地的，付款人的营业场所为付款地；②出票地，支票上未记载出票地的，出票人的营业场所、住所或者经常居住地为出票地。

此外，支票上可以记载非法定记载事项，但这些事项并不发生支票上的效力。

3.支票出票的效力

出票人作成支票并交付之后，出票人必须在付款人处存有足够可处分的资金，以保证支票票款的支付；当付款人对支票拒绝付款或者超过支票付款提示期限的，出票人应向持票人承担付款责任。

（五）支票的付款

支票的付款人为支票上记载的出票人开户银行。

支票限于见票即付，不得另行记载付款日期，另行记载付款日期的，该记载无效。

支票的提示付款期限自出票日起 10 日内；异地使用的支票，其提示付款的期限由中国人民银行另行规定。超过提示付款期限提示付款的，持票人开户银行不予受理，付款人不予付款。支票的持票人超过规定的期限提示付款的，丧失对出票人以外的前手的追索权。

出票人在付款人处的存款足以支付支票金额时，付款人应当在见票当日足额付款。

付款责任的解除：付款人依法支付支票金额的，对出票人不再承担受委托付款的责任，对持票人不再承担付款的责任。但是，付款人以恶意或者有重大过失付款的除外。

（六）支票的办理要求

1.签发支票的要求

（1）签发支票应使用碳素墨水或墨汁填写，中国人民银行另有规定的除外。

（2）签发现金支票和用于支取现金的普通支票，必须符合国家现金管理的规定。

（3）支票的出票人签发支票的金额不得超过付款时在付款人处实有的存款金额。禁止签发空头支票。

（4）支票的出票人在票据上的签章，应为其预留银行的签章。支票的出票人预留银行签章是银行审核支票付款的依据。银行也可以与出票人约定使用支付密码，作为银行审核支付支票金额的条件。

（5）出票人不得签发与其预留银行签章不符的支票；使用支付密码的，出票人不得签发支付密码错误的支票。

(6)出票人签发空头支票或者签发与其预留的签章不符的支票,不以骗取财物为目的的,由中国人民银行处以票面金额5%但不低于1 000元的罚款;持票人有权要求出票人赔偿支票金额2%的赔偿金。对屡次签发的,银行应停止其签发支票。

2.兑付支票的要求

(1)持票人可以委托开户银行收款或直接向付款人提示付款。用于支取现金的支票仅限于收款人向付款人提示付款。

(2)持票人委托开户银行收款时,应作委托收款背书。

三、商业汇票

(一)商业汇票的概念

商业汇票,是出票人签发的,委托付款人在指定日期无条件支付确定的金额给收款人或者持票人的票据。付款时使用商业汇票,对出票企业而言,可以缓解企业资金压力。在银行开立存款账户的法人以及其他组织之间,必须具有真实的交易关系或债权债务关系,才能使用商业汇票。

出票人不得签发无对价的商业汇票用以骗取银行或者其他票据当事人的资金。

存款人领购商业汇票,必须填写"票据和结算凭证领用单"并签章,签章应与预留银行的签章相符。存款账户结清时,必须将全部剩余空白商业汇票交回银行注销。

(二)商业汇票的种类

商业汇票分为商业承兑汇票和银行承兑汇票。两者的区别主要有以下几点:

1.出票人不同

商业承兑汇票可以由付款人签发并承兑,也可以由收款人签发交由付款人承兑;银行承兑汇票应由在承兑银行开立存款账户的存款人签发。

2.承兑人不同

商业汇票的付款人为承兑人。商业承兑汇票由银行以外的付款人承兑,即承兑人为付款单位本身;银行承兑汇票由银行承兑,即承兑人为付款单位开户银行。商业承兑汇票和银行承兑汇票的承兑人不同,决定了商业承兑汇票是商业信用,银行承兑汇票是银行信用。

3.付款单位开户银行责任不同

到期日,商业承兑汇票签发人银行存款不足时,银行可拒绝支付;银行承兑汇票签发人银行存款不足时,银行见票无条件支付。

4.收款单位收款风险不同

商业承兑汇票结算方式下,收款单位存在到期日无法收款的风险;银行承兑汇票结算方式下,收款单位不存在到期日无法收款的风险。

(三)商业汇票结算的业务流程

商业汇票结算的业务流程如图2-6、图2-7所示(以持票人委托开户银行收款为例)。

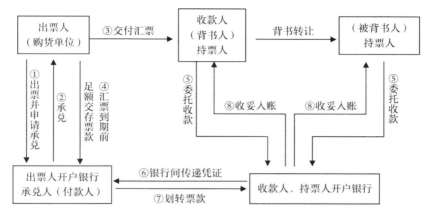

图 2-6 银行承兑汇票结算业务流程图(以出票人申请承兑为例)

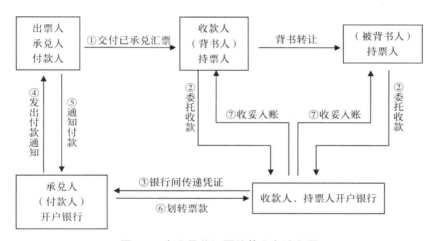

图 2-7 商业承兑汇票结算业务流程图

(四)商业汇票的出票

1.出票人的确定

商业承兑汇票的出票人为在银行开立存款账户的法人以及其他组织,与付款人具有真实的委托付款关系,具有支付汇票金额的可靠资金来源。

银行承兑汇票的出票人必须具备下列条件:(1)在承兑银行开立存款账户的法人以及其他组织;(2)与承兑银行具有真实的委托付款关系;(3)资信状况良好,具有支付汇票金额的可靠资金来源。

2.商业汇票的记载事项

(1)商业汇票的绝对记载事项:①表明"商业承兑汇票"或"银行承兑汇票"的字样;②无条件支付的委托;③确定的金额;④付款人名称;⑤收款人名称;⑥出票日期;⑦出票人签章。欠缺记载上列事项之一的,商业汇票无效。

(2)商业汇票的相对记载事项:①汇票上未记载付款日期的,视为见票即付;②汇票上未记载付款地的,付款人的营业场所、住所或者经常居住地为付款地;③汇票上未记载出票地的,出票人的营业场所、住所或者经常居住地为出票地。

此外,汇票上可以记载非法定记载事项,但这些事项不具有汇票上的效力。

3.商业汇票出票的效力

(1)对收款人的效力。收款人取得汇票后,即取得票据权利。

(2)对付款人的效力。付款人在对汇票承兑后,即成为汇票上的主债务人。

(3)对出票人的效力。出票人签发汇票后,即承担保证该汇票承兑和付款的责任。

(五)商业汇票的承兑

商业汇票的承兑是指汇票付款人承诺在汇票到期日支付汇票金额的票据行为。承兑是汇票特有的制度。商业汇票可以在出票时向付款人提示承兑后使用,也可以在出票后先使用再向付款人提示承兑。

1.承兑的程序

定日付款或者出票后定期付款的商业汇票,持票人应当在汇票到期日前向付款人提示承兑。见票后定期付款的汇票,持票人应当自出票日起 1 个月内向付款人提示承兑。汇票未按照规定期限提示承兑的,持票人丧失对其前手的追索权。所谓提示承兑,是指持票人向付款人出示票据,请求付款人见到出示的票据后作出承诺付款的行为。提示承兑不是票据行为,而是承兑这一票据行为的前提,是承兑行为的必要手续。在提示承兑行为中,持票人是提示人,付款人是被提示人。见票即付的汇票无需提示承兑。

商业汇票的付款人接到出票人或持票人向其提示承兑的汇票时,应当向出票人或持票人签发收到汇票的回单(回单是付款人向持票人出具的已收到请求承兑汇票的证明),回单上应记明汇票提示承兑日期并签章。付款人承兑汇票,应当在汇票正面记载"承兑"字样和承兑日期并签章;见票后定期付款的汇票,应当在承兑时记载付款日期。汇票上未记载承兑日期的,以 3 天承兑期的最后一日为承兑日期。付款人依承兑格式填写完毕应记载事项并将已承兑的汇票退回持票人后才产生承兑的效力。付款人应当在自收到提示承兑的汇票之日起 3 日内承兑或者拒绝承兑。付款人拒绝承兑的,必须出具拒绝承兑的证明。付款人承兑商业汇票,不得附有条件;承兑附有条件的,视为拒绝承兑。

商业汇票的承兑银行,必须具备下列条件:(1)与出票人具有真实的委托付款关系;(2)具有支付汇票金额的可靠资金;(3)内部管理完善,经其法人授权的银行审定。

银行承兑汇票的出票人或持票人向银行提示承兑时,银行的信贷部门负责按照有关规定和审批程序,对出票人的资格、资信、购销合同和汇票记载的内容进行认真审查,必要时可由出票人提供担保。符合规定和承兑条件的,与出票人签订承兑协议。

2.承兑的效力

(1)承兑人于汇票到期日必须向持票人无条件地支付汇票上的金额,否则其必须承担迟延付款责任;(2)承兑人必须对汇票上的一切权利人承担责任,该等权利人包括付款请求权人和追索权人;(3)承兑人不得以其与出票人之间的资金关系来对抗持票人,拒绝支付汇票金额;(4)承兑人的票据责任不因持票人未在法定期限提示付款而解除。

(六)商业汇票的付款

商业汇票的付款,是指付款人依据票据文义支付票据金额,以消灭票据关系的行为。

1.付款期限

商业汇票的付款期限,最长不得超过 6 个月。定日付款的汇票付款期限自出票日起计算,并在汇票上记载具体的到期日。出票后定期付款的汇票付款期限自出票日起按月计算,并在汇票上记载。见票后定期付款的汇票付款期限自承兑或拒绝承兑日起按月计算,并在汇票上记载。

2.提示付款

持票人应当按照下列法定期限提示付款:(1)见票即付的汇票,自出票日起 1 个月内向付款人提示付款。(2)定日付款、出票后定期付款或者见票后定期付款的汇票,自到期日起 10 日内向承兑人提示付款。对异地委托收款的,持票人可匡算邮程,提前通过开户银行委托收款。持票人未按照上述规定期限提示付款的,在作出说明后,承兑人或者付款人仍应当继续对持票人承担付款责任。

3.支付票款

商业承兑汇票的付款人开户银行收到通过委托收款寄来的商业承兑汇票,将商业承兑汇票留存,并及时通知付款人。(1)付款人收到开户银行的付款通知,应在当日通知银行付款。付款人在接到通知日的次日起 3 日内(遇法定休假日顺延,下同)未通知银行付款的,视同付款人承诺付款,银行应于付款人接到通知日的次日起第 4 日(法定休假日顺延,下同)上午开始营业时,将票款划给持票人。付款人提前收到由其承兑的商业汇票,应通知银行于汇票到期日付款。付款人在接到通知日的次日起 3 日内未通知银行付款,付款人接到通知日的次日起第 4 日在汇票到期日之前的,银行应于汇票到期日将票款划给持票人。(2)银行在办理划款时,付款人存款账户不足支付的,应填制付款人未付票款通知书,连同商业承兑汇票邮寄持票人开户银行转交持票人。(3)付款人存在合法抗辩事由拒绝支付的,应自接到通知日的次日起 3 日内,作成拒绝付款证明送交开户银行,银行将拒绝付款证明和商业承兑汇票邮寄持票人开户银行转交持票人。

银行承兑汇票的出票人应于汇票到期前将票款足额交存其开户银行。承兑银行应在汇票到期日或到期日后的见票当日支付票款。承兑银行存在合法抗辩事由拒绝支付的,应自接到商业汇票的次日起 3 日内,作成拒绝付款证明,连同商业银行承兑汇票邮寄持票人开户银行转交持票人。银行承兑汇票的出票人于汇票到期日未能足额交存票款时,承兑银行除凭票向持票人无条件付款外,对出票人尚未支付的汇票金额按照每天万分之五计收利息。

4.付款的效力

付款人依法足额付款后,全体汇票债务人的责任解除。

(七)商业汇票的背书

商业汇票的背书,是指以转让商业汇票权利或者将一定的商业汇票权利授予他人行使为目的,按照法定的事项和方式在商业汇票背面或者粘单上记载有关事项并签章的票据行为。汇票转让只能采取背书方式。出票人在汇票上记载"不得转让"字样,该汇票不得转让。

持票人可以将汇票权利转让给他人或者将一定的汇票权利授予他人行使。持票人行使转让汇票权利时,应当背书并交付汇票。汇票权利授予他人行使,是指持票人将其享有的一定的汇票权利让他人代为行使,例如,持票人将汇票交付委托的收款人,由委托收款人代其向承兑人或付款人提示付款。

1.背书的形式

(1)背书签章和背书日期的记载。背书由背书人签章并记载背书日期。背书未记载日期的,视为在汇票到期日前背书。背书人背书时,必须在票据上签章。

(2)被背书人名称的记载。汇票以背书转让或者以背书将一定的汇票权利授予他人行使时,必须记载被背书人名称。背书人未记载被背书人名称即将票据交付他人的,持票人在票据的被背书人栏内记载自己的名称与背书人记载具有同等法律效力。

(3)禁止背书的记载。背书人在汇票上记载"不得转让"字样,其后手再背书转让的,原背书人对后手的被背书人不承担保证责任。

(4)粘单的使用。第一位使用粘单的背书人必须将粘单粘接在票据上,并且在汇票和粘单的粘接处签章。

(5)背书不得记载的内容。背书不得附有条件。背书时附有条件的,所附条件不具有汇票上的效力。将汇票金额的一部分转让的背书或者将汇票金额分别转让给2人以上的背书无效。

2.背书连续

背书连续,是指在票据转让中,转让汇票的背书人与受让汇票的被背书人在汇票上的签章依次前后衔接。以背书转让的汇票,背书应当连续。如果背书不连续,付款人可以拒绝向持票人付款,否则付款人应自行承担票据责任。持票人以背书的连续证明其汇票权利;非经背书转让,而以其他合法方式取得汇票的,依法举证,证明其汇票权利。票据凭证不能满足背书人记载事项的需要,可以加附粘单,粘附于票据凭证上。粘单上的第一记载人,应当在汇票和粘单的粘接处签章。

3.法定禁止背书

汇票被拒绝承兑、被拒绝付款或者超过付款提示期限的,不得背书转让;背书转让的,背书人应当承担汇票责任。

4.其他规定

以背书转让的汇票,后手应当对其直接前手背书的真实性负责。后手,是指在票据签章人之后签章的其他票据债务人。

背书记载"委托收款"字样的,被背书人有权代背书人行使被委托的汇票权利。但是,被背书人不得再以背书转让汇票权利。

汇票可以设定质押,质押时应当以背书记载"质押"字样。被背书人依法实现其质权时,可以行使汇票权利。

背书人以背书转让汇票后,即承担保证其后手所持汇票承兑和付款的责任。背书人在汇票得不到承兑或者付款时,应当向持票人清偿《中华人民共和国票据法》第七十条、第七十一条规定的金额和费用。《中华人民共和国票据法》第七十条规定:"持票人行使追索权,可以请求被追索人支付下列金额和费用:(1)被拒绝付款的汇票金额;(2)汇票金额自到期日或者提示付款日起至清偿日止,按照中国人民银行规定的利率计算的利息;(3)取得有关拒绝证明和发出通知书的费用。被追索人清偿债务时,持票人应当交出汇票和有关拒绝证明,并出具所收到利息和费用的收据。"第七十一条规定:"被追索人依照前条规定清偿后,可以向其他汇票债务人行使再追索权,请求其他汇票债务人支付下列金额和费用:(1)已清偿的全部金额;(2)前项金额自清偿日起至再追索清偿日止,按照中国人民银行规定的利率计算的利息;(3)发出通知书的费用。行使再追索权的被追索人获得清偿时,应当交出汇票和有关拒绝证明,并出具所收到利息和费用的收据。"

(八)商业汇票的贴现

商业汇票的持票人向银行办理贴现必须具备下列条件:(1)在银行开立存款账户的企业法人以及其他组织;(2)与出票人或者直接前手之间具有真实的商品交易关系;(3)提供与其直接前手之间的增值税发票和商品发运单据复印件。

符合条件的商业汇票的持票人可持未到期的商业汇票连同贴现凭证向银行申请贴现。贴现银行可持未到期的商业汇票向其他银行转贴现,也可向中国人民银行申请再贴现。贴现、转贴现、再贴现时,应作成转让背书,并提供贴现申请人与其直接前手之间的增值税发票和商品发运单据复印件。

贴现、转贴现和再贴现的期限从其贴现之日起至汇票到期日止。实得贴现金额按票面金额扣除贴现日至汇票到期前 1 日的利息计算。承兑人在异地的,贴现、转贴现和再贴现的期限以及贴现利息的计算应另加 3 天的划款日期。用公式表示为:

贴现利息＝贴现金额×贴现天数×日贴现率

$$日贴现率＝\frac{月贴现率}{30}$$

贴现单位实得贴现金额＝票面金额－应付贴现利息

[例 2-1]A 公司向 B 公司销售产品,取得 B 公司签发并承兑的商业承兑汇票一张,票面金额为 600 000 元,签发承兑日期为 4 月 8 日,付款期为 6 个月。5 月 22 日,A 公司因急需用款持该汇票到银行申请贴现,经银行同意后于 5 月 23 日办理贴现。假定银行月贴现率为 6‰。

解析:到期日是 10 月 8 日,则贴现天数为 138 天。

$$贴现利息＝600\ 000\ 元×138\ 天×\frac{6‰}{30}＝16\ 560\ 元$$

$$A\ 公司实得贴现金额＝600\ 000－16\ 560＝583\ 440\ 元$$

贴现、转贴现、再贴现到期,贴现、转贴现、再贴现银行应向付款人收取票款。不获付款的,贴现、转贴现、再贴现银行应向其前手追索票款。贴现、再贴现银行追索票款时可从申请人的存款账户收取票款。

(九)商业汇票的保证

1.保证的当事人

保证的当事人为保证人与被保证人。商业汇票的债务可以依法由保证人承担保证责任。保证人由汇票债务人以外的他人担当。

2.保证的格式

保证人必须按照《中华人民共和国票据法》的规定在票据上记载保证事项。保证人为出票人、承兑人保证的,应将保证事项记载在票据的正面;保证人为背书人保证的,应将保证事项记载在票据的背面或粘单上。保证人必须在汇票或者粘单上记载下列事项:(1)表明"保证"的字样;(2)保证人名称和住所;(3)被保证人的名称;(4)保证日期;(5)保证人签章。保证人在汇票或者粘单上未记载被保证人的名称的,已承兑的汇票,承兑人为被保证人;未承兑的汇票,出票人为被保证人。保证人在汇票或者粘单上未记载保证日期的,出票日期为保证日期。

保证不得附有条件;附有条件的,不影响对汇票的保证责任。

保证人对合法取得汇票的持票人所享有的汇票权利,承担保证责任。但是,被保证人的债务因汇票记载事项欠缺而无效的除外。

3.保证的效力

(1)保证人的责任。被保证的汇票,保证人应当与被保证人对持票人承担连带责任。汇票到期后得不到付款的,持票人有权向保证人请求付款,保证人应当足额付款。

(2)共同保证人的责任。保证人为 2 人以上的,保证人之间承担连带责任。

(3)保证人的追索权。保证人清偿汇票债务后,可以行使持票人对被保证人及其前手的追索权。

(十)电子商业汇票

电子商业汇票是指出票人依托电子商业汇票系统,以数据电文形式制作的,委托付款人在指定日期无条件支付确定金额给收款人或者持票人的票据。与纸质商业汇票相比,电子商业汇票具有以数据电文形式签发、流转,并以电子签名取代实体签章的突出特点,这有利于杜绝不法分子伪造、变造票据,降低企业结算成本,提升结算效率,控制融资风险。

电子商业汇票分为电子银行承兑汇票和电子商业承兑汇票。电子银行承兑汇票由银行业金融机构、财务公司(以下统称金融机构)承兑;电子商业承兑汇票由金融机构以外的法人或其他组织承兑。电子商业汇票的付款人为承兑人。

电子商业汇票的出票、承兑、背书、保证、提示付款和追索等业务,必须通过电子商业汇票系统办理。电子商业汇票系统是经中国人民银行批准建立,依托网络和计算机技术,接收、存储、发送电子商业汇票数据电文,提供与电子商业汇票货币给付、资金清算行为相关服务的业务处理平台。

电子商业汇票与传统纸质商业汇票的区别:

(1)纸质商业汇票票据当事人的签章,为签名、盖章或者签名加盖章。电子商业汇票票据当事人在电子商业汇票上的签章,为该当事人可靠的电子签名。

(2)纸质商业汇票分为见票即付、定日付款、出票后定期付款和见票后定期付款。电子商业汇票为定日付款票据。

(3)纸质商业汇票的付款期限最长不超过 6 个月。电子商业汇票的付款期限自出票日起至到期日止,最长不得超过 1 年。

(4)纸质商业汇票以纸质形式保存,采用手工或邮寄等方式传递。电子商业汇票存储于人民银行电子商业汇票系统,借助网络和计算机技术,发送和接收电子商业汇票数据电文。

四、银行汇票

(一)银行汇票的概念和适用范围

银行汇票是由出票银行签发的,由其在见票时按照实际结算金额无条件支付给收款人或者持票人的票据。

单位和个人在异地、同城或同一票据交换区域的各种款项结算,均可使用银行汇票。银行汇票可以用于转账,标明"现金"字样的银行汇票也可以提取现金。

银行汇票的付款人为银行汇票的出票银行。银行汇票的代理付款人是代理本系统出票银行或跨系统签约银行审核支付汇票款项的银行。银行汇票的付款地为代理付款人或出票人所在地。银行汇票的债务可以依法由保证人承担保证责任。

(二)银行汇票结算的业务流程

银行汇票结算的业务流程如图 2-8 所示。

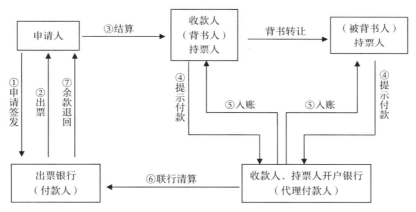

图 2-8　银行汇票结算业务流程图

(三)银行汇票的申办

1.申请人

申请人使用银行汇票,应向出票银行填写"银行汇票申请书",填明收款人名称、汇票金额、申请人名称、申请日期等事项并签章,签章为其预留银行的签章。

申请人和收款人均为个人,需要使用银行汇票向代理付款人支取现金的,申请人须在"银行汇票申请书"上填明代理付款人名称,在"汇票金额"栏先填写"现金"字样,后填写汇票金额。

申请人或者收款人为单位的,不得在"银行汇票申请书"上填明"现金"字样。

2.出票银行

签发银行汇票必须记载下列事项:(1)表明"银行汇票"的字样;(2)无条件支付的承诺;(3)出票金额;(4)付款人名称;(5)收款人名称;(6)出票日期;(7)出票人签章。

银行汇票的出票人在票据上的签章,应为经中国人民银行批准使用的该银行汇票专用章加其法定代表人或其授权经办人的签名或者盖章。

出票银行受理"银行汇票申请书",收妥款项后签发银行汇票,并用压数机压印出票金额,将银行汇票和解讫通知一并交给申请人。

签发转账银行汇票,不得填写代理付款人名称,但由人民银行代理兑付银行汇票的商业银行,向设有分支机构地区签发转账银行汇票的除外。

签发现金银行汇票,申请人和收款人必须均为个人,收妥申请人交存的现金后,在银行汇票"出票金额"栏先填写"现金"字样,后填写出票金额,并填写代理付款人名称。申请人或者收款人为单位的,银行不得为其签发现金银行汇票。

(四)收款人受理银行汇票

申请人应将银行汇票和解讫通知一并交付给汇票上记明的收款人。

收款人受理银行汇票时,应审查下列事项:(1)银行汇票和解讫通知是否齐全、汇票号码和记载的内容是否一致;(2)收款人是否确为本单位或本人;(3)银行汇票是否在提示付款期限内;(4)必须记载的事项是否齐全;(5)出票人签章是否符合规定,是否有压数机压印的出票金额,并与大写出票金额一致;(6)出票金额、出票日期、收款人名称是否更改,更改的其他记载事项是否由原记载人签章证明。

(五)持票人提示付款

银行汇票的提示付款期限自出票日起1个月内。持票人超过付款期限提示付款的,代理付款人不予受理。

在银行开立存款账户的持票人向开户银行提示付款时,应在汇票背面"持票人向银行提示付款签章"处签章,签章须与预留银行签章相同,并将银行汇票和解讫通知、进账单送交开户银行。银行审查无误后办理转账。

未在银行开立存款账户的个人持票人,可以向选择的任何一家银行机构提示付款。提示付款时,应在汇票背面"持票人向银行提示付款签章"处签章,并填明本人身份证件名称、号码及发证机关,由其本人向银行提交身份证件及其复印件。银行审核无误后,将其身份证件复印件留存备查,并以持票人的姓名开立应解汇款及临时存款账户,该账户只付不收,付完清户,不计付利息。

持票人对填明"现金"字样的银行汇票,需要委托他人向银行提示付款的,应在银行汇票背面背书栏签章,记载"委托收款"字样、被委托人姓名和背书日期以及委托人身份证件名称、号码、发证机关。被委托人向银行提示付款时,也应在银行汇票背面"持票人向银行提示付款签章"处签章,记载证件名称、号码及发证机关,并同时向银行交验委托人和被委托人的身份证件及其复印件。

银行汇票的持票人超过规定期限提示付款的,丧失对出票人以外的前手的追索权,持票人在作出说明后,仍可以向出票人请求付款。

(六)持票人开户银行付款

银行受理持票人交付的银行汇票时,应在出票金额以内,根据实际需要的款项办理结算,并将实际结算金额和多余金额准确、清晰地填入银行汇票和解讫通知的有关栏内。未填明实际结算金额和多余金额或实际结算金额超过出票金额的,银行不予受理。银行汇票的实际结算金额不得更改,更改实际结算金额的银行汇票无效。

转账支付的,应由原持票人向银行填制支款凭证,并由本人交验其身份证件办理支付款项。该账户的款项只能转入单位或个体工商户的存款账户,严禁转入储蓄和信用卡账户。

支取现金的,银行汇票上必须有出票银行按规定填明的"现金"字样,才能办理。未填明"现金"字样,需要支取现金的,由银行按照国家现金管理规定审查支付。

持票人超过提示付款期限向代理付款银行提示付款不获付款的,必须在票据权利时效内向出票银行作出说明,并提供本人身份证件或单位证明,持银行汇票和解讫通知向出票银行请求付款。

(七)银行汇票的退款

银行汇票的实际结算金额低于出票金额的,其多余金额由出票银行退交申请人。

申请人因银行汇票超过付款提示期限或其他原因要求退款时,应将银行汇票和解讫通知同时提交到出票银行。申请人为单位的,应出具该单位的证明;申请人为个人的,应出具该本人的身份证件。对于代理付款银行查询的该张银行汇票,应在汇票提示付款期满后方能办理退款。出票银行对于转账银行汇票的退款,只能转入原申请人账户;对于符合规定填明"现金"字样银行汇票的退款,才能退付现金。

申请人缺少解讫通知要求退款的,出票银行应于银行汇票提示付款期满一个月后办理。

(八)其他规定

银行汇票的出票和付款,全国范围限于中国人民银行和各商业银行参加"全国联行往来"的银行机构办理。跨系统银行签发的转账银行汇票的付款,应通过同城票据交换将银行汇票和解讫通知提交给同城的有关银行审核支付后抵用。代理付款人不得受理未在本行开立存款账户的持票人为单位直接提交的银行汇票。省、自治区、直辖市内和跨省、市的经济区域内银行汇票的出票和付款,按照有关规定办理。

(九)银行汇票的背书

银行汇票可以背书转让,但填明"现金"字样的银行汇票不得背书转让。区域性银行汇票仅限于在本区域内背书转让。银行汇票的背书转让以不超过出票金额的实际结算金额为准。未填写实际结算金额或实际结算金额超过出票金额的银行汇票不得背书转让。

被背书人受理银行汇票时,除按照前述收款人受理银行汇票应审查的事项外,还应审查下列事项:(1)银行汇票是否记载实际结算金额,有无更改,其金额是否超过出票金额;(2)背书是否连续,背书人签章是否符合规定,背书使用粘单的是否按规定签章;(3)背书人为个人的身份证件。

区域性银行汇票仅限于出票人向本区域内的收款人出票。区域性银行汇票向规定区域以外的收款人出票的,背书人向规定区域以外的被背书人转让票据的,区域外的银行不予受理,但出票人、背书人仍应承担票据责任。

(十)银行汇票的丧失

填明"现金"字样和代理付款人的银行汇票丧失,可以由失票人通知付款人或者代理付款人挂失止付。未填明"现金"字样和代理付款人的银行汇票丧失,不得挂失止付。

银行汇票丧失,失票人可以凭人民法院出具的其享有票据权利的证明,向出票银行请求付款或退款。

五、银行本票

(一)银行本票的概念

银行本票是出票人签发的,承诺自己在见票时无条件支付确定的金额给收款人或者持票人的票据。银行本票分为不定额本票和定额本票两种。定额银行本票面额为 1 000 元、5 000 元、1 万元和 5 万元。

银行本票的付款地为出票人所在地。银行本票的代理付款人是代理出票银行审核支付银行本票款项的银行。银行本票的债务可以依法由保证人承担保证责任。

(二)银行本票的适用范围

单位和个人在同一票据交换区域需要支付的各种款项,均可以使用银行本票。银行本票可以用于转账,注明"现金"字样的银行本票可以用于支取现金。

(三)银行本票结算的业务流程

银行本票结算的业务流程如图 2-9 所示。

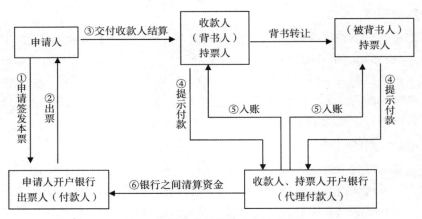

图 2-9　银行本票结算业务流程图

(四)申请签发银行本票

申请人使用银行本票,应向银行填写"银行本票申请书",填明收款人名称、申请人名称、支付金额、申请日期等事项并签章。

申请人和收款人均为个人需要支取现金的,应在"支付金额"栏先填写"现金"字样,后填写支付金额。

申请人或收款人为单位的,不得申请签发现金银行本票。

(五)银行本票的出票

银行本票的出票人为经中国人民银行当地分支行批准办理银行本票业务的银行机构。

出票银行受理"银行本票申请书",收妥款项签发银行本票。签发银行本票必须记载下列事项:(1)表明"银行本票"的字样;(2)无条件支付的承诺;(3)确定的金额;(4)收款人名称;(5)出票日期;(6)出票人签章。欠缺记载上列事项之一的,银行本票无效。用于转账的,在银行本票上划去"现金"字样;申请人和收款人均为个人需要支取现金的,在银行本票上划去"转账"字样。不定额银行本票用压数机压印出票金额。出票银行在银行本票上签章后交给申请人。

银行本票的出票人在票据上的签章,应为经中国人民银行批准使用的该银行本票专用章加其法定代表人或其授权经办人的签名或者盖章。

申请人或收款人为单位的,银行不得为其签发现金银行本票。

银行本票仅限于出票人向其票据交换区域内的收款人出票。

(六)收款人受理银行本票

申请人应将银行本票交付给本票上记明的收款人。收款人受理银行本票时,应审查下列事项:(1)收款人是否确为本单位或本人;(2)银行本票是否在提示付款期限内;(3)必须记载的事项是否齐全;(4)出票人签章是否符合规定,不定额银行本票是否有压数机压印的出票金额,并与大写出票金额一致;(5)出票金额、出票日期、收款人名称是否更改,更改的其他记载事项是否由原记载人签章证明。

(七)银行本票的提示付款

银行本票的提示付款期限自出票日起最长不得超过 2 个月。持票人超过付款期限提示付款的,代理付款人不予受理。

在银行开立存款账户的持票人向开户银行提示付款时,应在银行本票背面"持票人向银行提示付款签章"处签章,签章须与预留银行签章相同,并将银行本票、进账单送交开户银行。银行审查无误后办理转账。

未在银行开立存款账户的个人持票人,凭注明"现金"字样的银行本票向出票银行支取现金的,应在银行本票背面签章,记载本人身份证件名称、号码及发证机关,并交验本人身份证件及其复印件。

持票人对注明"现金"字样的银行本票需要委托他人向出票银行提示付款的,应在银行本票背面"持票人向银行提示付款签章"处签章,记载"委托收款"字样、被委托人姓名和背书日期以及委托人身份证件名称、号码、发证机关。被委托人向出票银行提示付款时,也应在银行本票背面"持票人向银行提示付款签章"处签章,记载证件名称、号码及发证机关,并同时交验委托人和被委托人的身份证件及其复印件。

银行本票的持票人超过规定期限提示付款的,丧失对出票人以外的前手的追索权,持票人在作出说明后,仍可以向出票人请求付款。本票的出票人在持票人提示见票时,必须承担付款的责任。本票的持票人未按照规定期限提示见票的,丧失对出票人以外的前手的追索权。提示见票,指本票持票人在法律规定的期限内向本票出票人提示票据,请求支付票据金额的行为。

(八)银行本票的背书

收款人可以将银行本票背书转让给被背书人。被背书人受理银行本票时,除按照前述收款人受理银行本票应审查的事项外,还应审查下列事项:(1)背书是否连续,背书人签章是否符合规定,背书使用粘单的是否按规定签章;(2)背书人为个人的身份证件。

填明"现金"字样的银行本票不得背书转让。

银行本票仅限于在其票据交换区域内背书转让。银行本票出票人向规定区域以外的收款人出票的,背书人向规定区域以外的被背书人转让票据的,区域外的银行不予受理,但出票人、背书人仍应承担票据责任。

(九)银行本票的兑付

银行本票见票即付。跨系统银行本票的兑付,持票人开户银行可根据中国人民银行规定的金融机构同业往来利率向出票银行收取利息。

持票人超过提示付款期限不获付款的,在票据权利时效内向出票银行作出说明,并提供本人身份证件或单位证明,可持银行本票向出票银行请求付款。

(十)银行本票的退款

申请人因银行本票超过提示付款期限或其他原因要求退款时,应将银行本票提交到出票银行。申请人为单位的,应出具该单位的证明;申请人为个人的,应出具该本人的身份证件。出票银行对于在本行开立存款账户的申请人,只能将款项转入原申请人账户;对于现金银行本票和未在本行开立存款账户的申请人,才能退付现金。

(十一)银行本票的丧失

银行本票丧失,失票人可以凭人民法院出具的其享有票据权利的证明,向出票银行请求付款或退款。填明"现金"字样的银行本票丧失,可以由失票人通知付款人或者代理付款人挂失止付。未填明"现金"字样的银行本票丧失,不得挂失止付。

任务四　其他结算方式

一、汇兑

(一)汇兑的概念和种类

汇兑是汇款人委托银行将其款项支付给收款人的结算方式。单位和个人的各种款项的结算,均可使用汇兑结算方式。

汇兑分为信汇、电汇两种,由汇款人选择使用。信汇是汇款人向银行提出申请,同时交存一定金额及手续费,汇出行将信汇委托书以邮寄方式寄给汇入行,授权汇入行向收款人解付一定金额的一种汇兑结算方式。电汇是汇款人将一定款项交存汇款银行,汇款银行通过电报或电传给目的地的分行或代理行(汇入行),指示汇入行向收款人支付一定金额的一种汇兑结算方式。在这两种汇兑结算方式中,信汇费用较低,但速度相对较慢;而电汇具有速度快的优点,但汇款人要负担较高的电报电传费用,因而通常只在紧急情况下或者金额较大时适用。另外,为了确保电报的真实性,汇出行在电报上加注双方约定的密码;而信汇则不须加密码,签字即可。

(二)汇兑结算的流程

汇兑结算的流程如图 2-10 所示。

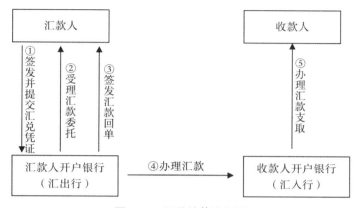

图 2-10　汇兑结算流程图

(三)汇兑结算的规定

1.签发汇兑凭证

签发汇兑凭证必须记载下列事项:(1)表明"信汇"或"电汇"的字样;(2)无条件支付的委托;(3)确定的金额;(4)收款人名称;(5)汇款人名称;(6)汇入地点、汇入行名称;(7)汇出地点、汇出行名称;(8)委托日期;(9)汇款人签章。

汇款人和收款人均为个人,需要在汇入银行支取现金的,应在信汇、电汇凭证的汇款金额大写栏,先填写"现金"字样,后填写汇款金额。

2.汇出银行办理汇兑

汇出银行受理汇款人签发的汇兑凭证,经审查无误后,应及时向汇入银行办理汇款,并向汇款人签发加盖该银行转讫章的汇款回单。汇款回单只能作为汇出银行受理汇款的依据,不能作为该笔汇款已转入收款人账户的证明。

3.汇入银行办理汇款支取

汇入银行对开立存款账户的收款人,应将汇给其的款项直接转入收款人账户,并向其发出收账通知。收账通知是银行将款项确已收入收款人账户的凭据。

未在银行开立存款账户的收款人,凭信汇、电汇的取款通知或"留行待取"的,向汇入银行支取款项,必须交验本人的身份证件,在信汇、电汇凭证上注明证件名称、号码及发证机关,并在"收款人签盖章"处签章;信汇凭签章支取的,收款人的签章必须与预留信汇凭证上的签章相符。银行审查无误后,以收款人的姓名开立应解汇款及临时存款账户,该账户只付不收,付完清户,不计付利息。

支取现金的,信汇、电汇凭证上必须有按规定填明的"现金"字样,才能办理。未填明"现金"字样,需要支取现金的,由汇入银行按照国家现金管理规定审查支付。

4.收款人支取汇款

收款人需要委托他人向汇入银行支取款项的,应在取款通知上签章,注明本人身份证件名称、号码、发证机关和"代理"字样以及代理人姓名。代理人代理取款时,也应在取款通知上签章,注明其身份证件名称、号码及发证机关,并同时交验代理人和被代理人的身份证件。

转账支付的,应由原收款人向银行填制支款凭证,并由本人交验其身份证件办理支付款项。该账户的款项只能转入单位或个体工商户的存款账户,严禁转入储蓄和信用卡账户。

5.办理转汇

转汇的,应由原收款人向银行填制信汇、电汇凭证,并由本人交验其身份证件。转汇的收款人必须是原收款人。原汇入银行必须在信汇、电汇凭证上加盖"转汇"戳记。

(四)汇兑的撤销和退汇

汇款人对汇出银行尚未汇出的款项可以申请撤销。汇款人对汇出银行已经汇出的款项可以申请退汇。转汇银行不得受理汇款人或汇出银行对汇款的撤销或退汇。

二、委托收款

(一)委托收款的概念

委托收款是收款人委托银行向付款人收取款项的结算方式。

单位和个人凭已承兑的商业汇票、债券、存单等付款人债务证明办理款项的结算,均可以使用委托收款结算方式。委托收款无论同城还是异地均可使用,且不受金额起点限制。

在同城范围内,收款人收取公用事业费或根据国务院的规定,可以使用同城特约委托收款。收取公用事业费,必须具有收付双方事先签订的经济合同,由付款人向开户银行授权,并经开户银行同意,报经中国人民银行当地分支行批准。

(二)委托收款结算的流程

委托收款结算的流程如图 2-11 所示。

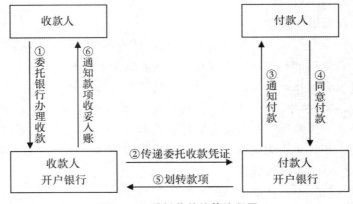

图 2-11　委托收款结算流程图

(三)委托收款结算的规定

1.委托

收款人办理委托收款应向银行提交委托收款凭证和有关的债务证明。

签发委托收款凭证必须记载下列事项:(1)表明"委托收款"的字样;(2)确定的金额;(3)付款人名称;(4)收款人名称;(5)委托收款凭据名称及附寄单证张数;(6)委托日期;(7)收款人签章。欠缺记载上列事项之一的,银行不予受理。

委托收款以银行以外的单位为付款人的,委托收款凭证必须记载付款人开户银行名称;以银行以外的单位或在银行开立存款账户的个人为收款人的,委托收款凭证必须记载收款人开户银行名称;未在银行开立存款账户的个人为收款人的,委托收款凭证必须记载被委托银行名称。欠缺记载的,银行不予受理。

银行给单位或个人的委托收款的回单应加盖该银行的业务公章。

2.付款

委托收款结算款项的划回方式,分邮寄和电报两种,由收款人选用。

银行接到寄来的委托收款凭证及债务证明,审查无误办理付款。(1)以银行为付款人的,银行应在当日将款项主动支付给收款人。(2)以单位为付款人的,银行应及时通知付款人,按照有关办法规定,需要将有关债务证明交给付款人的应交给付款人,并签收。

付款人应于接到通知的当日书面通知银行付款。按照有关办法规定,付款人未在接到通知日的次日起3日内通知银行付款的,视同付款人同意付款,银行应于付款人接到通知日的次日起第4日上午开始营业时,将款项划给收款人。

付款人提前收到由其付款的债务证明,应通知银行于债务证明的到期日付款。付款人未于接到通知日的次日起3日内通知银行付款,付款人接到通知日的次日起第4日在债务证明到期日之前的,银行应于债务证明到期日将款项划给收款人。

银行在办理划款时,付款人存款账户不足支付的,应通过被委托银行向收款人发出未付款项通知书。按照有关办法规定,债务证明留存付款人开户银行的,应将其债务证明连同未付款项通知书邮寄被委托银行转交收款人。

3.拒绝付款

付款人审查有关债务证明后,对收款人委托收取的款项需要拒绝付款的,可以办理拒绝付款。(1)以银行为付款人的,应自收到委托收款及债务证明的次日起3日内出具拒绝证明连同有关债务证明、凭证寄给被委托银行,转交收款人。(2)以单位为付款人的,应在付款人接到通知日的次日起3日内出具拒绝证明,持有债务证明的,应将其送交开户银行。银行将拒绝证明、债务证明和有关凭证一并寄给被委托银行,转交收款人。

任务五　银行卡

一、银行卡的概念

银行卡是指经批准由商业银行(含邮政金融机构)向社会发行的具有消费信用、转账结算、存取现金等全部或部分功能的信用支付工具。

二、银行卡的分类

1.按是否给予持卡人授信额度分为信用卡和借记卡

(1)信用卡按是否向发卡银行交存备用金分为贷记卡、准贷记卡两类。

贷记卡,是指发卡银行给予持卡人一定的信用额度,持卡人可在信用额度内先消费、后还款的信用卡。

准贷记卡,是指持卡人须先按发卡银行要求交存一定金额的备用金,当备用金账户余额不足支付时,可在发卡银行规定的信用额度内透支的信用卡。

(2)借记卡按功能不同分为转账卡(含储蓄卡,下同)、专用卡、储值卡。借记卡不具备透支功能。

转账卡,是实时扣账的借记卡。具有转账结算、存取现金和消费功能。

专用卡,是具有专门用途、在特定区域使用的借记卡。具有转账结算、存取现金功能。专门用途是指在百货、餐饮、饭店、娱乐行业以外的用途。

储值卡,是发卡银行根据持卡人要求将其资金转至卡内储存,交易时直接从卡内扣款的预付钱包式借记卡。

2.按账户币种不同分为人民币卡、外币卡和双币种卡

人民币卡,是指存款、信用额度均为人民币,并且应当以人民币偿还的银行卡。

外币卡,是指存款、信用额度均为外币,并且应当以外币偿还的银行卡。

双币种卡,是指存款、信用额度同时有人民币和外币两个账户的银行卡。

3.按发行对象不同分为单位卡(商务卡)、个人卡

单位卡,是指发卡银行向企业、机关、事业单位和社会团体法人签发的,并由法人授权特定人使用的银行卡。

个人卡,是指发卡银行向个人发行的银行卡。

4.按信息载体不同分为磁条卡、芯片(IC)卡

磁条卡,卡上有一种卡片状的磁性记录介质,是利用磁性载体记录字符与数字信息的银行卡。磁条卡造价低廉、安全性能低、易消磁。

芯片(IC)卡,是以芯片(采用集成电路技术)作为介质的银行卡。芯片卡容量大(储

存量是磁条卡的 160 倍），可以存储密匙、数字证书、指纹等信息，卡上有读写保护和数据加密保护，并且在使用保护上采取个人密码、卡与读写器双向认证。芯片卡复制的难度极高，具备很强的抗攻击能力。芯片卡的稳定性也比磁条卡更强，不会出现消磁的情况。

三、银行卡的申领、销户和挂失

（一）银行卡的申领

凡在中国境内金融机构开立基本存款账户的单位，可凭中国人民银行核发的开户许可证申领单位卡。凡具有完全民事行为能力的公民，可凭本人有效身份证件及发卡银行规定的相关证明文件申领个人卡。

（二）银行卡的销户

持卡人在还清全部交易款项、透支本息和有关费用后，可申请办理销户。

销户时，单位人民币卡账户的资金应转入其基本存款账户，单位外币卡账户的资金应当转回相应的外汇账户，不得提取现金；个人卡账户可以转账结清，也可以提取现金。

（三）银行卡的挂失

持卡人丧失银行卡，应立即持本人身份证件或其他有效证明，并按规定提供有关情况，向发卡银行或代办银行申请挂失。

四、银行卡交易管理

单位人民币卡可办理商品交易和劳务供应款项的结算，但不得透支。单位人民币卡账户的资金一律从其基本存款账户转账存入，不得存取现金，不得将销货收入存入单位卡账户。单位外币卡账户的资金应从其单位的外汇账户转账存入，不得在境内存取外币现钞。其外汇账户应符合下列条件：按照中国人民银行境内外汇账户管理的有关规定开立；其外汇账户收支范围内具有相应的支付内容。

个人人民币卡账户的资金以其持有的现金存入或以其工资性款项、属于个人的合法的劳务报酬、投资回报等收入转账存入。严禁将单位的款项存入个人卡账户。个人外币卡账户的资金以其个人持有的外币现钞存入或从其外汇账户（含外钞账户）转账存入。该账户的转账及存款均按国家外汇管理局《个人外汇管理办法》办理。

五、银行卡计息

银行卡的计息包括计收利息和计付利息。

1.计付利息

（1）发卡银行对准贷记卡及借记卡（不含储值卡）账户内的存款，按照中国人民银行规定的同期同档次存款利率及计息办法计付利息。

(2)发卡银行对贷记卡账户的存款、储值卡(含 IC 卡的电子钱包)内的币值不计付利息。

2.计收利息

(1)免息还款期和最低还款待遇。贷记卡持卡人非现金交易享受如下优惠条件:①免息还款期待遇。银行记账日至发卡银行规定的到期还款日之间为免息还款期。免息还款期最长为 60 天。持卡人在到期还款日前偿还所使用全部银行款项即可享受免息还款期待遇,无须支付非现金交易的利息。②最低还款额待遇。持卡人在到期还款日前偿还所使用全部银行款项有困难的,可按发卡银行规定的最低还款额还款。

(2)贷记卡持卡人选择最低还款额方式或超过发卡银行批准的信用额度用卡时,不再享受免息还款期待遇,应当支付未偿还部分自银行记账日起,按规定利率计算的透支利息。贷记卡持卡人支取现金、准贷记卡透支,不享受免息还款期和最低还款额待遇,应当支付现金交易额或透支额自银行记账日起,按规定利率计算的透支利息。

(3)发卡银行对贷记卡持卡人未偿还最低还款额和超信用额度用卡的行为,应当分别按最低还款额未还部分、超过信用额度部分的 5％ 收取滞纳金和超限费。

(4)贷记卡透支按月计收复利,准贷记卡透支按月计收单利,透支利率为日利率 5‰,并根据中国人民银行的此项利率调整而调整。

六、银行卡收单

(一)银行卡收单的概念

银行卡收单业务是指收单机构与特约商户签订银行卡受理协议,在特约商户按约定受理银行卡并与持卡人达成交易后,为特约商户提供交易资金结算服务的行为。

(二)银行卡收单业务的主体

1.持卡人

借记卡持卡人:指先存款后消费(或取现)没有透支功能的银行卡的持卡消费者。

信用卡持卡人:指由银行或发卡机构经过筛选,批准给予一定信贷额度的持卡消费者。

2.特约商户

是指与收单机构签订银行卡受理协议,按约定受理银行卡并委托收单机构为其完成交易资金结算的企事业单位、个体工商户或其他组织,以及按照国家工商行政管理机关有关规定开展网络商品交易等经营活动的自然人。实体特约商户,是指通过实体经营场所提供商品或服务的特约商户。网络特约商户,是指基于公共网络信息系统提供商品或服务的特约商户。

3.发卡机构

指持卡人的金融机构(或称为发行人或发卡方)。发卡机构必须是银行。发卡行的责任是:(1)审核和批准持卡人并发卡;(2)接收与支付来自银联或国际卡组织的交易。

4.收单机构

指拓展、审核、接收商户进入银行卡受理计划的机构。收单机构未必是银行,包括:(1)从事银行卡收单业务的银行业金融机构(例如各大银行)。目前,许多金融机构既是发卡行,也是收单行。作为发卡行,它们维护持卡人的关系;作为收单行,它们维护商户的关系。(2)获得银行卡收单业务许可,为实体特约商户提供银行卡受理并完成资金结算服务的支付机构(例如快钱、拉卡拉)。(3)获得网络支付业务许可,为网络特约商户提供银行卡受理并完成资金结算服务的支付机构(例如支付宝、财付通)。

5.清算机构

中国银联是目前国内最重要的清算中心。

(三)银行卡收单业务流程

1.收单机构与特约商户签订银行卡受理协议。

2.持卡人在特约商户处刷卡消费,特约商户受理银行卡,达成交易。

3.收单机构在规定期限内为特约商户提供资金结算,并从中扣取手续费。

银行卡收单业务的流程如图 2-12 所示。

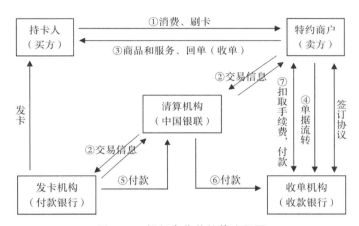

图 2-12　银行卡收单结算流程图

任务六　银行电子支付

一、网上银行

(一)网上银行的概念

网上银行,也称网络银行,简称网银,就是银行在互联网上设立虚拟银行柜台,使传统银行服务不再通过物理的银行分支机构来实现,而是借助于网络与信息技术手段在互联网上实现。

(二)网上银行的分类

1.按经营模式分为单纯网上银行和分支型网上银行

单纯网上银行是完全依赖于互联网的虚拟的电子银行,它没有实际的物理柜台,一般只有一个办公地址,没有分支机构,也没有营业网点,采用互联网等高科技服务手段与客户建立密切的联系,为客户提供全方位的金融服务。

分支型网上银行是指现有的传统银行利用互联网开展传统的银行业务,即传统银行利用互联网作为新的服务手段为客户提供在线服务,实际上是传统银行服务在互联网上的延伸。

2.按主要服务对象分为企业网上银行和个人网上银行

企业网上银行主要服务于企事业单位,企事业单位可以通过企业网上银行实时了解财务状况,及时调度资金,轻松处理工资发放和大批量的网络支付业务。

个人网上银行主要服务于个人,个人可以通过个人网上银行实时查询、转账,进行网络支付和汇款。

(三)网上银行的主要功能

1.企业网上银行的功能

企业网上银行有如下功能:(1)账户信息查询;(2)支付指令;(3)B2B 网上支付;(4)批量支付。B2B,即企业之间进行的电子商务活动。

2.个人网上银行的功能

个人网上银行有以下功能:(1)账户信息查询;(2)人民币转账业务;(3)银证转账业务;(4)外汇买卖业务;(5)账户管理业务;(6)B2C 网上支付。B2C,商业机构对消费者的电子商务,指的是企业与消费者之间进行的在线式零售商业活动(包括网上购物和网上拍卖等)。

(四)网上银行业务流程及交易时的身份认证

1.客户开户流程

开户时,必须出具身份证或有关证件,并遵守有关实名制规定。

2.网银交易流程

网上银行的具体交易流程如下:(1)客户使用浏览器通过互联网链接到网银中心,发出网上交易请求;(2)网银中心接受并审核客户的交易请求,并将交易请求转发给相应成员行的业务主机;(3)成员行业务主机完成交易处理,并将处理结果返回给网银中心;(4)网银中心对交易结果进行再处理后,返回相应信息给客户。

3.交易时的身份认证

目前,网银交易时采用以下方式进行身份认证:(1)密码;(2)文件数字证书;(3)动态口令卡;(4)动态手机口令;(5)移动口令牌;(6)移动数字证书。

二、条码支付

(一)条码支付业务的概念

条码支付业务是指银行业金融机构(以下简称银行)、非银行支付机构(以下简称支付机构)应用条码技术,实现收付款人之间货币资金转移的业务活动。由于条码支付设备成本低于传统的银行卡受理终端,还可通过张贴静态条码实现收付款业务,能够满足小微商户的非现金支付受理需求,与银行卡收单互为补充。条码支付具有支付便捷、应用门槛低的优势,在推动普惠金融和优化我国非现金支付环境建设方面发挥着积极作用。

(二)条码支付业务的种类

条码支付业务包括付款扫码和收款扫码。付款扫码是指付款人通过移动终端识读收款人展示的条码完成支付的行为。收款扫码是指收款人通过识读付款人移动终端展示的条码完成支付的行为。

(三)条码支付的交易验证方式

银行、支付机构开展条码支付业务,可以组合选用下列三种要素,对客户条码支付交易进行验证:

(1)仅客户本人知悉的要素,如静态密码等;

(2)仅客户本人持有并特有的、不可复制或者不可重复利用的要素,如经过安全认证的数字证书、电子签名,以及通过安全渠道生成和传输的一次性密码等;

(3)客户本人生物特征要素,如指纹等。

银行、支付机构应当确保采用的要素相互独立,部分要素的损坏或者泄露不应导致其他要素损坏或者泄露。

(四)个人客户条码支付业务交易限额

条码支付与传统银行卡等支付工具相比,在交易安全性上存在一定不足,中国人民银行坚持"条码支付小额、便民"的定位,对个人客户的条码支付业务进行限额管理。

为引导银行、支付机构提高交易验证方式的安全性,加强客户资金安全保护,对于风险防范能力高、交易验证方式更为安全的,不设定额度上限,市场主体可与客户自行约定交易限额。基于防替换、防盗刷等安全因素考虑,要求银行、支付机构使用静态条码支付时要执行更加严格的限额管理措施,以鼓励市场主体采用更为安全的动态条码提供支付服务。

表 2-1　风险防范能力分级及交易限额

风险防范能力	交易验证方式	交易限额(同一客户单日累计)	
		银行(单个银行账户)	支付机构(所有支付账户)
A 级	采用包括数字证书或电子签名在内的两类(含)以上有效要素进行验证	自主约定	自主约定
B 级	采用不包括数字证书、电子签名在内的两类(含)以上有效要素进行验证	5 000 元	5 000 元
C 级	采用不足两类有效要素进行验证	1 000 元	1 000 元
D 级	静态条码	500 元	500 元

任务七　支付机构非现金支付业务

一、支付机构的概念和支付服务的种类

支付机构是指作为中介机构提供货币资金转移服务的非金融机构。支付服务包括网络支付、预付卡、银行卡收单和中国人民银行确定的其他支付服务。非金融机构提供支付服务应当按规定取得《支付业务许可证》，成为支付机构。支付机构依法接受中国人民银行的监督管理。

二、网络支付

(一)网络支付的概念

网络支付是指收款人或付款人通过计算机、移动终端等电子设备，依托公共网络信息系统远程发起支付指令，且付款人电子设备不与收款人特定专属设备交互，由支付机构为收付款人提供货币资金转移服务的活动。收款人特定专属设备是指专门用于交易收款，在交易过程中与支付机构业务系统交互并参与生成、传输、处理支付指令的电子设备。

网络支付包括货币汇兑、互联网支付、移动电话支付、固定电话支付、数字电视支付等。网络支付具有便捷、经济、高效的优势：用户只要拥有能上网的计算机、移动终端等电子设备，便可在任何地方，在很短的时间内完成整个支付过程；支付费用仅相当于传统支付的几十分之一，甚至几百分之一；支付突破时间和空间的限制，实现每周 7 天每天 24 小时的工作模式，其效率之高是传统支付望尘莫及的。

(二)网络支付机构

网络支付机构是指依法取得《支付业务许可证》，获准办理互联网支付、移动电话支付、固定电话支付、数字电视支付等网络支付业务的非银行机构。

(三)支付账户

支付账户是指获得互联网支付业务许可的支付机构根据客户的真实意愿为其开立的，用于记录预付交易资金余额、客户凭以发起支付指令、反映交易明细信息的电子簿记。支付账户不得透支，不得出借、出租、出售，不得利用支付账户从事或者协助他人从事非法活动。

(四)网络支付的相关规定

1.客户管理

支付机构应当遵循"了解你的客户"原则，建立健全客户身份识别机制。支付机构为客户开立支付账户的，应当对客户实行实名制管理，登记并采取有效措施验证客户身份基

本信息,按规定核对有效身份证件并留存有效身份证件复印件或者影印件,建立客户唯一识别编码,并在与客户业务关系存续期间采取持续的身份识别措施,确保有效核实客户身份及其真实意愿,不得开立匿名、假名支付账户。

支付机构应当与客户签订服务协议,约定双方责任、权利和义务,至少明确业务规则(包括但不限于业务功能和流程、身份识别和交易验证方式、资金结算方式等),收费项目和标准,查询、差错争议及投诉等服务流程和规则,业务风险和非法活动防范及处置措施,客户损失责任划分和赔付规则等内容。支付机构为客户开立支付账户的,还应在服务协议中以显著方式告知客户,并采取有效方式确认客户充分知晓并清晰理解下列内容:"支付账户所记录的资金余额不同于客户本人的银行存款,不受《存款保险条例》保护,其实质为客户委托支付机构保管的、所有权归属于客户的预付价值。该预付价值对应的货币资金虽然属于客户,但不以客户本人名义存放在银行,而是以支付机构名义存放在银行,并且由支付机构向银行发起资金调拨指令。"支付机构应当确保协议内容清晰、易懂,并以显著方式提示客户注意与其有重大利害关系的事项。

获得互联网支付业务许可的支付机构,经客户主动提出申请,可为其开立支付账户;仅获得移动电话支付、固定电话支付、数字电视支付业务许可的支付机构,不得为客户开立支付账户。支付机构不得为金融机构,以及从事信贷、融资、理财、担保、信托、货币兑换等金融业务的其他机构开立支付账户。

2.业务管理

支付机构不得经营或者变相经营证券、保险、信贷、融资、理财、担保、信托、货币兑换、现金存取等业务。

支付机构向客户开户银行发送支付指令,扣划客户银行账户资金的,支付机构和银行应当执行下列要求:(1)支付机构应当事先或在首笔交易时自主识别客户身份并分别取得客户和银行的协议授权,同意其向客户的银行账户发起支付指令扣划资金;(2)银行应当事先或在首笔交易时自主识别客户身份并与客户直接签订授权协议,明确约定扣款适用范围和交易验证方式,设立与客户风险承受能力相匹配的单笔和单日累计交易限额,承诺无条件全额承担此类交易的风险损失先行赔付责任;(3)除单笔金额不超过200元的小额支付业务,公共事业缴费、税费缴纳、信用卡还款等收款人固定并且定期发生的支付业务,以及符合《非银行支付机构网络支付业务管理办法》第三十七条规定的情形以外,支付机构不得代替银行进行交易验证。

支付机构应根据客户身份对同一客户在本机构开立的所有支付账户进行关联管理,并按照下列要求对个人支付账户进行分类管理:(1)对于以非面对面方式通过至少一个合法安全的外部渠道进行身份基本信息验证,且为首次在本机构开立支付账户的个人客户,支付机构可以为其开立Ⅰ类支付账户,账户余额仅可用于消费和转账,余额付款交易自账户开立起累计不超过1 000元(包括支付账户向客户本人同名银行账户转账);(2)对于支付机构自主或委托合作机构以面对面方式核实身份的个人客户,或以非面对面方式通过至少三个合法安全的外部渠道进行身份基本信息多重交叉验证的个人客户,支付机构可以为其开立Ⅱ类支付账户,账户余额仅可用于消费和转账,其所有支付账户的余额付款交易年累计不超过10万元(不包括支付账户向客户本人同名银行账户转账);(3)对于支付机构自主或委托合作机构以面对面方式核实身份的个人客户,或以非面对面方式通过至少五个合法安全的外部渠道进行身份基本信息多重交叉验证的个人客户,支付机构可以为其开立Ⅲ类支付账户,账户余额可以用于消费、转账以及购买投资理财等金融类产品,其所有支付账户的余额付款交易年累计不超过20万元(不包括支付账户向客户本人同名银行账户转账)。客户身份基本信息外部验证渠道包括但不限于政府部门数据库、商业银行信息系统、商业化数据库等。其中,通过商业银行验证个人客户身份基本信息的,应为Ⅰ类银行账户或信用卡。

支付机构办理银行账户与支付账户之间转账业务的,相关银行账户与支付账户应属于同一客户。支付机构应按照与客户的约定及时办理支付账户向客户本人银行账户转账业务,不得对Ⅱ类、Ⅲ类支付账户向客户本人银行账户转账设置限额。

支付机构为客户办理本机构发行的预付卡向支付账户转账的,应当按照《支付机构预付卡业务管理办法》(中国人民银行公告〔2012〕第12号公布)相关规定对预付卡转账至支付账户的余额单独管理,仅限其用于消费,不得通过转账、购买投资理财等金融类产品等形式进行套现或者变相套现。

因交易取消(撤销)、退货、交易不成功或者投资理财等金融类产品赎回等原因需划回资金的,相应款项应当划回原扣款账户。

对于客户的网络支付业务操作行为,支付机构应当在确认客户身份及真实意愿后及时办理,并在操作生效之日起至少5年内,真实、完整保存操作记录。客户操作行为包括但不限于登录和注销登录、身份识别和交易验证、变更身份信息和联系方式、调整业务功能、调整交易限额、变更资金收付方式,以及变更或挂失密码、数字证书、电子签名等。

三、预付卡

(一)预付卡的概念

预付卡是指发卡机构以特定载体和形式发行的、可在发卡机构之外购买商品或服务的预付价值,包括采取磁条、芯片等技术以卡片、密码等形式发行的预付卡。预付卡以人民币计价,不具有透支功能。

(二)预付卡的分类

1.按使用范围分

(1)单用途预付卡

单用途预付卡是从事零售业、住宿和餐饮业、居民服务业的企业法人发行的,仅限于在本企业或本企业所属集团或同一品牌特许经营体系内兑付货物或服务的预付凭证,包括以磁条卡、芯片卡、纸券等为载体的实体卡和以密码、串码、图形、生物特征信息等为载体的虚拟卡。如超市购物卡、美容卡等,只能在发卡企业内部使用。单用途预付卡由商务部监管,发卡企业应在开展单用途卡业务之日起30日内向各级商务部备案,购买者可以登录网站查询发卡机构是否备案,指导法规为《单用途商业预付卡管理办法(修订征求意见稿)》。

（2）多用途预付卡

多用途预付卡是由发卡机构发行，可在发行机构之外的企业或商户购买商品或服务用的一种预付卡，可跨地区、跨行业、跨法人使用。如商通卡、福卡、连心卡等，可在商场、超市、餐饮、美容、旅游、机票等多个签约客户处使用。多用途预付卡由中国人民银行监管，发卡企业需支付业务许可证，指导法规为《支付机构预付卡业务管理办法》。本节介绍的是多用途预付卡。

2.按是否记载持卡人身份信息分

（1）记名预付卡

记名预付卡是指预付卡业务处理系统中记载持卡人身份信息的预付卡。单张记名预付卡资金限额不超过5 000元。记名预付卡可挂失，可赎回，不得设置有效期。个人或单位购买记名预付卡应当使用实名并提供有效身份证件。

（2）不记名预付卡

不记名预付卡是指预付卡业务处理系统中不记载持卡人身份信息的预付卡。单张不记名预付卡资金限额不超过1 000元。不记名预付卡不挂失，不赎回（另有规定的除外），有效期不得低于3年。个人或单位一次性购买不记名预付卡1万元以上的，应当使用实名并提供有效身份证件。

（三）预付卡的相关规定

1.预付卡的发行

发卡机构应当识别购卡人、单位经办人的身份，核对有效身份证件，登记身份基本信息，并留存有效身份证件的复印件或影印件。代理他人购买预付卡的，发卡机构应当采取合理方式确认代理关系，核对代理人和被代理人的有效身份证件，登记代理人和被代理人的身份基本信息，并留存代理人和被代理人的有效身份证件的复印件或影印件。

单位一次性购买预付卡5 000元以上，个人一次性购买预付卡5万元以上的，应当通过银行转账等非现金结算方式购买，不得使用现金。购卡人不得使用信用卡购买预付卡。采用银行转账等非现金结算方式购买预付卡的，付款人银行账户名称和购卡人名称应当一致。

销售资金应当直接存入发卡机构备付金银行账户。

2.使用

预付卡不得用于或变相用于提取现金；不得用于购买、交换非本发卡机构发行的预付卡、单一行业卡及其他商业预付卡或向其充值；卡内资金不得向银行账户或向非本发卡机构开立的网络支付账户转移。

预付卡不得用于网络支付渠道，下列情形除外：①缴纳公共事业费；②在本发卡机构合法拓展的实体特约商户的网络商店中使用；③同时获准办理"互联网支付"业务的发卡机构，其发行的预付卡可向在本发卡机构开立的实名网络支付账户充值，但同一客户的所有网络支付账户的年累计充值金额合计不超过5 000元。以上情形下的预付卡交易，均应当由发卡机构自主受理，不得由受理机构受理。

3.预付卡的充值

预付卡只能通过现金、银行转账方式进行充值。同时获准办理"互联网支付"业务的发卡机构,还可通过持卡人在本发卡机构开立的实名网络支付账户进行充值。不得使用信用卡为预付卡充值。办理一次性金额 5 000 元以上预付卡充值业务的,不得使用现金。单张预付卡充值后的资金余额不得超过规定限额。

预付卡现金充值应当通过发卡机构网点进行,但单张预付卡同日累计现金充值在 200 元以下的,可通过自助充值终端、销售合作机构代理等方式充值,收取的现金应当直接存入发卡机构备付金银行账户。

4.预付卡的赎回

记名预付卡可在购卡 3 个月后办理赎回,赎回时,持卡人应当出示预付卡及持卡人和购卡人的有效身份证件。由他人代理赎回的,应当同时出示代理人和被代理人的有效身份证件。单位购买的记名预付卡,只能由单位办理赎回。发卡机构应当识别、核对赎回人及代理人的身份信息,确保与购卡时登记的持卡人和购卡人身份信息一致,并保存赎回记录。

发行可在公共交通领域使用的预付卡发卡机构,其在公共交通领域实现的当年累计预付卡交易总额不得低于同期发卡总金额的 70%;其发行的不记名预付卡,单张卡片余额在 100 元以下的,可按约定赎回。

发卡机构按照规定终止预付卡业务的,应当向持卡人免费赎回所发行的全部记名、不记名预付卡。赎回不记名预付卡的,发卡机构应当核实和登记持卡人的身份信息,采用密码验证方式的预付卡还应当核验密码,并保存赎回记录。

发卡机构办理赎回业务的网点数应当不低于办理发行销售业务网点数的 70%。预付卡赎回业务营业时间应当不短于发行销售业务的营业时间。

预付卡赎回应当使用银行转账方式,由发卡机构将赎回资金退至原购卡银行账户。用现金购买或原购卡银行账户已撤销的,赎回资金应当退至持卡人提供的与购卡人同名的单位或个人银行账户。单张预付卡赎回金额在 100 元以下的,可使用现金。

任务八　支付结算纪律与法律责任

一、支付结算纪律

(一)单位和个人的支付结算纪律

单位和个人办理支付结算,不准签发没有资金保证的票据或远期支票,套取银行信用;不准签发、取得和转让没有真实交易和债权债务的票据,套取银行和他人资金;不准无理拒绝付款,任意占用他人资金;不准违反规定开立和使用账户。

(二)银行的支付结算纪律

银行办理支付结算,不准以任何理由压票、任意退票、截留挪用客户和他行资金;不准无理拒绝支付应由银行支付的票据款项；不准受理无理拒付、不扣少扣滞纳金；不准违章签发、承兑、贴现票据，套取银行资金；不准签发空头银行汇票、银行本票和办理空头汇款；不准在支付结算制度之外规定附加条件，影响汇路畅通；不准违反规定为单位和个人开立账户；不准拒绝受理、代理他行正常结算业务；不准放弃对企事业单位和个人违反结算纪律的制裁；不准逃避向人民银行转汇大额汇划款项。

二、违反支付结算法律制度的法律责任

(一)签发空头支票、印章与预留印鉴不符、密码错误支票的法律责任

《支付结算办法》规定，单位和个人签发空头支票、签章与预留银行签章不符或者支付密码错误的支票，应按照《票据管理实施办法》和《支付结算办法》的规定承担行政责任。

《票据管理实施办法》规定，签发空头支票或者签发与其预留的签章不符的支票，不以骗取财物为目的的，由中国人民银行处以票面金额 5% 但不低于 1 000 元的罚款；持票人有权要求出票人赔偿支票金额 2% 的赔偿金。

《中国人民银行关于对签发空头支票行为实施行政处罚有关问题的通知》规定，对于屡次签发空头支票的出票人，银行有权停止为其办理支票或全部支付结算业务。

(二)无理拒付，占用他人资金行为的法律责任

《支付结算办法》规定，承兑人或者付款人拒绝承兑或拒绝付款，未按规定出具拒绝证明或者出具退票理由书的，应当承担由此产生的民事责任。银行违反规定故意压票、退票、拖延支付，受理无理拒付、擅自拒付退票、有款不扣以及不扣少扣赔偿金，截留挪用结算资金的，应按规定承担行政责任，影响客户和他行资金使用的，要按规定承担赔偿责任。因重大过失错付或被冒领的，要负责资金赔偿。

《中华人民共和国商业银行法》规定，商业银行有下列情形之一，对存款人或者其他客户造成财产损害的，应当承担支付迟延履行的利息以及其他民事责任：①无故拖延、拒绝支付存款本金和利息的；②违反票据承兑等结算业务规定，不予兑现，不予收付入账，压单、压票或者违反规定退票的；③非法查询、冻结、扣划个人储蓄存款或者单位存款的；④违反本法规定对存款人或者其他客户造成损害的其他行为。有上述规定情形的，由国务院银行业监督管理机构责令改正，有违法所得的，没收违法所得，违法所得 5 万元以上的，并处违法所得 1 倍以上 5 倍以下罚款；没有违法所得或者违法所得不足 5 万元的，处 5 万元以上 50 万元以下罚款。

(三)违反账户规定行为的法律责任

存款人开立、撤销银行结算账户，不得有下列行为：①违反规定开立银行结算账户；②伪造、变造证明文件欺骗银行开立银行结算账户；③违反本办法规定不及时撤销银行结算账户。非经营性的存款人，有上述所列行为之一的，给予警告并处以 1 000 元的罚款；经营性的存款人有上述所列行为之一的，给予警告并处以 1 万元以上 3 万元以下的罚款；构成犯罪的，移交司法机关依法追究刑事责任。

存款人使用银行结算账户，不得有下列行为：①违反规定将单位款项转入个人银行结算

账户;②违反规定支取现金;③利用开立银行结算账户逃废银行债务;④出租、出借银行结算账户;⑤从基本存款账户之外的银行结算账户转账存入、将销货收入存入或现金存入单位信用卡账户;⑥法定代表人或主要负责人、存款人地址以及其他开户资料的变更事项未在规定期限内通知银行。非经营性的存款人有上述所列①至⑤项行为的,给予警告并处以1 000元罚款;经营性的存款人有上述所列①至⑤项行为的,给予警告并处以5 000元以上3万元以下的罚款;存款人有上述所列第⑥项行为的,给予警告并处以1 000元的罚款。

银行在银行结算账户的开立中,不得有下列行为:①违反规定为存款人多头开立银行结算账户;②明知或应知是单位资金,而允许以自然人名称开立账户存储。银行有上述所列行为之一的,给予警告,并处以5万元以上30万元以下的罚款;对该银行直接负责的高级管理人员、其他直接负责的主管人员、直接责任人员按规定给予纪律处分;情节严重的,中国人民银行有权停止对其开立基本存款账户的核准,责令该银行停业整顿或者吊销经营金融业务许可证;构成犯罪的,移交司法机关依法追究刑事责任。

银行在银行结算账户的使用中,不得有下列行为:①提供虚假开户申请资料欺骗中国人民银行许可开立基本存款账户、临时存款账户、预算单位专用存款账户;②开立或撤销单位银行结算账户,未按本办法规定在其基本存款账户开户登记证上予以登记、签章或通知相关开户银行;③违反规定办理个人银行结算账户转账结算;④为储蓄账户办理转账结算;⑤违反规定为存款人支付现金或办理现金存入;⑥超过期限或未向中国人民银行报送账户开立、变更、撤销等资料。银行有上述所列行为之一的,给予警告,并处以5 000元以上3万元以下的罚款;对该银行直接负责的高级管理人员、其他直接负责的主管人员、直接责任人员按规定给予纪律处分;情节严重的,中国人民银行有权停止对其开立基本存款账户的核准,构成犯罪的,移交司法机关依法追究刑事责任。

伪造、变造、私自印制开户登记证的存款人,属非经营性的处以1 000元罚款;属经营性的处以1万元以上3万元以下的罚款;构成犯罪的,移交司法机关依法追究刑事责任。

(四)票据欺诈等行为的法律责任

有下列票据欺诈行为之一的,依法追究刑事责任:①伪造、变造票据的;②故意使用伪造、变造的票据的;③签发空头支票或者故意签发与其预留的本名签名式样或者印鉴不符的支票,骗取财物的;④签发无可靠资金来源的汇票、本票,骗取资金的;⑤汇票、本票的出票人在出票时作虚假记载,骗取财物的;⑥冒用他人的票据,或者故意使用过期或者作废的票据,骗取财物的;⑦付款人同出票人、持票人恶意串通,实施前六项所列行为之一的。有以上所列行为之一,情节轻微,不构成犯罪的,由公安机关依法予以处罚。

金融机构的工作人员在票据业务中玩忽职守,对违反票据法和票据管理实施办法规定的票据予以承兑、付款、保证或者贴现的,对直接负责的主管人员和其他直接责任人员给予警告、记过、撤职或者开除的处分;造成重大损失,构成犯罪的,依法追究刑事责任。

票据的付款人对见票即付或者到期的票据,故意压票、拖延支付的,由中国人民银行处以压票、拖延支付期间内每日票据金额 $0.7‰$ 的罚款;对直接负责的主管人员和其他直接责任人员给予警告、记过、撤职或者开除的处分。

违反中国人民银行规定,擅自印制票据的,由中国人民银行责令改正,处以1万元以上20万元以下的罚款;情节严重的,中国人民银行有权提请有关部门吊销其营业执照。

（五）非法出租、出借、出售、购买银行结算账户或支付账户行为的法律责任

《中国人民银行关于加强支付结算管理防范电信网络新型违法犯罪有关事项的通知》（银发〔2016〕261号）规定，自2017年1月1日起，银行和支付机构对经设区的市级及以上公安机关认定的出租、出借、出售、购买银行账户（含银行卡，下同）或者支付账户的单位和个人及相关组织者，假冒他人身份或者虚构代理关系开立银行账户或者支付账户的单位和个人，5年内暂停其银行账户非柜面业务、支付账户所有业务，3年内不得为其新开立账户。人民银行将上述单位和个人信息移送金融信用信息基础数据库并向社会公布。

附：

1.核准类与非核准类结算账户

账户	开立是否需经中国人民银行核准	能否存入现金	能否支取现金
基本存款账户	机关、实行预算管理的事业单位：核准 企业：备案	可以	可以
一般存款账户	备案	可以	不能
专用存款账户	机关、实行预算管理的事业单位：核准 企业：备案	不同账户 规定不同	不同账户 规定不同
临时存款账户	机关、实行预算管理的事业单位：核准 企业：备案	可以	可以
个人存款账户	备案	可以	可以

2.银行结算账户开立、变更与撤销业务办理的有关时间限定

			开立	变更	撤销
存款人申请			—	5个工作日内	5个工作日内
银行	办理		—	—	2个工作日内
	向中国人民银行报告	核准类	人民银行2个工作日内核准或退回	2个工作日内	撤销之日起2个工作日内
		非核准类	5个工作日内向人民银行备案		

3.结算方式比较

结算方式	分类	适用范围与条件	结算期限	金额起点
支票	现金支票 转账支票 普通支票 （划线支票）	单位与个人均可同城异地均可	提示付款期限自出票日起10日	—

续表

结算方式	分 类	适用范围与条件	结算期限	金额起点
商业汇票	商业承兑汇票 银行承兑汇票	在银行开立存款账户的法人及其他组织之间，具有真实的交易关系或债权债务关系同城异地均可	付款期限最长不得超过6个月；提示付款期限规定见表6	—
银行汇票	—	单位与个人均可同城异地均可	提示付款期限自出票日起1个月	—
银行本票	不定额本票 定额本票	单位与个人均可同城结算	提示付款期限自出票日起最长不得超过2个月	不定额本票无金额起点限制；定额本票面额为1 000元、5 000元、1万元和5万元
汇兑	信汇 电汇	单位与个人均可异地结算	—	—
委托收款	邮寄 电报	单位与个人均可同城异地均可	—	—

4.汇票分类、比较

汇票分类		出票人	付款人（承兑人）
银行汇票		银行	银行
商业汇票	商业承兑汇票	收款人或付款人	银行以外的付款人
	银行承兑汇票	在承兑银行开立存款账户的存款人	银行

5.票据行为适用比较

票据种类	背书	承兑	保证
支票	允许 ①用于支取现金的支票不得背书转让； ②未补记前的支票不得背书转让	不适用	不适用
商业汇票	允许	适用	适用
银行汇票	允许 ①填明"现金"字样的银行汇票不得背书转让； ②未填写实际结算金额或实际结算金额超过出票金额的，不得背书转让	适用	适用
银行本票	允许 填明"现金"字样的银行本票不得背书转让	不适用	适用

6.票据的提示承兑期限、付款期限和提示付款期限的时间限定

票据种类		提示承兑期限	付款期限	提示付款期限
商业汇票	见票即付	无需提示承兑	最长不超过 6 个月	出票日起 1 个月
	定日付款	到期日前向付款人提示承兑		到期日起 10 日
	出票后定期付款			
	见票后定期付款	自出票日起 1 个月内向付款人提示承兑		
银行汇票	见票即付	无需提示承兑	—	出票日起 1 个月
银行本票	见票即付	无需提示承兑	最长不超过 2 个月	出票日起 2 个月
支票	见票即付	无需提示承兑	—	自出票日起 10 日;异地的由中国人民银行另行规定

7.票据的绝对记载事项

支票	商业汇票	银行汇票	银行本票	汇兑	委托收款
表明"支票"的字样	表明"商业承兑汇票"或"银行承兑汇票"的字样	表明"银行汇票"的字样	表明"银行本票"的字样	表明"信汇"或"电汇"的字样	表明"委托收款"的字样
无条件支付的委托	无条件支付的委托	无条件支付的承诺	无条件支付的承诺	无条件支付的委托	—
确定的金额	确定的金额	出票金额	确定的金额	确定的金额	确定的金额
付款人名称	付款人名称	付款人名称	—	汇款人名称	付款人名称
—	收款人名称	收款人名称	收款人名称	收款人名称	收款人名称
出票日期	出票日期	出票日期	出票日期	委托日期	委托日期
出票人签章	出票人签章	出票人签章	出票人签章	汇款人签章	收款人签章
支票的金额、收款人名称,可以由出票人授权补记	—	—	—	汇入地点、汇入行名称	委托收款凭证名称及附寄单证张数
				汇出地点、汇出行名称	

8.单用途预付卡与多用途预付卡比较

项目	单用途预付卡	多用途预付卡
发行主体	商业企业	发卡机构(非银行)
使用范围	在本企业或本企业所属集团或同一品牌特许经营体系内	可跨地区、跨行业、跨法人使用
监管部门	商务部	中国人民银行
其他要求	开展业务之日起 30 日内向各级商务部备案	需支付业务许可证

9.记名预付卡与不记名预付卡比较

事项	记名预付卡	不记名预付卡
资金限额	单张不超过 5 000 元	单张不超过 1 000 元
挂失	可以	不可以
赎回	可以	不可以（另有规定的除外）
有效期	不得设置有效期	有效期不得低于 3 年
实名制	使用实名并提供有效身份证件	一次性购买不记名预付卡 1 万元以上的应使用实名并提供有效身份证件

模块三　税收法律制度

课程教学目标

　　了解:税法要素;现行税种与征收机关;税收征收管理法、税务管理、税务行政复议的概念;税收征收管理法的适用范围和适用对象,税款征收主体。

　　熟悉:征纳双方的权利和义务,税款征收方式;被检查人的义务,税收违法行为检举管理;税务行政复议申请、受理、审查和决定;税务管理相对人实施税收违法行为、税务行政主体实施税收违法行为的法律责任。

　　掌握:增值税、企业所得税等现行各种税的法律制度;税务登记管理,账簿和凭证管理,发票管理,纳税申报管理;应纳税额的核定、调整和缴纳,税款征收的保障措施和其他规定;税务机关在税务检查中的职权和职责,纳税信用管理,重大税收违法失信主体信息公布;税务行政复议的范围、管辖。

思政育人目标

　　传承和弘扬道路自信、理论自信、制度自信、文化自信的爱国情怀,培养和提升社会责任、爱岗敬业、诚实守信、依法纳税的职业素养,内化和深化责任担当、勇于创新、投身实践、开阔眼界的专业精神。

任务一　税收法律制度认知

一、税收

(一)税收的概念

　　税收,是指以国家为主体,为实现国家职能,凭借政治权力,按照法律标准,采用强制性手段,无偿取得财政收入的一种特定分配形式。

(二)税收的特征

　　税收的特征是指税收的本质属性和表现形式。税收具有以下三个特征:

1.强制性

强制性是指国家以社会管理者的身份,凭借国家权力,通过颁布法律或法规,按照一定的征收标准进行强制征税。负有纳税义务的单位和个人,都必须遵守国家强制性的税收法律制度,依法纳税,否则就要受到法律制裁。

2.无偿性

无偿性是指国家对具体纳税人征税不需要直接偿还,也不需要付出任何形式的直接报酬。税收的无偿性是区别于其他财政收入形式的最本质的特征,既不同于国有资产收入或利润上交,也不同于还本付息的国债,还区别于工商、交通等行政管理部门因服务社会而收取的各种形式的规费。

3.固定性

固定性是指国家征税以法律形式,事先规定征税对象和税率。未经严格的立法程序,任何单位和个人都不得随意变更或修改。

税收的"三性"特征是相互联系的统一体,其中无偿性是核心,强制性是保证,固定性是上述两者的必然结果。

(三)税收的作用

税收的作用是税收职能在一定经济条件下的外在表现。在不同的历史阶段,税收职能发挥着不同的作用。在现阶段,税收的作用主要表现在以下几个方面:

1.税收是国家组织财政收入的主要形式

税收在保证和实现财政收入方面起着重要的作用。由于税收具有强制性、无偿性和固定性,因而能保证收入的稳定;同时,税收的征收十分广泛,能从多方筹集财政收入。

2.税收是国家调控经济的重要手段

国家通过税种的设置以及在税目、税率、加成征收或减免税等方面的规定,可以调节社会生产、交换、分配和消费,促进社会经济的健康发展。

3.税收具有维护国家政权的作用

国家政权是税收产生和存在的必要条件,而国家政权的存在又依赖于税收的存在。没有税收,国家机器就不可能有效运转。同时,税收分配不是按照等价原则和所有权原则分配的,而是凭借政治权力,对物质利益进行调节,体现国家支持什么、限制什么,从而达到维护和巩固国家政权的目的。

4.税收是国际经济交往中维护国家利益的可靠保证

在对外贸易中,对进口的不同商品规定差别较大的税率,体现国家鼓励和限制的政策,以此来调节进口商品的品种和数量,达到既保护国内工农业生产,又有利于引进我们所需要的商品的目的。通过对出口商品免征税和实行消费税、增值税的出口退税,可以使我国出口商品以不含税的价格进入国际市场,以扩大出口,增加外汇收入。

(四)税收的分类

税收的分类是指按照一定的标准对不同税种进行归类。进行税收分类,有利于了解各个税种的特点、性能、作用及税制结构体系。我国对税收的分类,依据不同标准,通常有以下几种主要分类方法:

1.按征税对象分

按征税对象分类,可将全部税种划分为流转税类、所得税类、财产税类、资源税类、特定目的和行为税类五大类型。这是最常见的一种税收分类方法。

(1)流转税类。是以销售商品或提供劳务的流转额为征税对象的税种。这类税种与商品(或劳务)生产、流通、消费关系密切,不受成本费用变化的影响。我国现行的增值税、消费税、关税属于流转税类。

(2)所得税类。是以纳税人的各种所得额为征税对象的税种。所得税类属于终端税种,它体现了纳税能力负担的原则,即所得多的多征,所得少的少征,无所得的不征,因此,目前已经成为世界各国税收制度中的主要税种。我国现行的企业所得税、个人所得税属于所得税类。

(3)财产税类。是以纳税人拥有的财产数量或财产价值为征税对象的税种。我国现行的房产税、契税、车船税属于财产税类。

(4)资源税类。是以自然资源和某些社会资源为征税对象的税种。我国现行的资源税、城镇土地使用税、土地增值税、耕地占用税属于资源税类。

(5)特定目的和行为税类。是国家为了实现某种特定目的,以纳税人的某些特定行为为征税对象的税种。我国现行的城市维护建设税、教育费附加、印花税、车辆购置税、船舶吨税、环境保护税、烟叶税属于特点目的和行为税类。

2.按计税标准分

税收按照计税标准不同进行分类,可分为从价税、从量税和复合税。

(1)从价税。是以征税对象价格为计税依据,其应纳税额随商品价格的变化而变化,能充分体现合理负担的税收政策,因而大部分税种均采用这一计税方法,如增值税。

(2)从量税。是以征税对象的数量、重量、体积等作为计税依据,其征税数额与征税对象数量相关而与价格无关,如资源税。

(3)复合税。是征税时同时使用从价、从量两种税率计征,以两种税额之和作为该征税对象的应纳税额,如烟、白酒缴纳的消费税。

此外,还有根据税收与价格的依存关系分为价内税、价外税,根据税收收入的形态分为实物税和货币税,根据征税的法定期限分为经常税和临时税,根据税收管辖对象分为国内税和国外税,根据税收用途分为一般税和特定税等分类方法。

二、税法

(一)税法的概念

税法是国家制定的用以调整国家与纳税人之间在征纳税方面的权利与义务关系的法律规范的总称,是国家法律的重要组成部分。它是国家及纳税人依法征税与纳税的行为准则,其目的是保障国家利益和纳税人的合法权益,维护正常的税收秩序,保证国家的财政收入。

(二)税收与税法的关系

税收与税法存在着密切的联系。国家和社会对税收收入与税收活动的客观需要,决定了与税收相对应的税法的存在;而税法则对税收的有序征收和税收目的的有效实现起着重要的法律保障作用。税收作为一种经济活动,属于经济基础范畴,而税法则是一种法律制度,属于上层建筑范畴。总之,税法是税收的表现形式,税收则是税法所确定的具体内容;税收决定税法,税法反过来规范税收。

(三)税法的分类

1.按照税法的功能作用的不同,分为税收实体法和税收程序法

(1)税收实体法是规定税收法律关系主体的权利、义务的法律规范的总称。其主要内容包括纳税主体、征税客体、计税依据、税目、税率、减税免税等,是国家向纳税人行使征税权和纳税人负担纳税义务的要件,只有具备这些要件时,纳税人才负有纳税义务,国家才能向纳税人征税。税收实体法直接影响国家与纳税人之间权利义务的分配,是税法的核心部分,没有税收实体法,税法体系就不能成立。《中华人民共和国增值税暂行条例》《中华人民共和国企业所得税法》《中华人民共和国个人所得税法》属于税收实体法。

(2)税收程序法是税收实体法的对称,指以国家税收活动中所发生的程序关系为调整对象的税法,是规定国家征税权行使程序和纳税人纳税义务履行程序的法律规范的总称。其内容主要包括税收确定程序、税收征收程序、税收检查程序和税务争议的解决程序。税收程序法是税法体系的基本组成部分。《中华人民共和国税收征收管理法》属于税收程序法。

2.按照主权国家行使税收管辖权的不同,分为国内税法、国际税法和外国税法

(1)国内税法是按照属人或属地原则所规定的一个国家内部的税收制度。

(2)国际税法是指国家间形成的税收制度,主要包括双边或多边国家间的税收协定、条约和国际惯例等。

(3)外国税法是指外国各个国家制定的税收制度。

3.按照税法法律级次划分,分为税收法律、税收行政法规、税务规章和税收规范性文件

(1)税收法律是指享有国家立法权的国家最高权力机关,依照法律程序制定的有关税收分配活动的基本制度。我国税收法律由全国人民代表大会及其常务委员会制定,其法律地位和法律效力仅次于宪法而高于税收行政法规、税务规章。《中华人民共和国税收征收管理法》《中华人民共和国企业所得税法》《中华人民共和国个人所得税法》《中华人民共和国环境保护税法》《中华人民共和国烟叶税法》等属于税收法律。

(2)税收行政法规是指国家最高行政机关根据其职权或国家最高权力机关的授权,依据宪法和税收法律,通过一定法律程序制定的有关税收活动的实施规定或办法。它由国务院制定的税收行政法规和地方立法机关制定的地方税收法规两部分组成,其具体形式主要有"条例"或"暂行条例",如《中华人民共和国个人所得税法实施条例》《中华人民共和国增值税暂行条例》等都属于税收行政法规。税收行政法规的效力低于宪法、税收法律,而高于税务规章。税收行政法规是目前我国税收立法的主要形式。

(3)税务规章是税务部门规章的简称,是指根据法律或者国务院的行政法规、决定、命令,在国家税务总局职权范围内制定的,在全国范围内对税务机关、纳税人、扣缴义务人及其他税务当事人具有普遍约束力的税收规范性文件。税务规章以国家税务总局令的形式

发布。国家税务总局发布的第一部税务规章是 2002 年 3 月 1 日实施的《税务部门规章制定实施办法》。税务规章的名称一般称"规定""规程""规则""实施细则""决定"或"办法"，如《中华人民共和国增值税暂行条例实施细则》。税务规章的法律效力较低，一般情况下，它不能作为税收司法的直接依据，而只有参考性的效力。

（4）税收规范性文件是指税务机关依照法定职权和规定程序，针对普遍的、不特定的对象作出的，对征纳双方具有普遍约束力的，可反复适用的行为规则。通常是指对税务机关制定和发布的除税务规章以外的其他税务行政规范性文件的统称。税收规范性文件虽然不是法律的构成形式，但它是税务行政管理的依据，税务行政相对人也必须遵循。从性质上说，税收规范性文件多表现为行政解释，即税务机关对法律、行政法规和规章的说明和阐述，是对法律、行政法规和规章的含义、界限以及税务行政中具体应用相关法律规范所做的说明。

三、税收法律关系

（一）税收法律关系的概念

税收法律关系是指国家、税务征管机关和纳税人之间在税收征收和管理过程中，根据税法规范而发生的具体的征收和管理权利义务关系。

（二）税收法律关系的要素

1. 税收法律关系的主体

税收法律关系的主体是指在税收法律关系中依法享有权利和承担义务的当事人，即：①代表国家行使征税职责的各级税务机关和海关；②履行纳税义务的单位和个人。

2. 税收法律关系的客体

税收法律关系的客体即征税对象，是指税收法律关系主体的权利义务所指向的对象，主要包括货币、实物和行为。

3. 税收法律关系的内容

税收法律关系的内容是指税收法律关系主体所享有的权利和所承担的义务，主要包括纳税人的权利义务和税务机关的权利义务。它是税收法律关系中最实质的东西，也是税法的灵魂。税务机关有税务管理、税收征收、代位权和撤销权等 6 项职权，同时有宣传政策、纳税咨询、保密、回避等 9 项职责。纳税人有税收监督权、纳税申报方式选择权等 14 项权利，同时有依法进行税务登记等 10 项义务。

（三）税收法律关系的产生、变更与消灭

1. 税收法律关系的产生

税收法律关系的产生是指在税收法律关系主体之间形成权利义务关系。由于税法属于义务性法规，税收法律关系的产生应以引起纳税义务成立的法律事实为基础和标志。而纳税义务产生的标志应当是纳税主体进行的应当课税的行为，如销售货物、取得应税收入等，不应当是征税主体或其他主体的行为。国家颁布新税法、出现新的纳税主体都可能引发新的纳税行为出现，但其本身并不直接产生纳税义务，税收法律关系的产生只能以纳

税主体应税行为的出现为标志。

2.税收法律关系的变更

税收法律关系的变更是指由于某一法律事实的发生,使税收法律关系的主体、内容和客体发生变化。例如,纳税人发生改组、分设、合并、联营、迁移等情况,由于纳税人自身的组织状况发生变化,需要向税务机关申报办理变更登记或重新登记,从而引起税收法律关系的变更;1994年实行新税制以后,原有的许多个案减免税取消,纳税人由享受一定的减免税照顾变为依法纳税,类似的税法修订或调整,使税收法律关系发生量或质的变更;由于自然灾害等不可抗拒的原因,纳税人往往遭受重大财产损失,被迫停产、减产,纳税人向主管税务机关申请减税得到批准的,税收法律关系发生变更。

3.税收法律关系的消灭

税收法律关系的消灭是指这一法律关系的终止,即其主体间权利义务关系的终止。税收法律关系消灭的原因主要有以下几个方面:

(1)纳税人履行纳税义务。这是最常见的税收法律关系消灭的原因,它包括纳税人依法如期履行纳税义务和税务机关采取必要的法律手段使纳税义务强制地履行这两类情况。

(2)纳税义务因超过期限而消灭。我国税法规定,未征、少征税款的一般追缴期限为3年。超过3年,除法定的特殊情况外,即使纳税人没有履行纳税义务,税务机关也不能再追缴税款,税收法律关系因而消灭。

(3)纳税义务的免除。即纳税人符合免税条件,并经税务机关审核确认后,纳税义务免除,税收法律关系消灭。

(4)某些税法的废止。例如,1994年我国废止"烧油特别税",由此产生的税收法律关系归于消灭。

(5)纳税主体的消失。没有纳税主体,纳税无法进行,税收法律关系因此而消灭。

四、税法要素

税法的构成要素,是指税法应当具备的必要因素和内容。税法的构成要素一般包括征税人、纳税人、征税对象、税目、税率、计税依据、纳税环节、纳税期限、纳税地点、税收优惠、法律责任等。其中,纳税人、征税对象、税率是构成税法的三个最基本的要素。

(一)纳税人

纳税人,也称纳税主体,是指依法直接负有纳税义务的单位和个人。纳税人可以是自然人,也可以是法人或其他社会组织。纳税人是税收制度中区别不同税种的重要标志之一。因此,每个税种都应明确规定各自的纳税人。

实际纳税过程中与纳税人相关的概念有以下几个:

(1)负税人。纳税人是直接向税务机关缴纳税款的单位和个人,负税人是实际负担税款的单位和个人。纳税人如果能够通过一定途径把税款转嫁出去,纳税人就不再是负税人;否则,纳税人同时也是负税人。纳税人与负税人不一致主要是由价格和价值背离,引起税负转嫁造成的。

（2）代扣代缴义务人。代扣代缴义务人是指有义务从持有的纳税人收入中扣除其应纳税款并代为缴纳的企业、单位或个人。例如，个人所得税以支付所得的单位或个人为代扣代缴义务人。对税法规定的扣缴义务人税务机关应向其颁发代扣代缴证书，明确其代扣代缴义务。代扣代缴义务人必须严格履行扣缴义务，对不履行扣缴义务的，税务机关应视情节轻重予以适当处置，并责令其补缴税款。

（3）代收代缴义务人。代收代缴义务人是指有义务借助与纳税人的经济交往而向纳税人收取应纳税款并代为缴纳的单位，主要有受托加工单位，生产并销售原油、重油的单位等。代收代缴义务人不同于代扣代缴义务人。代扣代缴义务人直接持有纳税人的收入，可以从中扣除纳税人的应纳税款；代收代缴义务人不直接持有纳税人的收入，只能在与纳税人的经济往来中收取纳税人的应纳税款并代为缴纳。确定代收代缴义务人，有利于加强税收的源泉控制，简化征税手续，减少税款流失。

（4）代征代缴义务人。代征代缴义务人是指按税法规定，受税务机关委托而代征税款的单位和个人。例如，对进口货物和物品应纳的增值税、消费税，税务机关委托海关于办理报关进口计征关税的同时，代征代缴应纳的增值税和消费税。由代征代缴义务人代征税款，不仅便于纳税人税款的缴纳，有效地保证税款征收的实现，而且对于强化税收征管、有效杜绝和防止税款流失有明显作用。

（二）征税对象

征税对象又称课税对象，是纳税的客体，在实际工作中也笼统称之为征税范围，是指税收法律关系中权利义务所指向的对象，即对什么征税。征税对象包括物或行为。不同的征税对象是区别不同税种的重要标志。我国现行的税收法律法规都分别规定了征税对象，如消费税的征税对象是烟、酒等消费品，个人所得税的征税对象是个人取得的工资、薪金所得、劳务报酬所得、偶然所得等。

（三）税率

税率是指应纳税额与课税对象之间的比例，是计算税额的尺度，代表课税的深度，关系着国家的收入多少和纳税人的负担程度，因而它是体现税收政策的中心环节。各税种的职能作用主要是通过税率来体现的，因此，税率是税收法律制度中的核心和灵魂。

（1）比例税率。比例税率是指对同一征税对象，不论其数额大小，均按同一个比例征税的税率。它适用于从价计征的税种。在比例税率中，根据不同的情况又可划分为单一比例税率、差别比例税率、产品比例税率、行业比例税率、地区差别比例税率、幅度比例税率。单一比例税率是指在一个税种中只规定一个征税比例的税率；差别比例税率是指根据纳税人或课税对象的不同类型，分别规定不同征税比例的税率；产品比例税率是指根据不同的产品分别规定不同征税比例的税率；行业比例税率是指对不同生产经营行业规定不同的征税比例的税率；地区差别比例税率是指对不同地区的同一课税对象分别规定不同的征税比例的税率；幅度比例税率是指对同一课税对象由税法规定一个税率幅度，由各地区在规定幅度内具体确定本地区征税比率的税率。

（2）定额税率。定额税率又称固定税率，是指对单位征税对象规定固定的税额，而不采取百分比的形式。它适用于从量计征的税种。课税对象的计量单位可以是重量、数量、面积、体积等自然单位,也可以是专门规定的复合单位。定额税率在表现形式上可分为单一定额税率和差别定额税率两种。在同一税种中只单一采用一种定额税率的,为单一定额税率;同时采用几个定额税率的,为差别定额税率。

(3)累进税率。累进税率是指按征税对象的多少划分若干等级,分别规定不同的税率。征税对象数额越大,税率越高。这种税率制度可以有效地调节纳税人的收益水平,正确处理税收负担的纵向公平问题,一般适用于按所得额课税的税种。累进税率可分为全额累进税率、超额累进税率、超率累进税率和超倍累进税率四种。

全额累进税率是按征税对象金额的多少划分若干等级,并按其达到的不同等级规定不同的税率。征税对象的金额达到哪一个等级,则全额按相应的税率征税。目前,我国的税收法律制度中已不采用这种税率。

超额累进税率是将征税对象的数额划分为不同的部分,按不同的部分规定不同的税率,对每个等级分别计算税额。如《中华人民共和国个人所得税法》(以下简称《个人所得税法》)中,将工资、薪金所得划分为七个等级,并规定了 3%～45% 的七级超额累进税率。

超率累进税率是按征税对象的数额的某种比例来划分不同的部分,按不同部分分别规定相应的税率。如《中华人民共和国土地增值税暂行条例》中,按土地增值额和扣除项目金额的比例的不同,规定了四级超率累进税率。

超倍累进税率是以征税对象数额相当于计税基数的倍数为累进依据计算应纳税额的税率。采取超倍累进税率,首先必须确定计税基数,然后把征税对象数额按相当于计税基数的倍数划分为若干等级,分别规定不同的税率,再分别计算应纳税额。

(四)计税依据

计税依据也称计税标准,是指计算应纳税额的依据或标准,即根据什么来计算纳税人应缴纳的税额。不同税种的计税依据是不同的。例如,我国增值税的计税依据一般都是货物和应税劳务的增值额;消费税的计税依据是应税产品的销售额或销售数量。征税对象与计税依据的关系是:征税对象是指征税的目的物,计税依据则是在目的物已经确定的前提下,对目的物据以计算税款的依据或标准;征税对象是从质的方面对征税所作出的规定,而计税依据则是从量的方面对征税所作的规定,是征税对象量的表现。计税依据可以分为从价计征、从量计征、复合计征。

1.从价计征

从价计征应纳税额的计税依据是计税金额。主要计税金额有收入额、收益额、财产额、资金额等。其计算公式为:

计税金额＝征税对象的数量×计税价格

应纳税额＝计税金额×适用税率

2.从量计征

从量计征应纳税额的计税依据是计税数量。其计算公式为:

应纳税额＝计税数量×单位适用税额

3.复合计征

复合计征应纳税额的计税依据是计税金额和计税数量。其计算公式为：

$$应纳税额＝计税金额×适用税率＋计税数量×单位适用税额$$

(五)纳税环节

纳税环节是指税法规定的征税对象从生产到消费的流转过程中应当缴纳税的环节。如流转税在生产和流通环节纳税，所得税在分配环节纳税等。按纳税环节的多少，可将税收制度划分为两类：一次课征制和多次课征制。一次课征制是指同一税种在商品流转的全过程中只选择某一环节课征的制度，如现行的消费税和资源税等。多次课征制是指同一税种在商品流转过程中选择两个或两个以上环节课征的制度，如现行的增值税。

(六)纳税期限

纳税期限是指纳税人的纳税义务发生后应依法缴纳税款的期限。规定纳税期限是为了保证国家财政收入的及时实现，也是税收强制性和固定性的体现。如现行增值税的纳税期限分别为 1 日、3 日、5 日、10 日、15 日、1 个月或者 1 个季度。纳税人具体纳税期限由主管税务机关根据纳税人应纳税额的大小分别核定；不能按照固定期限纳税的，可以按次纳税。

(七)纳税地点

纳税地点是指根据各个税种征税对象的纳税环节和有利于对税款的源泉控制而规定的纳税人(包括代征、代扣、代缴义务人)的具体申报纳税地点。纳税地点主要有以下几种情况：

(1)机构所在地纳税，即纳税人向其机构所在地主管税务机关申报纳税。

(2)劳务提供地纳税，即纳税人向劳务提供地主管税务机关申报纳税。

(3)进口货物向报关地海关申报纳税。

(八)税收优惠

税收优惠是指国家在税收法律、行政法规中规定给予纳税人和征税对象减轻或免除税收负担的一种措施。税收优惠的形式包括减税、免税、出口退税、先征后退。其中，减税是指对应征税款减少征收一部分；免税是对按规定应征收的税款全部免除；出口退税指税务部门根据税法规定，对出口企业已出口商品原来所承担的流转税予以退还；先征后退是先依据税法将纳税人应缴纳的税款进行征收，然后予以全部或部分返还。

(九)法律责任

法律责任是指对违反税法规定的行为人采取的处罚措施。违反税法规定的行为应承担的法律责任，包括行政责任和刑事责任。税务机关对违反税法规定行为的主要处理措施有：加收滞纳金、罚款、罚没并处，税收保全措施、强制执行措施，提请司法机关处理等。

五、现行税种与征收机关

现阶段我国税收征收管理机关有税务机关和海关。

由税务机关负责征收的税种有国内增值税、国内消费税、企业所得税、个人所得税、资源税、城镇土地使用税、城市维护建设税、印花税、土地增值税、房产税、车船税、车辆购置税、烟叶税、耕地占用税、契税、环境保护税，此外，由税务机关负责征收的还包括"非税收入"和"社会保险费"。

由海关负责征收的税种有关税、船舶吨税，海关还代征"进口环节"的增值税和消费税。

任务二　货物和劳务税法律制度

一、增值税法律制度

（一）纳税人及其分类

增值税纳税人是税法规定负有缴纳增值税义务的单位和个人。在中华人民共和国境内销售货物或者加工、修理修配劳务（以下简称劳务），销售服务、无形资产、不动产以及进口货物的单位和个人，为增值税纳税人。单位指企业、行政单位、事业单位、军事单位、社会团体及其他单位；个人指个体工商户和其他个人。

单位以承包、承租、挂靠方式经营的，承包人、承租人、挂靠人（以下统称承包人）以发包人、出租人、被挂靠人（以下统称发包人）名义对外经营并由发包人承担相关法律责任的，以该发包人为纳税人；否则，以承包人为纳税人。

中华人民共和国境外的单位或者个人在境内销售劳务，在境内未设有经营机构的以其境内代理人为扣缴义务人；在境内没有代理人的，以购买方为扣缴义务人。

根据纳税人的经营规模大小和会计核算健全程度，增值税纳税人分为一般纳税人和小规模纳税人。

1.小规模纳税人

增值税小规模纳税人标准为年应征增值税销售额500万元及以下。应征增值税销售额是指纳税人在连续不超过12个月或4个季度的经营期内累计应征增值税销售额，包括纳税申报销售额、稽查查补销售额、纳税评估调整销售额。

小规模纳税人会计核算健全，能够提供准确税务资料的，可以向税务机关申请登记成为一般纳税人。

2.一般纳税人

一般纳税人是指年应税销售额超过财政部、国家税务总局规定的小规模纳税人标准的企业和企业性单位。一般纳税人实行登记制，除另有规定外，应当向税务机关办理登记手续。

下列纳税人不办理一般纳税人登记：①按照政策规定，选择按照小规模纳税人纳税的；②年应税销售额超过规定标准的其他个人。

(二)增值税征税范围

增值税的征税范围包括在中华人民共和国境内销售货物或劳务,销售服务、无形资产、不动产以及进口货物。

销售货物是指有偿转让货物的所有权,货物是指有形动产、包括电力、热力、气体在内。有偿是指从购买方取得货币、货物或者其他经济利益。

销售劳务是指有偿提供加工、修理修配劳务。加工是指受托加工货物;修理修配是指受托对损伤和丧失功能的货物进行修复,使其恢复原状和功能的业务。

销售服务是指提供交通运输服务、邮政服务、建筑服务、金融服务、现代服务和生活服务。

销售无形资产是指转让无形资产所有权或者使用权的业务活动。

销售不动产是指转让不动产所有权的业务活动。

进口货物是指申报进入中国境内的货物。

上述服务、无形资产或不动产还须满足以下条件:

(1)服务(租赁不动产除外)或者无形资产(自然资源使用权除外)的销售方或者购买方在境内;

(2)所销售或者租赁的不动产在境内;

(3)所销售自然资源使用权的自然资源在境内;

(4)财政部和国家税务总局规定的其他情形。

此外,还需注意,《营业税改征增值税试点实施办法》第十条规定,下列非经营活动不属于销售服务、无形资产或不动产的情形:

(1)行政单位收取的符合条件的政府性基金或者行政事业性收费;

(2)单位或者个体工商户聘用的员工为本单位或者雇主提供取得工资的服务;

(3)单位或者个体工商户为聘用的员工提供服务;

(4)财政部和国家税务总局规定的其他情形。

(三)增值税税率与征收率

1.增值税税率

增值税税率主要分为三档:13%、9%和6%。

2.征收率

小规模纳税人及一般纳税人选择简易计税的,征收率为3%。

增值税的征税范围及税率具体详见表3-1。

表 3-1　增值税征税范围及税率表

纳税人	征税范围	税率或征收率
一般纳税人	销售货物、劳务、有形动产租赁服务或者进口货物	13%
	销售交通运输、邮政、基础电信、建筑、不动产租赁服务,销售不动产,转让土地使用权 销售或者进口下列货物:粮食等农产品、食用植物油、食用盐;自来水、暖气、冷气、热水、煤气、石油液化气、天然气、二甲醚、沼气、居民用煤炭制品;图书、报纸、杂志、音像制品、电子出版物;饲料、化肥、农药、农机、农膜;国务院规定的其他货物	9%
	销售现代服务、金融服务、生活服务、无形资产	6%
	一般纳税人发生下列销售行为可以选择按3%征收率简易计税: ①一般纳税人销售自己使用过的属于《增值税暂行条例》第十条规定的不得抵扣且未抵扣进项税额的固定资产; ②销售旧货; ③县级及县级以下小型水力发电单位生产的自产电力; ④自产建筑用和生产建筑材料所用的砂、土、石料; ⑤以自己采掘的砂、土、石料或其他矿物连续生产的砖、瓦、石灰; ⑥自己用微生物、微生物代谢产物、动物毒素、人或动物的血液或组织制成的生物制品,单采血浆站销售非临床用人体血液; ⑦自产的自来水; ⑧自产的商品混凝土	3%
小规模纳税人	①除销售旧货、自己使用过的固定资产、取得或房地产企业小规模纳税人自建的不动产、选择差额纳税的劳务派遣和进口货物以外的应税行为; ②销售自己使用过的固定资产(有形动产),适用简易办法依照3%征收率减按2%征收增值税; ③销售自己使用过的除固定资产以外的物品	3%
一般纳税人	①转让其2016年4月30日前取得的不动产,选择简易方法计税的 ②出租其2016年4月30日前取得的不动产,选择简易方法计税的 ③销售自行开发的房地产老项目且选择简易方法计税的	5%
小规模纳税人	①转让其取得的不动产 ②出租其取得的不动产(不含个人出租住房) ③房地产开发企业销售自行开发的房产项目	5%

纳税人销售货物、劳务、服务、无形资产或者不动产适用不同税率或者征收率的,应当分别核算适用不同税率或者征收率的销售额,未分别核算销售额的,按照从高适用税率或者征收率。

(四)增值税计税方法与应纳税额计算

增值税的计税方法,主要包括一般计税方法和简易计税方法。一般纳税人发生应税行为适用一般计税方法计税。如果一般纳税人发生财政部和国家税务总局规定的特定应税行为,可以选择适用简易计税方法计税,但一经选择36个月内不得变更。小规模纳税人发生应税行为适用简易计税方法计税。

1.一般计税方法

一般纳税人销售货物、劳务、服务、无形资产、不动产,采用一般计税方法计算应纳增值税额。计算公式为：

$$应纳税额＝当期销项税额－当期进项税额$$

当期销项税额小于当期进项税额不足抵扣时，其不足部分可结转下期继续抵扣。

符合条件的先进制造业、小微企业，可以自 2022 年 4 月纳税申报期起向主管税务机关申请退还增量留抵税额。

（1）销项税额的计算

销项税额是指纳税人发生应税销售行为，按照销售额和适用税率计算并向购买方收取的增值税税款。计算公式如下：

$$销项税额＝销售额×税率$$

销售额是指纳税人发生应税销售行为向购买方收取的全部价款和价外费用，但不包括收取的销项税额。其中价外费用包括价外向购买方收取的手续费、补贴、基金、集资费、返还利润、奖励费、违约金、滞纳金、延期付款利息、赔偿金、代收款项、代垫款项、包装费、包装物租金、储备费、优质费、运输装卸费以及其他各种性质的价外收费。

增值税实行价外税，计算销项税额时，销售额中不应含有增值税款；如果含有，需要将含税销售额换算成不含税销售额。计算公式为：

$$不含税销售额＝\frac{含税销售额}{1＋增值税税率}$$

特殊情况下增值税销售额的确定详见表 3-2。

表 3-2　特殊情况下增值税销售额的确定

应税行为	具体销售行为	销售额
视同销售	①将货物交付其他单位或者个人代销； ②销售代销货物； ③设有两个以上机构并实行统一核算的纳税人，将货物从一个机构移送至其他机构用于销售，但相关机构设在同一县（市）的除外； ④将自产、委托加工的货物用于集体福利或者个人消费； ⑤将自产、委托加工的货物用于非增值税应税项目； ⑥将自产、委托加工或者购进的货物作为投资，提供给其他单位或者个体工商户； ⑦将自产、委托加工或者购进的货物分配给股东或者投资者； ⑧将自产、委托加工或者购进的货物无偿赠送其他单位或者个人； ⑨单位或者个体工商户向其他单位或者个人无偿提供服务的，但用于公益事业或以社会公众为对象的除外； ⑩单位或者个人向其他单位或者个人无偿转让无形资产或者不动产，但用于公益事业或以社会公众为对象的除外。	纳税人销售服务、无形资产或不动产价格明显偏低且无正当理由的，或发生无销售额的，按下列顺序确定销售额： ①按纳税人最近时期销售同类服务、无形资产或不动产的平均销售价格确定； ②按其他纳税人最近时期销售同类服务、无形资产、不动产的平均销售价格确定； ③按组成计税价格确定： 组成计税价格＝成本×（1＋成本利润率） 或 $组成计税价格＝成本×\dfrac{1＋成本利润率}{1－消费税税率}$

续表

应税行为	具体销售行为	销售额
混合销售	①从事货物生产、批发或零售的单位和个体工商户的混合销售行为,按照销售货物缴纳增值税; ②其他单位和个体工商户的混合销售行为,按照销售服务缴纳增值税。	混合销售的销售额为货物和服务的销售额
兼营销售	纳税人兼营不同税率的货物、劳务、服务、无形资产或者不动产	应当分别核算不同税率或征收率的销售额;未分别核算销售额的,从高适用税率
特殊销售	折扣销售	纳税人采取折扣方式销售货物,如果销售额和折扣额在同一张发票金额栏分别注明,可以按折扣后的销售额征收增值税
	以旧换新销售	按新货物的同期销售价格确定销售额,不得扣减旧货物的收购价格; 对金银首饰,按销售方实际收取的不含增值税的全部价款确定销售额
	还本销售	货物的销售价格,不得从销售额中减除还本支出
	以物易物销售	以物易物双方都应作购销处理,以各自发出的货物核算销售额并计算销项税额,以各自收到的货物按规定核算购货额并计算进项税额
	直销方式销售	①先销售给直销员收取货款:销售额为向直销员收取的全部价款和价外费用 ②直接向消费者收取货款:销售额为其向消费者收取的全部价款和价外费用
	包装物押金	纳税人为销售货物而出租出借包装物收取的押金,单独记账核算的不并入销售额。但对逾期未收回包装物而不再退还的押金,应当并入销售额征税。此外,对销售除啤酒、黄酒外的其他酒类产品而收取的包装物押金,无论是否返还以及会计上如何核算,均应并入当期销售额征税。对啤酒、黄酒所收取的押金,按上述一般押金的规定处理。

续表

应税行为	具体销售行为	销售额
应税服务	贷款服务	取得全部利息及利息性质的收入
	直接收费金融服务	收取的手续费、佣金、酬金、管理费、服务费、经手费、开户费、过户费、结算费、转托管费等各类费用
	金融商品转让	卖出价减买入价后的余额
	经纪代理服务	取得全部价款和价外费用,扣除向委托方收取并代为支付的政府性基金或行政事业收费后的余额 注意:向委托方收取的政府性基金或行政事业性收费,不得开具增值税专用发票
	航空运输服务	不包括代收的机场建设费和代售其他航空运输企业客票而代售转付的价款
	一般纳税人提供客运场站服务	取得全部价款和价外费用扣除支付给承运方运费后的余额
	旅游服务	可以选择以取得全部价款和价外费用,扣除向旅游服务购买方收取并支付给其他单位或个人的住宿费、餐饮费等和支付给其他接团旅游企业的旅游费用后的余额 注意:选择上述办法计算销售额的,扣除的上述费用不得开具增值税专用发票,可以开具普通发票
	建筑服务(适用简易计税)	取得全部价款和价外费用扣除支付的分包款后的余额
	房产企业(一般纳税人选择简易计税的房产老项目除外)	取得全部价款和价外费用,扣除受让土地时向政府部门支付的土地价款后的余额

[例3-1] 某增值税一般纳税人销售一批水泥给客户,用于建筑物的安装和装修,并开具113万元的普通发票,其销项税额为多少?

解析: 开具普通发票的销售金额113万元是含税的,属于典型的价税合计价格。

$$该企业销项税额 = \frac{113}{1+13\%} \times 13\% = 13(万元)$$

[例3-2] 某自行车厂为增值税一般纳税人,当月发出包装物收取押金50 000元。本月取得逾期未收回的包装物押金60 000元。其销项税额为多少?

解析: 逾期未收回的包装物押金销售额是含税金的,属于价税合计价格。

$$该自行车厂销项税额 = \frac{60\ 000}{1+13\%} \times 13\% = 6\ 902.65(元)$$

[例3-3] 某一般纳税人企业6月为了推销产品,采用商业折扣方式销售空调50台,

每台不含税售价2 500元,商业折扣率为4%,折扣额与销售额在同一张发票上分别注明。其该月销项税额为多少?

解析:

$$该企业6月销项税额=50×2 500×(1-4\%)×13\%=15 600(元)$$

(2)进项税额的确定

进项税额,是指纳税人购进货物、劳务、服务、无形资产或者不动产支付或者负担的增值税额。准予从销项税额中抵扣的进项税额为:

①凭票抵扣

A.从销售方取得的增值税专用发票(含税控机动车销售统一发票)上注明的增值税额。

B.从海关取得的海关进口增值税专用缴款书上注明的增值税额。

C.自境外单位或者个人购进劳务、服务、无形资产或者境内的不动产,从税务机关或者扣缴义务人取得的代扣代缴税款的完税凭证上注明的增值税额。

②计算抵扣

A.购进农产品。一般纳税人从按照简易计税方法依照3%征收率计算缴纳增值税的小规模纳税人取得增值税专用发票的,以增值税专用发票上注明的金额和9%的扣除率计算进项税额;取得农产品销售发票或收购发票的,以农产品收购发票或销售发票上注明的农产品买价和9%的扣除率计算进项税额;纳税人购进用于生产或者委托加工13%税率货物的农产品,按照10%的扣除率计算进项税额。

进项税额计算公式为:

$$进项税额=买价×扣除率购进农产品$$

B.国内旅客运输服务。纳税人购进国内旅客运输服务未取得增值税专用发票的,暂按照以下规定确定进项税额:

取得增值税电子普通发票的,为发票上注明的税额。

取得注明旅客身份信息的航空运输电子客票行程单的,按照下列公式计算进项税额:

$$航空旅客运输进项税额=\frac{票价+燃油附加费}{1+9\%}×9\%$$

取得注明旅客身份信息的铁路车票的,按照下列公式计算进项税额:

$$铁路旅客运输进项税额=\frac{票面金额}{1+9\%}×9\%$$

取得注明旅客身份信息的公路、水路等其他客票的,按照下列公式计算进项税额:

$$公路、水路等其他旅客运输进项税额=\frac{票面金额}{1+3\%}×3\%$$

③不得抵扣的进项税额

具体包括以下几项:

A.用于简易计税方法项目、免征增值税项目、集体福利,或者个人消费的购进货物、劳务、服务、无形资产和不动产;

B.非正常损失的购进货物,以及相关的劳务和交通运输服务;

C.非正常损失的在产品、产成品所耗用的购进货物(不包括固定资产)、劳务和交通运输服务;

D.非正常损失的不动产,以及该不动产所耗用的购进货物、设计服务和建筑服务;

E.非正常损失的不动产在建工程(纳税人新建、改建、扩建、修缮、装饰不动产)所耗用的购进货物、设计服务和建筑服务;

F.购进的贷款服务、餐饮服务、居民日常服务和娱乐服务;

G.纳税人接受贷款服务向贷款方支付的与该笔贷款直接相关的投融资顾问费、手续费、咨询费等费用。

2.简易计税方法

纳税人发生应税销售行为采用简易计税方法计税,应按照销售额和征收率计算应纳增值税税额,不得抵扣进项税额。其计算公式为:

$$应纳税额 = 销售额 \times 征收率$$

$$不含税销售额 = \frac{含税销售额}{1 - 征收率}$$

纳税人适用简易计税方法计税的,因销售折让、中止或者退回而退还给购买方的销售额,应当从当期销售额中扣减;扣减当期销售额后仍有余额造成多缴的税款,可以从以后的应纳税额中扣减。

一般纳税人特定应税行为,可以选择适用简易计税方法计税,但一经选择,36 个月不得变更。

3.进口货物应纳税额的计算

纳税人进口货物,无论是一般纳税人还是小规模纳税人,均应按照组成计税价格和规定的税率计算应纳税额,不允许抵扣发生在境外的任何税金。其计算公式为:

$$应纳税额 = 组成计税价格 \times 增值税税率$$

组成计税价格的构成分成两种情况。

(1)如果进口货物不征收消费税,则:

$$组成计税价格 = 关税完税价格 + 关税$$

(2)如果进口货物征收消费税,则:

$$组成计税价格 = 关税完税价格 + 关税 + 消费税$$

$$= \frac{关税完税价格 + 关税}{1 - 消费税税率}$$

(五)税收优惠

1.增值税免税项目

(1)农业生产者销售的自产农产品;

(2)避孕药品和用具;

(3)古旧图书;

(4)直接用于科学研究、科学试验和教学的进口仪器、设备;

(5)外国政府、国际组织(不包括外国企业)无偿援助的进口物资和设备;

(6)由残疾人的组织直接进口供残疾人专用的物品;

(7)其他个人销售自己使用过的物品。

2.起征点

增值税的起征点适用于个人,不适用于未登记为一般纳税人的个体工商户。起征点的幅度规定为:按期纳税的,为月销售额 5 000~20 000 元(含本数);按次纳税的,为每次(日)销售额 300~500 元(含本数)。

3.小规模纳税人免税

(1)2021 年 4 月 1 日至 2022 年 12 月 31 日小规模纳税人免征增值税政策:小规模纳税人发生增值税应税销售行为,合计月销售额未超过 15 万元(以 1 个季度为 1 个纳税期的,季度销售额未超过 45 万元,下同)的,免征增值税。

(2)小规模纳税人发生增值税应税销售行为,合计月销售额超过 15 万元,但扣除本期发生的销售不动产的销售额后未超过 15 万元的,其销售货物、劳务、服务、无形资产取得的销售额免征增值税。

(3)其他个人采取一次性收取租金形式出租不动产,可在租赁期内平均分摊,分摊后月租金收入不超过 15 万元的,可享受小微企业免征增值税的优惠政策。

4.其他减免税

(1)纳税人兼营减免税项目的,未分别核算销售额的,不得减免税;

(2)纳税人适用免税规定的,可以放弃免税,放弃后 36 个月内不得再申请免税;

(3)纳税人同时适用免税和零税率的,可以选择适用免税或零税率。

(六)增值税征收管理

1.纳税义务发生时间

(1)纳税人发生应税销售行为的,为收讫销售款项或取得索取销售款项凭据的当天;先开具发票的,为开具发票的当天。

对于销售货物和劳务的,为收讫销售款项或者取得索取销售款项凭据的当天。按销售结算方式的不同,具体为:

①采取直接收款方式销售货物的,不论货物是否发出,均为收到销售款或者取得索取销售款凭据的当天。

②采取托收承付和委托银行收款方式销售货物的,为发出货物并办妥托收手续的当天。

③采取赊销和分期收款方式销售货物的,为书面合同约定的收款日期的当天;无书面合同的或者书面合同没有约定收款日期的,为货物发出的当天。

④采取预收货款方式销售货物的,为货物发出的当天,但生产销售生产工期超过12个月的大型机械设备、船舶、飞机等货物,为收到预收款或者书面合同约定的收款日期的当天。

⑤委托其他纳税人代销货物的,为收到代销单位的代销清单或者收到全部或者部分货款的当天。未收到代销清单及货款的,为发出代销货物满180天的当天。

⑥销售劳务的,为提供劳务同时收讫销售款或者取得索取销售款的凭据的当天。

⑦纳税人发生《中华人民共和国增值税暂行条例实施细则》第四条第(三)项至第(八)项所列视同销售货物行为的,为货物移送的当天。

对于销售服务、无形资产、不动产,收讫销售款项是指纳税人销售服务、无形资产、不动产过程中或者完成后收到款项。取得索取销售款项凭据的当天,是指书面合同确定的付款日期;未签订书面合同或者书面合同未确定付款日期的,为服务、无形资产转让完成的当天或者不动产权属变更的当天。

(2)进口货物的,为报关进口的当天。

(3)纳税人提供建筑服务、租赁服务采取预收款方式的,为收到预收款的当天。

(4)纳税人从事金融商品转让的,为金融商品所有权转移的当天。

(5)纳税人视同销售服务、无形资产或者不动产的,其纳税义务发生时间为服务、无形资产转让完成的当天或者不动产权属变更的当天。

(6)增值税扣缴义务发生时间为纳税人增值税纳税义务发生的当天。

2.纳税地点

固定业户应当向机构所在地税务机关申报纳税;总机构和分支机构不在同一县市的,应当分别向各自所在地税务机关申报纳税,经国务院财政、税务部门或其他授权的财政和税务机关批准,可由总机构向总机构所在地的税务机关申报纳税。固定业户到外县(市)销售货物或劳务,向其机构所在地的税务机关报告外出经营事项,并向其申报纳税;未报告的,应当向销售地或劳务发生地的税务机关申报纳税;未向销售地或劳务发生地的税务机关申报纳税的,由其机构所在地的税务机关补征税款。

非固定业户,应当向销售地或劳务发生地的税务机关申报纳税。

进口货物,应当向报关地申报纳税。

其他个人提供建筑服务,销售或租赁不动产,转让自然资源使用权,应向建筑服务发生地、不动产所在地、自然资源所在地税务机关申报纳税。

扣缴义务人应当向其机构所在地或居住地的税务机关申报纳税。

3.纳税期限

增值税的纳税期限分别为1日、3日、5日、10日、15日、1个月或者1个季度。纳税人的具体纳税期限,由主管税务机关根据纳税人应纳税额的大小分别核定;以1个季度为纳税期限的规定适用于小规模纳税人、银行、财务公司、信托投资公司、信用社,以及财政部和国家税务总局规定的其他纳税人。不能按照固定期限纳税的,可以按次纳税。

纳税人以1个月或者1个季度为1个纳税期的,自期满之日起15日内申报纳税;以1日、3日、5日、10日或者15日为1个纳税期的,自期满之日起5日内预缴税款,于次月1日起15日内申报纳税并结清上月应纳税款。

进口货物应纳的增值税,在报关进口后15日内申报纳税。

(七)增值税专用发票的使用与管理

发票,是指在购销商品,提供或者接受服务以及从事其他经营活动中,开具、收取的收付款凭证。

增值税专用发票是指增值税一般纳税人发生应税销售行为开具的发票,是购买方支付增值税税额并按照增值税有关规定据以抵扣增值税进项税额的凭证。

1.不得开具专用发票的情形

一般纳税人有下列行为的,不得领购开具专用发票

(1)会计核算不健全,不能向税务机关准确提供增值税销项税额、进项税额、应纳税额数据及其他有关增值税税务资料的;

(2)有《中华人民共和国税收征收管理法》(以下简称《税收征管法》)规定的税收违法行为,拒不接受税务机关处理的;

(3)有涉及发票的税收违法行为,经税务机关责令限期改正而仍未改正的。

2.专用发票的开具范围

专用发票实行最高开票限额管理。一般纳税人发生应税销售行为,应向索取增值税专用发票的购买方开具专用发票。属于下列情形之一的,不得开具专用发票:

(1)商业企业一般纳税人零售烟、酒、食品、服装、鞋帽(不包括劳保专用部分)、化妆品等消费品;

(2)应税销售行为的购买方为消费者个人的;

(3)发生应税销售行为适用免税规定的。

二、消费税法律制度

(一)纳税人、征收范围与税率

消费税是对特定的某些消费品和消费行为征收的一种间接税。我国消费税法律制度主要包括《中华人民共和国消费税暂行条例》(以下简称《消费税暂行条例》)和《中华人民共和国消费税暂行条例实施细则》。

《消费税暂行条例》规定,在我国境内生产、委托加工和进口《消费税暂行条例》规定的消费品的单位和个人,以及国务院确定的销售《消费税暂行条例》规定的消费品的其他单位和个人,为消费税的纳税人。

消费税的征税范围具体包括:

(1)生产应税消费品,于纳税人销售时纳税;

(2)纳税人自产自用应税消费品,用于连续生产应税消费品的,不纳税,用于其他方面的,于移送使用时纳税;

(3)委托加工应税消费品,除受托方为个人外,应当由受托方代收代缴消费税;

(4)单位和个人进口应税消费品,于报关进口时缴纳消费税,由海关代征;

(5)零售应税消费品;

(6)批发销售卷烟。

具体应税消费品税目与税率详见表 3-3。

表 3-3　消费税税目税率表

税　目	税　率		
	生产（进口）环节	批发环节	零售环节
烟			
卷烟			
甲类卷烟	56%＋0.003 元/支	11%＋ 0.005 元/支	
乙类卷烟	36%＋0.003 元/支		
雪茄烟	36%		
烟丝	30%		
电子烟	36%	11%	
酒			
白酒	20%＋0.5 元/500 克（或 500 毫升）		
黄酒	240 元/吨		
啤酒			
甲类啤酒	250 元/吨		
乙类啤酒	220 元/吨		
其他酒	10%		
高档化妆品	15%		
贵重首饰及珠宝玉石			
金银首饰、铂金首饰和钻 石及钻石首饰			5%
其他贵重首饰及珠宝玉石	10%		
鞭炮和焰火	15%		
成品油	1.2~1.52 元/升		
摩托车	10%（气缸容量 250 毫升以上）		
小汽车			
乘用车	1%~40%		
中轻型商用客车	5%		
超豪华小汽车	按照乘用车或中轻型商用客车税率征收		10%
高尔夫球及球具	10%		
高档手表	20%		
游艇	10%		
木制一次性筷子	5%		
实木地板	5%		
电池	4%		
涂料	4%		

(二)消费税应纳税额计算

1.应纳税额计算公式

消费税应纳税额的一般计算有三种。

(1)实行从价定率计算的,其公式为:

$$应纳税额＝销售额×比例税率$$

(2)实行从量定额计算的,其公式为:

$$应纳税额＝销售数量×定额税率$$

(3)实行从量定额与从价定率复合计税,其公式为:

$$应纳税额＝销售数量×定额税率＋销售额×比例税率$$

2.计税依据

(1)从价计征销售额,是指纳税人销售应税消费品向购买方收取的全部价款和价外费用,不包括应向购买方收取的增值税税款。

(2)从量计征销售数量,是指纳税人生产、加工和进口应税消费品的数量。销售应税消费品的,为应税消费品的销售数量;自产自用应税消费品的,为应税消费品的移送使用数量;委托加工应税消费品的,为纳税人收回的应税消费品数量;进口应税消费品的,为海关核定的应税消费品进口征税数量。

(3)卷烟和白酒实行从价定率和从量定额相结合的复合计征办法征收消费税。销售额为销售卷烟、白酒向购买方收取的全部价款和价外费用,销售数量为生产、加工和进口应税消费品的数量。

(4)特殊情况下的销售额和销售数量的确定:

①纳税人应税消费品的计税价格明显偏低并无正当理由的,由税务机关核定计税价格。

②纳税人通过自设非独立核算门市部销售的自产应税消费品,应当按照门市部对外销售额或者销售数量征收消费税。

③纳税人用于换取生产资料和消费资料、投资入股和抵偿债务等方面的应税消费品,应当以纳税人同类应税消费品的最高销售价格作为计税依据计算消费税。

④白酒生产企业向商业销售单位收取的"品牌使用费",应并入白酒的销售额中缴纳消费税。

⑤连同包装物销售的,无论包装物是否单独计价以及在会计上如何核算,均应并入应税消费品的销售额征税。

3.自产自用应税消费品的税额计算

纳税人用于连续生产应税消费品的,不纳税;凡用于其他方面,有同类消费品销售价格的,按照纳税人生产的同类消费品销售价格计算纳税;没有同类消费品销售价格的,按组成计税价格计算纳税。

(1)实行从价定率办法计算纳税的组成计税价格计算公式

$$组成计税价格＝\frac{成本＋利润}{1－消费税比例税率}$$

（2）实行复合计税办法计算纳税的组成计税价格计算公式

$$组成计税价格＝\frac{成本＋利润＋自产自用数量×定额税率}{1－消费税比例税率}$$

4.委托加工应税消费品的税额计算

委托加工的应税消费品，按照受托方的同类消费品的销售价格计算纳税；没有同类消费品销售价格的，按照组成计税价格计算纳税。

（1）实行从价定率办法计算纳税的组成计税价格计算公式

$$组成计税价格＝\frac{材料成本＋加工费}{1－消费税比例税率}$$

（2）实行复合计税办法计算纳税的组成计税价格计算方式

$$组成计税价格＝\frac{材料成本＋加工费＋委托加工数量×消费税定额税率}{1－消费税比例税率}$$

材料成本，是指委托方所提供加工材料的实际成本。委托加工应税消费品的纳税人，必须在委托加工合同上如实注明（或以其他方式提供）材料成本；凡未提供材料成本的，受托方所在地主管税务机关有权核定其材料成本。加工费，是指受托方加工应税消费品向委托方所收取的全部费用（包括代垫辅助材料的实际成本）。

5.进口环节应税消费品的税额计算

纳税人进口应税消费品，按照组成计税价格计算纳税。

（1）实行从价定率办法计算纳税的组成计税价格计算公式

$$组成计税价格＝\frac{关税完税价格＋关税}{1－消费税比例税率}$$

（2）实行复合计税办法计算纳税的组成计税价格计算公式

$$组成计税价格＝\frac{关税完税价格＋关税＋进口数量×消费税定额税率}{1－消费税比例税率}$$

6.已纳消费税的扣除

为避免重复征税，根据消费税法律法规制度，将外购应税消费品和委托加工收回的应税消费品连续生产应税消费品销售的，可以将外购应税消费品和委托加工应税消费品已缴纳的消费税给予扣除。扣除范围包括：

（1）以外购或委托加工收回的已税烟丝为原料生产的卷烟；

（2）以外购或委托加工收回的已税高档化妆品为原料生产的高档化妆品；

（3）以外购或委托加工收回的已税珠宝、玉石为原料生产的贵重首饰及珠宝、玉石；

（4）以外购或委托加工收回的已税鞭炮、焰火为原料生产的鞭炮、焰火；

（5）以外购或委托加工收回的已税杆头、杆身和握把为原料生产的高尔夫球杆；

（6）以外购或委托加工收回的已税木制一次性筷子为原料生产的木制一次性筷子；

（7）以外购或委托加工收回的已税实木地板为原料生产的实木地板；

（8）以外购或委托加工收回的已税石脑油、润滑油、燃料油为原料生产的成品油；

（9）以外购或委托加工收回的已税汽油、柴油为原料生产的汽油、柴油。

（三）征收管理

1.纳税义务发生时间

纳税人销售应税消费品的，按不同的销售结算方式确定，分别为：采取赊销和分期收款结算方式的，为书面合同约定的收款日期的当天，书面合同没有约定收款日期或者无书面合同的，为发出应税消费品的当天。采取预收货款结算方式的，为发出应税消费品的当天。采取托收承付和委托银行收款方式的，为发出应税消费品并办妥托收手续的当天。采取其他结算方式的，为收讫销售款或者取得索取销售款凭据的当天。

纳税人自产自用应税消费品的，为移送使用的当天。

纳税人委托加工应税消费品的，为纳税人提货的当天。

纳税人进口应税消费品的，为报关进口的当天。

2.纳税地点

纳税人销售的应税消费品，以及自产自用的应税消费品，除国务院财政、税务主管部门另有规定外，应当向纳税人机构所在地或者居住地的税务机关申报纳税。

委托加工的应税消费品，除受托方为个人外，由受托方向机构所在地或者居住地的税务机关解缴消费税税款。受托方为个人的，由委托方向机构所在地的税务机关申报纳税。

进口的应税消费品，由进口人或者其代理人向报关地海关申报纳税。

纳税人到外县（市）销售或者委托外县（市）代销自产应税消费品的，于应税消费品销售后，向机构所在地或者居住地税务机关申报纳税。

纳税人的总机构与分支机构不在同一县（市）的，应当分别向各自机构所在地的税务机关申报纳税。纳税人的总机构与分支机构不在同一县（市），但在同一省（自治区、直辖市）范围内，经省级相关单位批准，可以由总机构汇总申报缴纳。

纳税人销售的应税消费品，如因质量等原因由购买者退回时，经机构所在地或居住地税务机关审批后，可退还已缴纳的消费税税款。

三、关税法律制度

关税是对进出口国境或关境的货物、物品征收的一种税，一般分为进口关税、出口关税和过境关税。我国目前对进出境货物征收的关税分为进口关税和出口关税两种。

我国关税的法律法规主要包括全国人大通过的《中华人民共和国海关法》和国务院颁布的《中华人民共和国进出口关税条例》。

（一）关税的征税对象与纳税义务人

关税的征税对象是进出境的货物、物品。

进口货物的收货人、出口货物的发货人、进出境物品的所有人为关税的纳税人。进出货物的收货人、发货人是指依法取得对外贸易经营权，并且进口或者出口货物的法人或其他社会团体,具体包括外贸进出口公司、工贸或农贸结合的进出口公司、其他经批准经营进出口商品的企业。进出境物品的所有人是指入境旅客随身携带的行李、物品的持有人,各种运输工具上服务人员入境时携带自用物品的持有人,馈赠物品以及其他方式入境个人物品的所有人,个人邮递物品的收件人。

(二)关税税率

1.税率的分类

关税的税率分为进口税率和出口税率两种,进口税率又分普通税率、最惠国税率、协定税率、特惠税率、关税配额税率和暂定税率。进口货物适用何种关税税率,是以进口货物的原产地为标准的。

2.税率的确定

进出口货物应当按照《中华人民共和国海关进出口税则》规定的归类原则归入合适的税号,按照适用的税率征税。其中进出口货物,应当按照收发货人或者他们的代理人申报进口或者出口之日实施的税率征税;进口货物到达前,经海关核准先行申报的,应当按照装载此货物的运输工具申报进境之日实施的税率征税;进出口货物的补税和退税,适用该进出口货物原申报进口或者出口之日实施的税率,但另有规定的除外。

(三)关税应纳税额的计算

1.进口货物的完税价格

一般贸易项下进口的货物以海关审定的成交价格为基础的到岸价格作为完税价格。所谓的到岸价格包括进口货物的买方为购买该项货物向卖方实际支付或应当支付的价格;货物运抵我国关境内输入地点起卸前的包装费、运费、保险费和其他劳务费等费用;为了在境内生产、制造、使用或出版、发行而向境外支付的与该进口货物有关的专利、商标、著作权,以及专有技术、计算机软件和资料等费用;卖方违反合同规定延期交货的罚款,卖方在货价中冲减时,罚款不能从成交价格中扣除。

2.出口货物的完税价格

出口货物应当以海关审定的货物售予境外的离岸价格,扣除出口关税后作为完税价格。其计算公式为:

$$出口货物完税价格 = \frac{离岸价格}{1 + 出口税率}$$

3.关税应纳税额的计算

(1)从价计税(一般进出口物品)

$$应纳税额 = 应税进(出)口货物数量 \times 单位完税价格 \times 关税税率$$

(2)从量计税(进口啤酒、原油等)

$$应纳税额 = 应税进口货物数量 \times 关税单位税额$$

(3)复合计税(进口广播用录像机、放像机、摄像机等)

$$应纳税额 = \frac{应税进口}{货物数量} \times 关税单位税额 + \frac{应税进口}{货物数量} \times 单位完税价格 \times 关税税率$$

（4）滑准计税法

滑准税是指关税的税率随着进口商品价格的变动而反向变动的一种税率形式，即价格越高，税率越低。

（四）关税税收优惠

1.法定性减免税

（1）一票货物关税税额、进口环节增值税或者消费税税额在人民币 50 元以下的；

（2）无商业价值的广告品及货样；

（3）国际组织、外国政府无偿赠送的物资；

（4）进出境运输工具装载的途中必需的燃料、物料和饮食用品；

（5）因故退还的中国出口货物，可以免征进口关税，但已征收的出口关税不予退还；

（6）因故退还的境外进口货物，可以免征出口关税，但已征收的进口关税不予退还。

2.政策性减免税

（1）在境外运输途中或者在起卸时，遭受到损坏或者损失的；

（2）起卸后海关放行前，因不可抗力遭受损坏或者损失的；

（3）海关查验时已经破漏、损坏或者腐烂，经证明不是保管不善造成的。

（五）征收管理

关税是在货物实际进出境时，即在纳税人按进出口货物通关规定向海关申报后、海关放行前一次性缴纳。

任务三　所得税法律制度

一、企业所得税法律制度

企业所得税是对企业和其他取得收入的组织的生产经营所得和其他所得征收的一种税。我国现行企业所得税法律制度包括 2007 年 3 月 16 日第十届全国人民代表大会第五次会议通过，2018 年 12 月 29 日第十三届全国人民代表大会常务委员会第七次会议进行修改的《中华人民共和国企业所得税法》（以下简称《企业所得税法》），国务院 2019 年修订的《中华人民共和国企业所得税法实施条例》（以下简称《企业所得税法实施条例》），以及国家财政、税务主管部门制定和发布的一系列部门规章和规范性文件。

（一）企业所得税纳税人

企业所得税采取收入来源地管辖权和居民管辖权相结合的双重管辖权，把企业分成居民企业和非居民企业。

1.居民企业

居民企业，是指依法在中国境内成立，或依照外国（地区）法律成立但实际管理机构在中国境内的企业。

2.非居民企业

非居民企业,是指依照外国(地区)法律成立且实际管理机构不在中国境内,但在中国境内设立机构、场所的,或者在中国境内未设立机构、场所,但有来源于中国境内所得的企业。

(二)企业所得税征税对象与税率

1.居民企业

居民企业应当就其来源于中国境内、境外的所得缴纳企业所得税。居民企业适用税率为25%。

2.非居民企业

(1)在中国境内设立机构、场所的,应当就其所设机构、场所取得的来源于中国境内的所得,以及发生在中国境外但与其所设机构、场所有实际联系的所得,缴纳企业所得税,适用税率为25%;

(2)未在中国境内设立机构、场所的,或虽设立但取得的所得与其没有关系的,适用税率为20%。

(三)企业所得税应纳税所得额的计算

企业所得税的计税依据是应纳税所得额,即指企业每一纳税年度的收入总额,减除不征税收入、免税收入、各项扣除以及允许弥补的以前年度亏损后的余额。

1.计算公式

$$应纳税所得额＝收入总额－不征税收入－免税收入－各项扣除－以前年度亏损$$

2.收入总额

企业收入总额是指以货币形式和非货币形式从各种来源取得的收入。包括:销售货物收入,提供劳务收入,转让财产收入,股息、红利等权益性投资收益,利息收入,租金收入,特许权使用费收入,接受捐赠收入以及其他收入。

3.不征税收入与免税收入

下列收入为不征税收入:(1)财政拨款;(2)依法收取并纳入财政管理的行政事业性收费、政府性基金;(3)国务院规定的其他不征税收入。

下列收入为免税收入:(1)国债利息收入;(2)符合条件的居民企业之间的股息、红利等权益性投资收益;(3)在中国境内设立机构、场所的非居民企业从居民企业取得的与该机构、场所有实际联系的股息、红利等权益性投资收益;(4)符合条件的非营利组织的收入。其中第(2)项和第(3)项所称股息、红利等权益性投资收益,不包括连续持有居民企业公开发行并上市流通的股票不足12个月取得的投资收益。

4.税前扣除项目及标准

(1)扣除项目

企业所得税法规定,企业实际发生的与取得收入有关的、合理的支出,包括成本、费用、税金、损失和其他支出,准予在计算应纳税所得额时扣除。

成本是指企业在生产经营活动中发生的销售成本、销货成本、业务支出以及其他耗费,即企业销售商品、提供劳务、转让固定资产与无形资产(包括技术转让)的成本,分为直接成本和间接成本。

费用是指企业在生产经营活动中发生的销售费用、管理费用和财务费用。已计入成本的有关费用除外。

税金是指企业发生的除企业所得税和允许抵扣的增值税以外的各项税金及其附加。

损失是指企业在生产经营活动中发生的固定资产和存货的盘亏、毁损、报废损失，转让财产损失，呆账损失，坏账损失，自然灾害等不可抗力因素造成的损失以及其他损失。

其他支出是指除成本、费用、税金、损失外，企业在生产经营活动中发生的与生产经营活动有关的、合理的支出。

（2）税前扣除标准

①工资、薪金支出。企业发生的合理的工资、薪金支出，准予扣除。

②职工福利费、工会经费、职工教育经费。职工福利费不超过工资薪金总额 14%。工会经费不超过工资薪金总额 2%。职工教育经费不超过工资薪金总额 8%，超过部分准予在以后年度结转扣除。

③社会保险费和其他保险费。企业依照国务院有关主管部门或者省级人民政府规定的范围和标准为职工缴纳的基本养老保险费、基本医疗保险费、失业保险费、工伤保险费等基本社会保险费和住房公积金，准予扣除。

自 2008 年 1 月 1 日起，企业根据国家有关政策规定，为在本企业任职或者受雇的全体员工支付的补充养老保险费、补充医疗保险费，分别在不超过职工工资总额 5% 标准内的部分，在计算应纳税所得额时准予扣除；超过的部分，不予扣除。

④借款费用。企业在生产经营活动中发生的合理的不需要资本化的借款费用，准予扣除。

企业为购置、建造固定资产、无形资产和经过 12 个月以上的建造才能达到预定可销售状态的存货发生借款的，在有关资产购置、建造期间发生的合理的借款费用，应当作为资本性支出计入有关资产的成本，并依照《企业所得税法实施条例》的有关规定扣除。

⑤利息费用。企业在生产经营活动中发生的下列利息支出，准予扣除：非金融企业向金融企业借款的利息支出、金融企业的各项存款利息支出和同业拆借利息支出、企业经批准发行债券的利息支出可据实扣除；非金融企业向非金融企业借款的利息支出，不超过按照金融企业同期同类贷款利率计算的数额的部分可据实扣除，超过部分不许扣除。

⑥公益性捐赠。企业当年通过公益性社会组织或县级以上人民政府及其部门的公益性捐赠支出，不超过年度利润总额 12% 的部分，在计算应纳税所得额时准予扣除；超过年度利润总额 12% 的部分，准予结转以后 3 年内在计算应纳税所得额时扣除。

⑦业务招待费。企业发生的与生产经营活动有关的业务招待费支出，按照发生额的60% 扣除，但最高不得超过当年销售（营业）收入的 5‰。

⑧广告费和业务宣传费。企业发生的符合条件的广告费和业务宣传费支出，除国务院、税务主管部门另有规定外，不超过当年销售（营业）收入 15% 的部分准予扣除；超过部分，准予在以后纳税年度结转扣除。

5.不得税前扣除项目

在计算应纳税所得额时，下列支出不得扣除：

（1）向投资者支付的股息、红利等权益性投资收益款项；

（2）企业所得税税款；

（3）税收滞纳金，即纳税人违反税收法规，被税务机关处以的滞纳金；

（4）罚金、罚款和被没收财物的损失，即纳税人违反国家有关法律、法规规定，被有关部门处以的罚款，以及被司法机关处以的罚金和被没收的财物；

（5）超过规定标准的捐赠支出；

（6）赞助支出，即企业发生的与生产经营活动无关的各种非广告性质支出；

（7）未经核定的准备金支出，即不符合国务院财政、税务主管部门规定的各项资产减值准备、风险准备等准备金支出；

（8）企业之间支付的管理费、企业内营业机构之间支付的租金和特许权使用费，以及非银行企业内营业机构之间支付的利息，不得扣除；

（9）与取得收入无关的其他支出。

6.允许弥补亏损

企业某一纳税年度发生的亏损可以用下一年度的所得弥补，下一年度的所得不足以弥补的，可以逐年延续弥补，但最长不得超过5年。

（四）企业所得税应纳税额计算

企业所得税应纳税额的计算公式为：

$$应纳税额＝应纳税所得额×适用税率－减免税额－抵免税额$$

其中，减免税额和抵免税额是指按照《企业所得税法》和国务院的税收优惠有关规定减征、免征和抵免的应纳税额。

（五）企业所得税税收优惠

1.免征

企业从事下列项目的所得，免征企业所得税：（1）蔬菜、谷物、薯类、油料、豆类、棉花、麻类、糖料、水果、坚果的种植；（2）农作物新品种的选育；（3）中药材的种植；（4）林木的培育和种植；（5）牲畜、家禽的饲养；（6）林产品的采集；（7）灌溉、农产品初加工、兽医、农技推广、农机作业和维修等农、林、牧、渔服务业项目；（8）远洋捕捞。

2.减半征收

企业从事下列项目的所得，减半征收企业所得税：（1）花卉、茶以及其他饮料作物和香料作物的种植；（2）海水养殖、内陆养殖。

3.三免三减半

企业从事国家重点扶持的公共基础设施项目的投资经营所得，自项目取得第一笔生产经营收入所属纳税年度起，第1年至第3年免征企业所得税，第4年至第6年减半征收企业所得税。

4.技术转让所得免征或减半征税

一个纳税年度内，居民企业技术转让所得不超过500万元的部分，免征企业所得税；超过500万元的部分，减半征收企业所得税。

5.研发费用加计扣除

企业开展研发活动中实际发生的研发费用,未形成无形资产计入当期损益的,在按规定据实扣除的基础上,再按照实际发生额的 75％在税前加计扣除;形成无形资产的,在上述期间按照无形资产成本的 175％在税前摊销。

科技型中小企业开展研发活动中实际发生的研发费用,未形成无形资产计入当期损益的,在按规定据实扣除的基础上,自 2022 年 1 月 1 日起,再按照实际发生额的 100％在税前加计扣除;形成无形资产的,自 2022 年 1 月 1 日起,按照无形资产成本的 200％在税前摊销。

6.残疾职工工资加计扣除

在按照支付给残疾职工工资据实扣除的基础上,再按照残疾职工工资的 100％加计扣除。

7.加速折旧

符合条件的固定资产可采用缩短折旧年限(最低折旧年限不得低于税法规定折旧年限的 60％)或者采取加速折旧的方法加速折旧;企业新购进的符合条件的设备、器具可以享受一次性税前扣除。

8.购置环保设备抵免政策

企业购置并实际使用规定的环境保护、节能节水、安全生产等专用设备的,该专用设备的投资额的 10％可以从企业当年的应纳税额中抵免;当年不足抵免的,可以在以后 5 个纳税年度结转抵免。

9.小型微利企业减免政策

《财政部 税务总局关于进一步实施小微企业所得税优惠政策的公告》(2022 年第 13 号)进一步支持小型微利企业,小型微利企业所得税享受减半政策;对小型微利企业年应纳税所得额不超过 100 万元的部分,减按 12.5％计入应纳税所得额,按 20％的税率缴纳企业所得税;超过 100 万元但不超过 300 万元的部分,25％计入应纳税所得额,按 20％的税率缴纳企业所得税。

小型微利企业,是指从事国家非限制和禁止行业,且同时符合年度应纳税所得额不超过 300 万元、从业人数不超过 300 人、资产总额不超过 5 000 万元这三个条件的企业。

(六)企业所得税征收管理

1.纳税地点

居民企业以企业登记注册地为纳税地点,但登记注册地在境外的,以实际管理机构所在地为纳税地点。企业注册登记地是指企业依照国家有关规定登记注册的住所地。居民企业在中国境内设立不具有法人资格的营业机构的,应当汇总计算并缴纳企业所得税。企业汇总计算并缴纳企业所得税时,应当统一核算应纳税所得额,具体办法由国务院财政、税务主管部门另行制定。

非居民企业在中国境内设立机构、场所的,应当就其所设机构、场所取得的来源于中国境内的所得,以及发生在中国境外但与其所设机构、场所有实际联系的所得,以机构、场所所在地为纳税地点。非居民企业在中国境内设立两个或者两个以上机构、场所的,经税务机关审核批准,可以选择由其主要机构、场所汇总缴纳企业所得税。

2.纳税期限

企业所得税按年计征,分月或者分季预缴,年终汇算清缴,多退少补。企业所得税的纳税年度自公历 1 月 1 日起至 12 月 31 日止。

企业应自年度终了之日起 5 个月内,向税务机关报送年度企业所得税纳税申报表,并汇算清缴,结清应缴应退税款。

二、个人所得税法律制度

个人所得税是国家对个人(自然人)取得的各项应税所得征收的一种税,体现国家与个人之间的分配关系。为了规范和完善个人所得的课税制度,2018 年 8 月 31 日第十三届全国人民代表大会常务委员会第五次会议通过《关于修改〈中华人民共和国个人所得税法〉的决定》,对个人所得税法的征税项目、起征点、扣除项目、纳税申报方法进行了一次较为全方位的修订,并于 2018 年 10 月 1 日开始施行。

(一)个人所得税的纳税人

个人所得税的纳税人是所有取得所得的自然人,包括中国公民、个体工商户及在中国境内取得所得的外籍人员与港澳台同胞。我国个人所得税法对于居民身份的判定标准采用了国际上常用的住所标准和居住时间标准,将纳税人划分为居民纳税人与非居民纳税人。

1.居民纳税人

在中国境内有住所,或者无住所而一个纳税年度(指自公历 1 月 1 日起至 12 月 31 日止)内在中国境内居住累计满 183 天的个人,为居民纳税人。

2.非居民纳税人

在中国境内无住所又不居住,或者无住所而一个纳税年度内在中国境内居住累计不满 183 天的个人,为非居民纳税人。

纳税人有中国公民身份证号码的,以中国公民身份证号码为纳税人识别号;纳税人没有中国公民身份证号码的,由税务机关赋予其纳税人识别号。

(二)个人所得税纳税人的纳税义务

个人所得税的征税对象是个人来源于境内和境外的所得。居民个人就其来源于中国境内与境外的应税所得缴纳个人所得税。非居民个人仅就从中国境内取得的所得缴纳个人所得税。

由于居民纳税人与非居民纳税人在我国承担着不同的纳税义务,《个人所得税法》及其实施条例对所得来源作了具体的规定。除国务院财政、税务主管部门另有规定外,下列所得,不论支付地点是否在中国境内,均为来源于中国境内的所得:

(1)因任职、受雇、履约等在中国境内提供劳务取得的所得;

(2)将财产出租给承租人在中国境内使用而取得的所得;

(3)许可各种特许权在中国境内使用而取得的所得;

(4)转让中国境内的不动产等财产或者在中国境内转让其他财产取得的所得;

(5)从中国境内企业、事业单位、其他组织以及居民个人取得的利息、股息、红利所得。

(三)个人所得税应税所得项目

1.工资、薪金所得

指个人因任职或者受雇取得的工资、薪金、奖金、年终加薪、劳动分红、津贴、补贴以及与任职或者受雇有关的其他所得。工资、薪金所得属于非独立个人劳动所得,是指个人从事由他人指定或安排的劳动、工作,或者服务于公司、工厂、行政、事业单位等取得的报酬。

2.劳务报酬所得

指个人从事劳务取得的所得,包括从事设计、装潢、安装、制图、化验、测试、医疗、法律、会计、咨询、讲学、翻译、审稿、书画、雕刻、影视、录音、录像、演出、表演、广告、展览、技术服务、介绍服务、经纪服务、代办服务以及其他劳务取得的所得。

3.稿酬所得

指个人因其作品以图书、报刊等形式出版、发表而取得的所得。

4.特许权使用费所得

指个人提供专利权、商标权、著作权、非专利技术以及其他特许权的使用权取得的所得;提供著作权的使用权取得的所得,不包括稿酬所得。

《个人所得税法》规定,居民纳税人取得工资薪金所得、劳务报酬所得、稿酬所得、特许权使用费所得应按纳税年度合并计算个人所得税,统称为综合所得。

5.经营所得

(1)个体工商户从事生产、经营活动取得的所得,个人独资企业投资人、合伙企业的个人合伙人来源于境内注册的个人独资企业、合伙企业生产、经营的所得;

(2)个人依法从事办学、医疗、咨询以及其他有偿服务活动取得的所得;

(3)个人对企业、事业单位承包经营、承租经营以及转包、转租取得的所得;

(4)个人从事其他生产、经营活动取得的所得。

6.利息、股息、红利所得

指个人拥有债权、股权等而取得的利息、股息、红利所得。

7.财产租赁所得

指个人出租不动产、机器设备、车船以及其他财产取得的所得。

8.财产转让所得

指个人转让有价证券、股权、合伙企业中的财产份额、不动产、机器设备、车船以及其他财产取得的所得。

9.偶然所得

指个人得奖、中奖、中彩以及其他偶然性质的所得。

(四)个人所得税税率

个人所得税采用超额累进税率与比例税率两种形式对不同的应税所得进行征收。

1.综合所得税率

居民个人每一纳税年度取得的综合所得适用3%～45%的七级超额累进税率,具体税率见表3-4。

表 3-4　综合所得适用税率

级数	全年应纳税所得额	税率/%	速算扣除数
1	不超过 36 000 元的	3	0
2	超过 36 000 元至 144 000 元的部分	10	2 520
3	超过 144 000 元至 300 000 元的部分	20	16 920
4	超过 300 000 元至 420 000 元的部分	25	31 920
5	超过 420 000 元至 660 000 元的部分	30	52 920
6	超过 660 000 元至 960 000 元的部分	35	85 920
7	超过 960 000 元的部分	45	181 920

注:(1)本表所称全年应纳税所得额是指依照《个人所得税法》第六条的规定,居民个人取得综合所得以每一纳税年度收入额减除费用 6 万元以及专项扣除、专项附加扣除和依法确定的其他扣除后的余额。(2)非居民个人取得工资、薪金所得、劳务报酬所得,稿酬所得和特许权使用费所得,依照本表按月换算后计算应纳税额。

2.经营所得税率

经营所得适用 5%～35% 的五级超额累进税率,具体税率见表 3-5。

表 3-5　经营所得适用税率

级数	全年应纳税所得额	税率/%
1	不超过 30 000 元的	5
2	超过 30 000 元至 90 000 元的部分	10
3	超过 90 000 元至 300 000 元的部分	20
4	超过 300 000 元至 500 000 元的部分	30
5	超过 500 000 元的部分	35

3.比例税率

利息、股息、红利所得,财产租赁所得,财产转让所得和偶然所得,适用比例税率,税率为 20%。

(五)个人所得税应纳税所得额的确定

根据个人所得税相关法规,个人所得税应纳税所得额的通用公式为:

应纳税所得额＝应税收入－免税收入－依法确定的其他扣除

1.个人所得的形式

个人所得的形式包括现金、实物、有价证券和其他形式的经济利益。所得为实物的,应当按照取得的凭证上所注明的价格计算应纳税所得额,无凭证的实物或者凭证上所注明的价格明显偏低的,参照市场价格核定应纳税所得额;所得为有价证券的,根据票面价格和市场价格核定应纳税所得额;所得为其他形式的经济利益的,参照市场价格核定应纳税所得额。

2.居民个人综合所得应纳税所得额的确定

居民个人的综合所得,以每一纳税年度的收入额减除费用6万元以及专项扣除、专项附加扣除和依法确定的其他扣除后的余额,为应纳税所得额。

其中,劳务报酬所得、稿酬所得、特许权使用费所得以收入减除20%的费用后的余额为收入额与全年的工资薪金收入额合并计算为综合所得收入额。同时,稿酬所得的收入额享受减按70%计算的税收优惠。

$$应纳税所得额 = 年收入 - 减除费用（六万元） - 专项扣除 - 专项附加扣除 - 依法确定的其他扣除$$

专项扣除,包括居民个人按照国家规定的范围和标准缴纳的基本养老保险、基本医疗保险、失业保险等社会保险和住房公积金等。

专项附加扣除,包括个人所得税法规定的子女教育、继续教育、大病医疗、住房贷款利息或者住房租金、赡养老人、3岁以下婴幼儿照护等7项专项附加扣除。

(1)子女教育:纳税人的子女接受全日制学历教育的相关支出,在子女接受全日制学历教育入学的当月至全日制学历教育结束的当月可以按照每个子女每月1 000元的标准定额扣除。

(2)继续教育:纳税人在中国境内接受学历(学位)继续教育的支出,在学历(学位)教育期间按照每月400元定额扣除。同一学历(学位)继续教育的扣除期限不能超过48个月。纳税人接受技能人员职业资格继续教育、专业技术人员职业资格继续教育的支出,在取得相关证书的当年,按照3 600元定额扣除。

(3)大病医疗:在一个纳税年度内,纳税人及未成年子女发生的与基本医保相关的医药费用支出,扣除医保报销后个人负担(指医保目录范围内的自付部分)累计超过15 000元的部分,由纳税人在办理年度汇算清缴时,在80 000元限额内据实扣除。

(4)住房贷款利息:纳税人本人或者配偶单独或者共同使用商业银行或者住房公积金个人住房贷款为本人或者其配偶购买中国境内住房,发生的首套住房贷款利息支出,在实际发生贷款利息的年度,按照每月1 000元的标准定额扣除,扣除期限最长不超过240个月。纳税人只能享受一次首套住房贷款的利息扣除。

(5)住房租金:纳税人在主要工作城市没有自有住房而发生的住房租金支出,可以按照标准扣除:①直辖市、省会(首府)城市、计划单列市以及国务院确定的其他城市,扣除标准为每月1 500元;②上述城市以外,市辖区户籍人口超过100万的城市,扣除标准为每月1 100元;市辖区户籍人口不超过100万的城市,扣除标准为每月800元。

(6)赡养老人:纳税人赡养一位及以上年满60岁父母,或是子女均已去世的且年满60岁的祖父母、外祖父母,赡养支出统一按照以下标准定额扣除:

①纳税人为独生子女的,按照每月2 000元的标准定额扣除;

②纳税人为非独生子女的,由其与兄弟姐妹分摊每月2 000元的扣除额度,每人分摊的额度不能超过每月1 000元。可以由赡养人均摊或者约定分摊,也可以由被赡养人指定分摊。

(7)3岁以下婴幼儿照护:《国务院关于设立3岁以下婴幼儿照护个人所得税专项附

加扣除的通知》(国发〔2022〕8号)规定,自2022年1月1日起,纳税人照护3岁以下婴幼儿子女的相关支出,按照每个婴幼儿每月1 000元的标准定额扣除。父母可以选择由其中一方按扣除标准的100%扣除,也可以选择由双方分别按扣除标准的50%扣除,具体扣除方式在一个纳税年度内不能变更。

(8)其他扣除:包括个人缴付符合国家规定的企业年金、职业年金,个人购买符合国家规定的商业健康保险,税收递延型商业养老保险的支出,以及国务院规定可以扣除的其他项目。

3.非居民个人应纳税所得额的确定

非居民个人的工资、薪金所得,以每月收入额减除费用5 000元的余额为应纳税所得额;劳务报酬所得、稿酬所得、特许权使用费所得,以每次收入额为应纳税所得额。

4.经营所得应纳税所得额的确定

经营所得,以每一纳税年度的收入总额减除成本、费用以及损失后的余额,为应纳税所得额。

收入,是指从事经营以及与经营有关的活动取得的货币形式和非货币形式的各项收入总金额。包括:销售货物收入、提供劳务收入、转让财产收入、利息收入、租金收入、接受捐赠收入、其他收入。成本、费用,是指生产、经营活动中发生的各项直接支出和分配计入成本的间接费用以及销售费用、管理费用、财务费用。损失,是指生产、经营活动中发生的固定资产和存货的盘亏、毁损、报废损失,转让财产损失,坏账损失,自然灾害等不可抗力因素造成的损失以及其他损失。

取得经营所得的个人,没有综合所得的,计算其每一纳税年度的应纳税所得额时,应当减除费用6万元、专项扣除、专项附加扣除以及依法确定的其他扣除。专项附加扣除在办理汇算清缴时减除。

从事生产、经营活动,未提供完整、准确的纳税资料,不能正确计算应纳税所得额的,由主管税务机关核定应纳税所得额或者应纳税额。

5.其他所得的应纳税所得额的确定

(1)财产租赁所得:每次收入额不超过4 000元,减除费用800元;每次收入额4 000元以上,减除20%,其余额为应纳税所得额。

(2)财产转让所得:以转让财产的收入额减除财产原值和合理费用后的余额为应纳税所得额。

(3)利息、股息、红利所得和偶然所得:以每次收入额为应纳税所得额。

(六)个人所得税应纳税额计算

1.综合所得应纳税额计算

(1)居民个人

居民个人取得综合所得,按年计算个人所得税;有扣缴义务人的,由扣缴义务人按月或者按次预扣预缴税款;需要办理汇算清缴的,应当在取得所得的次年3月1日至6月30日内办理汇算清缴。

①工资、薪金所得

扣缴义务人向居民个人支付工资、薪金所得时,应当按照累计预扣法计算预扣税款,并按月办理扣缴申报。累计预扣法,是指扣缴义务人在一个纳税年度内预扣预缴税款时,以纳税人在本单位截至当前月份工资、薪金所得累计收入减除累计免税收入、累计减除费用、累计专项扣除、累计专项附加扣除和累计依法确定的其他扣除后的余额为累计预扣预缴应纳税所得额,适用《个人所得税预扣率表一》(见表3-6),计算累计应预扣预缴税额,再减除累计减免税额和累计已预扣预缴税额,其余额为本期应预扣预缴税额。余额为负值时,暂不退税。纳税年度终了后余额仍为负值时,由纳税人通过办理综合所得年度汇算清缴,税款多退少补。具体计算公式如下:

$$\begin{aligned}\text{本期应预扣} \atop \text{预 缴 税 额}=&(累计预扣预缴应纳税所得额\times预扣率-速算扣除数)-\\&累计减免税额-累计已预扣预缴税额\end{aligned}$$

$$\begin{aligned}\text{累计预扣预缴} \atop \text{应纳税所得额}=&累计收入-累计免税收入-累计减除费用-累计专项扣除-\\&累计专项附加扣除-累计依法确定的其他扣除\end{aligned}$$

其中:累计减除费用,按照5 000元/月乘以纳税人当年截至本月在本单位的任职受雇月份数计算。

表 3-6　个人所得税预扣率表一
(居民个人工资、薪金所得预扣预缴适用)

级数	累计预扣预缴应纳税所得额	预扣率/%	速算扣除数
1	不超过 36 000 元的	3	0
2	超过 36 000 元至 144 000 元的部分	10	2 520
3	超过 144 000 元至 300 000 元的部分	20	16 920
4	超过 300 000 元至 420 000 元的部分	25	31 920
5	超过 420 000 元至 660 000 元的部分	30	52 920
6	超过 660 000 元至 960 000 元的部分	35	85 920
7	超过 960 000 元的部分	45	181 920

②劳务报酬所得、稿酬所得、特许权使用费所得

扣缴义务人向居民个人支付劳务报酬所得、稿酬所得、特许权使用费所得时,应当按照以下方法按次或者按月预扣预缴税款:劳务报酬所得、稿酬所得、特许权使用费所得以收入减除费用后的余额为收入额;其中,稿酬所得的收入额减按70%计算。

减除费用:预扣预缴税款时,劳务报酬所得、稿酬所得、特许权使用费所得每次收入不超过4 000元的,减除费用按800元计算;每次收入4 000元以上的,减除费用按收入的20%计算。

应纳税所得额:劳务报酬所得、稿酬所得、特许权使用费所得,以每次收入额为预扣预缴应纳税所得额,计算应预扣预缴税额。劳务报酬所得适用《个人所得税预扣率表二》(见表3-7),稿酬所得、特许权使用费所得适用20%的比例预扣率。

表 3-7 个人所得税预扣率表二
(居民个人劳务报酬所得预扣预缴适用)

级数	预扣预缴应纳税所得额	预扣率/%	速算扣除数
1	不超过 20 000 元的	20	0
2	超过 20 000 元至 50 000 元的部分	30	2 000
3	超过 50 000 元的部分	40	7 000

居民个人办理年度综合所得汇算清缴时,应当依法计算劳务报酬所得、稿酬所得、特许权使用费所得的收入额,并入年度综合所得计算应纳税款,税款多退少补。

(2)非居民个人

非居民个人取得工资、薪金所得,劳务报酬所得,稿酬所得和特许权使用费所得,有扣缴义务人的,由扣缴义务人按月或者按次代扣代缴税款,不办理汇算清缴。

扣缴义务人向非居民个人支付工资、薪金所得,劳务报酬所得,稿酬所得和特许权使用费所得时,应当按照以下方法按月或者按次代扣代缴税款:非居民个人的工资、薪金所得,以每月收入额减除费用 5 000 元后的余额为应纳税所得额;劳务报酬所得、稿酬所得、特许权使用费所得,以每次收入额为应纳税所得额,适用《个人所得税税率表三》(见表 3-8)计算应纳税额。劳务报酬所得、稿酬所得、特许权使用费所得以收入减除 20% 的费用后的余额为收入额;其中,稿酬所得的收入额减按 70% 计算。

表 3-8 个人所得税税率表三
(非居民个人工资、薪金所得,劳务报酬所得,稿酬所得,特许权使用费所得适用)

级数	应纳税所得额	税率/%	速算扣除数
1	不超过 3 000 元的	3	0
2	超过 3 000 元至 12 000 元的部分	10	210
3	超过 12 000 元至 25 000 元的部分	20	1 410
4	超过 25 000 元至 35 000 元的部分	25	2 660
5	超过 35 000 元至 55 000 元的部分	30	4 410
6	超过 55 000 元至 80 000 元的部分	35	7 160
7	超过 80 000 元的部分	45	15 160

非居民个人在一个纳税年度内税款扣缴方法保持不变,达到居民个人条件时,应当告知扣缴义务人基础信息变化情况,年度终了后按照居民个人有关规定办理汇算清缴。

2.经营所得应纳税额计算

应纳税所得额=全年收入总额-成本、费用、税金、损失、其他支出及以前年度亏损

应纳税额=应纳税所得额×适用税率-速算扣除数

3.利息、股息、红利所得应纳税额计算

应纳税额=应纳税所得额(每次收入额)×比例税率

4.财产租赁所得应纳税额计算

(1)每月收入不足 4 000 元的:

$$应纳税额＝(每月收入额－800)×税率$$

(2)每月收入在 4 000 元以上的:

$$应纳税额＝每月收入额×(1－20\%)×税率$$

税率:一般比例税率为 20%;出租居民住房适用 10% 的税率。

5.财产转让所得应纳税额计算

$$应纳税额＝\frac{应纳税所得额}{}×适用税率＝(收入总额－财产原值－合理费用)×20\%$$

《中华人民共和国个人所得税法实施条例》规定,财产原值按照下列方法确定:

(1)有价证券,为买入价以及买入时按照规定交纳的有关费用;

(2)建筑物,为建造费或者购进价格以及其他有关费用;

(3)土地使用权,为取得土地使用权所支付的金额、开发土地的费用以及其他有关费用;

(4)机器设备、车船,为购进价格、运输费、安装费以及其他有关费用。

(5)其他财产,参照上述(4)的方法确定财产原值。

6.偶然所得应纳税额计算

$$应纳税额＝应纳税所得额(每次收入额)×20\%$$

7.纳税人取得所得"次"的确定标准

劳务报酬所得、稿酬所得、特许权使用费所得,属于一次性收入的,以取得该项收入为一次;属于同一项目连续性收入的,以一个月内取得的收入为一次。

财产租赁所得,以一个月内取得的收入为一次。

利息、股息、红利所得,以支付利息、股息、红利时取得的收入为一次。

偶然所得,以每次取得该项收入为一次。

(七)个人所得税的税收优惠

为了体现国家政策,有效调节收入,《个人所得税法》对一些特殊的所得项目规定了相应的免税与减税优惠。

1.法定免税

下列各项个人所得,免征个人所得税:

(1)省级人民政府、国务院部委和中国人民解放军军以上单位,以及外国组织、国际组织颁发的科学、教育、技术、文化、卫生、体育、环境保护等方面的奖金;

(2)国债和国家发行的金融债券利息;

(3)按照国家统一规定发给的补贴、津贴;

(4)福利费、抚恤金、救济金;

(5)保险赔款;

(6)军人的转业费、复员费、退役金;

（7）按照国家统一规定发给干部、职工的安家费、退职费、基本养老金或者退休费、离休费、离休生活补助费；

（8）依照有关法律规定应予免税的各国驻华使馆、领事馆的外交代表、领事官员和其他人员的所得；

（9）中国政府参加的国际公约、签订的协议中规定免税的所得；

（10）国务院规定的其他免税所得。

2.法定减税项目

有下列情形之一的，可以减征个人所得税：

（1）残疾、孤老人员和烈属的所得；

（2）因自然灾害遭受重大损失的。

上述减税项目具体幅度和期限，由省、自治区、直辖市人民政府规定，并报同级人民代表大会常务委员会备案。

3.暂免征收项目

相关文件规定，对下列所得暂免征收个人所得税：

（1）个人举报、协查各种违法、犯罪行为而获得的奖金；

（2）个人办理代扣代缴手续，按规定取得的扣缴手续费；

（3）个人转让自用达5年以上、并且是唯一的家庭生活用房取得的所得；

（4）对个人购买福利彩票、赈灾彩票、体育彩票，一次中奖收入在1万元以下的（含1万元）暂免征收个人所得税，超过1万元的，全额征收个人所得税；

（5）生育妇女取得符合规定的生育津贴、生育医疗费或其他属于生育保险性质的津贴、补贴，免征个税；

（6）根据内地与香港基金互认涉及的有关税收政策，对内地个人投资者通过沪港通、深港通投资香港联交所上市股票取得的转让差价所得和通过基金互认买卖香港基金份额取得的转让差价所得，自2019年12月5日起至2022年12月31日止，继续暂免征收个人所得税。

（八）个人所得税征收管理

1.个人所得税以所得人为纳税人，以支付所得的单位或者个人为扣缴义务人。税务机关对扣缴义务人按照所扣缴的税款，付给2%的手续费。

2.有下列情形之一的，纳税人应当依法办理纳税申报。

（1）取得综合所得需要办理汇算清缴。需要办理汇算清缴的情形包括：①从两处以上取得综合所得，且综合所得年收入额减除专项扣除的余额超过6万元；②取得劳务报酬所得、稿酬所得、特许权使用费所得中一项或者多项所得，且综合所得年收入额减除专项扣除的余额超过6万元；③纳税年度内预缴税额低于应纳税额；④纳税人申请退税。

（2）取得应税所得没有扣缴义务人的。

（3）取得应税所得，扣缴义务人未扣缴税款的。

（4）取得境外所得的。

（5）因移居境外注销中国户籍的。

（6）非居民个人在中国境内从两处以上取得工资、薪金所得的。

(7)国务院规定的其他情形。

3.居民个人取得工资、薪金所得时,可以向扣缴义务人提供专项附加扣除有关信息,由扣缴义务人扣缴税款时减除专项附加扣除。

纳税人同时从两处以上取得工资、薪金所得,并由扣缴义务人减除专项附加扣除的,对同一专项附加扣除项目,在一个纳税年度内只能选择一处取得的所得中减除。

居民个人取得劳务报酬所得、稿酬所得、特许权使用费所得,应当在汇算清缴时向税务机关提供有关信息,减除专项附加扣除。

4.纳税人可以委托扣缴义务人或者其他单位和个人办理汇算清缴。

5.纳税人申请退税时提供的汇算清缴信息有错误的,税务机关应当告知其更正;纳税人更正的,税务机关应当及时办理退税。

任务四　财产税法律制度

一、房产税法律制度

房产税,是以房产为征税对象,按照房产的计税价值或房产租金收入向产权所有人征收的一种税。

(一)房产税纳税人

房产税的纳税人,是指在我国城市、县城、建制镇和工矿区内拥有房屋产权的单位和个人。具体包括产权所有人、承典人、房产代管人或者使用人。

1.产权属于国家所有的,其经营管理的单位为纳税人;产权属于集体和个人的,集体单位和个人为纳税人。

2.产权出典的,承典人为纳税人。

3.产权所有人、承典人均不在房产所在地的,房产代管人或者使用人为纳税人。

4.产权未确定以及租典纠纷未解决的,房产代管人或者使用人为纳税人。

5.纳税单位和个人无租使用房产管理部门、免税单位及纳税单位的房产,由使用人代为缴纳房产税。

(二)房产税的征税对象

房产税的征税对象是房屋。所谓房屋,是指有屋面和围护结构(有墙或两边有柱),能够遮风避雨,可供人们在其中生产、工作、学习、娱乐、居住或储藏物资的场所。独立于房屋之外的建筑物,如围墙、烟囱、水塔、菜窖、室外游泳池等不属于房产税的征税对象。

房地产开发企业建造的商品房,在出售前,不征收房产税,但对出售前房地产开发企业已使用或出租、出借的商品房应按规定征收房产税。

(三)房产税征税范围

房产税的征税范围为城市、县城、建制镇和工矿区的房屋。其中,城市是指国务院批准设立的市,其征税范围为市区、郊区和市辖县城,不包括农村;县城是指未设立建制镇的县人民政府所在地的地区;建制镇是指经省、自治区、直辖市人民政府批准设立的建制镇;工矿区是指工商业比较发达,人口比较集中,符合国务院规定的建制镇的标准,但尚未设立建制镇的大中型工矿企业所在地。在工矿区开征房产税必须经省、自治区、直辖市人民政府批准。

(四)房产税税率

我国现行房产税采用比例税率。从价计征和从租计征实行不同标准的比例税率。从价计征的,房产税税率为1.2%。从租计征的,房产税税率为12%。

(五)房产税计税依据

房产税以房产的计税价值或房产租金收入为计税依据。按房产计税价值征税的,称为从价计征;按房产租金收入征税的,称为从租计征。

1.从价计征的房产税的计税依据

(1)房产余值

从价计征的房产税以房产余值为计税依据。房产余值,是房产的原值减除规定比例后的剩余价值。

房产税依照原值一次减除10%～30%后的余值计算缴纳。具体扣减比例由省、自治区、直辖市人民政府确定。

(2)房产原值

房产原值,是指纳税人按照会计制度规定,在账簿固定资产科目中记载的房屋原价。

自2009年1月1日起,对依照房产原值计税的房产,不论是否记载在会计账簿固定资产科目中,均应按照房屋原价计算缴纳房产税。房屋原价应根据国家有关会计制度规定进行核算。对纳税人未按国家会计制度核算并记载的,应按规定予以调整或重新评估。

(3)房屋附属设备和配套设施的计税规定

房产原值应包括与房屋不可分割的各种附属设备或一般不单独计算价值的配套设施。主要有:暖气、卫生、通风、照明、煤气等设备;各种管线,如蒸汽、压缩空气、石油、给水、排水等管道及电力、电讯、电缆导线;电梯、升降机、过道、晒台等。

凡以房屋为载体,不可随意移动的附属设备和配套设施,如给排水、采暖、消防、中央空调、电气及智能化楼宇设备等,无论在会计核算中是否单独记账与核算,都应计入房产原值,计征房产税。

纳税人对原有房屋进行改建、扩建的,要相应增加房屋的原值。对更换房屋附属设备和配套设施的,在将其价值计入房产原值时,可扣减原来相应设备和设施的价值;对附属设备和配套设施中易损坏、需要经常更换的零配件,更新后不再计入房产原值。

(4)投资联营的房产的计税规定

对以房产投资联营,投资者参与投资利润分红,共担风险的,按房产余值作为计税依据计缴房产税。

对以房产投资收取固定收入,不承担经营风险的,实际上是以联营名义取得房屋租金,应以出租方取得的租金收入为计税依据计缴房产税。

(5)融资租赁房屋的计税规定

对于融资租赁房屋,由于租赁费包括购进房屋的价款、手续费、借款利息等,与一般房屋出租的"租金"内涵不同,且租赁期满后,当承租方偿还最后一笔租赁费时,房屋产权要转移到承租方,这实际上是一种变相的分期付款购买固定资产的形式,所以在计征房产税时应以房产余值计算征收。由承租人自融资租赁合同约定开始日的次月起依照房产余值缴纳房产税。合同未约定开始日的,由承租人自合同签订的次月起依照房产余值缴纳房产税。

(6)居民住宅区内业主共有的经营性房产的计税规定

从 2007 年 1 月 1 日起,对居民住宅区内业主共有的经营性房产,由实际经营(包括自营和出租)的代管人或使用人缴纳房产税。其中自营的依照房产原值减除 10%～30% 后的余值计征,没有房产原值或不能将业主共有房产与其他房产的原值准确划分开的,由房产所在地税务机关参照同类房产核定房产原值;出租房的,按照租金收入计征。

2.从租计征的房产税的计税依据

(1)租金收入

房产出租的,以房产出租取得的租金收入为计税依据,计缴房产税。计征房产税的租金收入不含增值税。免征增值税的,确定计税依据时,租金收入不扣减增值税。

房产的租金收入,是指房屋产权所有人出租房产使用权所取得的报酬,包括货币收入和实物收入。对以劳务或其他形式为报酬抵付房租收入的,应根据当地同类房产的租金水平,确定一个标准租金额从租计征。

(2)核定应纳税额

纳税人对个人出租房屋的租金收入申报不实或申报数与同一地段同类房屋的租金收入相比明显不合理的,税务部门可以按照《税收征管法》的有关规定,采取科学合理的方法核定其应纳税额。

(六)房产税应纳税额的计算

1.从价计征房产税应纳税额的计算

从价计征是按房产的原值减除一定比例后的余值计征,其计算公式为:

$$从价计征的房产税应纳税额＝应税房产原值×(1－扣除比例)×1.2\%$$

公式中,扣除比例幅度为 10%～30%,具体减除幅度由省、自治区、直辖市人民政府规定。

2.从租计征房产税应纳税额的计算

从租计征是按房产的租金收入计征,其计算公式为:

$$从租计征的房产税应纳税额＝租金收入×12\%(或 4\%)$$

(七)房产税税收优惠

1.国家机关、人民团体、军队自用的房产免征房产税

上述免税单位的出租房产以及非自身业务使用的生产、营业用房,不属于免税范围。

自 2004 年 8 月 1 日起,对军队空余房产租赁收入暂免征收房产税。

2.由国家财政部门拨付事业经费(全额或差额)的单位(学校、医疗卫生单位、托儿所、幼儿园、敬老院以及文化、体育、艺术类单位)所有的、本身业务范围内使用的房产免征房产税

上述单位所属的附属工厂、商店、招待所等不属于单位公务、业务的用房,应照章纳税。

3.宗教寺庙、公园、名胜古迹自用的房产免征房产税

宗教寺庙自用的房产,是指举行宗教仪式等的房屋和宗教人员使用的生活用房屋。公园、名胜古迹自用的房产,是指供公共参观游览的房屋及其管理单位的办公用房屋。宗教寺庙、公园、名胜古迹中附设的营业单位,如影剧院、饮食部、茶社、照相馆等所使用的房产及出租的房产,不属于免税范围,应照章征税。

4.个人所有非营业用的房产免征房产税

个人所有的非营业用房,主要是指居民住房,不分面积多少,一律免征房产税。对个人拥有的营业用房或者出租的房产,不属于免税房产,应照章征税。

5.经财政部批准免税的其他房产

(1)毁损不堪居住的房屋和危险房屋,经有关部门鉴定,在停止使用后,可免征房产税。

(2)纳税人因房屋大修导致连续停用半年以上的,在房屋大修期间免征房产税,免税额由纳税人在申报缴纳房产税时自行计算扣除,并在申报表附表或备注栏中作相应说明。

(3)在基建工地为基建工地服务的各种工棚、材料棚、休息棚和办公室、食堂、茶炉房、汽车房等临时性房屋,施工期间一律免征房产税。工程结束后,施工企业将这种临时性房屋交还或估价转让给基建单位的,应从基建单位接收的次月起,照章纳税。

(4)对房管部门经租的居民住房,在房租调整改革之前收取租金偏低的,可暂缓征收房产税。对房管部门经租的其他非营业用房,是否给予照顾,由各省、自治区、直辖市根据当地具体情况按税收管理体制的规定办理。

(5)对高校学生公寓免征房产税。

(6)对非营利性医疗机构、疾病控制机构和妇幼保健机构等卫生机构自用的房产,免征房产税。

(7)对老年服务机构自用的房产免征房产税。老年服务机构是指专门为老年人提供生活照料、文化、护理、健身等多方面服务的福利性、非营利性的机构,主要包括老年社会福利院、敬老院(养老院)、老年服务中心、老年公寓(含老年护理院、康复中心、托老所)等。

(8)对公共租赁住房免征房产税。公共租赁住房经营单位应单独核算公共租赁住房租金收入,未单独核算的,不得享受免征房产税优惠政策。对廉租住房经营管理单位按照政府规定价格向规定保障对象出租廉租住房的租金收入,免征房产税。对个人出租住房,不区分用途,按4%的税率征收房产税;对企事业单位、社会团体以及其他组织按市场价格向个人出租用于居住的住房,减按4%的税率征收房产税。

(9)对国家机关、军队、人民团体、财政补助事业单位、居民委员会、村民委员会拥有的体育场馆,用于体育活动的房产,免征房产税。对经费自理事业单位、体育社会团体、体育基金会、体育类民办非企业单位拥有并运营管理的体育场馆,符合相关条件的,其用于体

育活动的房产,免征房产税。对企业拥有并运营管理的大型体育场馆,其用于体育活动的房产,减半征收房产税。享受上述税收优惠体育场馆的运动场地,用于体育活动的天数不得低于全年自然天数的 70%。

(10)自 2019 年 1 月 1 日至 2023 年供暖期结束,对向居民供热收取采暖费的供热企业,为居民供热所使用的厂房免征房产税;对供热企业其他厂房,应当按照规定征收房产税。对专业供热企业,按其向居民供热取得的采暖费收入占全部采暖费收入的比例,计算免征的房产税。

(11)自 2021 年 10 月 1 日起,对企事业单位、社会团体以及其他组织向个人、专业化规模化住房租赁企业出租住房的,减按 4% 的税率征收房产税。专业化规模化住房租赁企业的标准为:企业在开业报告或者备案城市内持有或者经营租赁住房 1 000 套(间)及以上或者建筑面积 3 万平方米及以上。各省、自治区、直辖市住房城乡建设部门会同同级财政、税务部门,可根据租赁市场发展情况,对本地区全部或者部分城市在 50% 的幅度内下调标准。

(八)房产税征收管理

1.纳税义务发生时间

(1)纳税人将原有房产用于生产经营,从生产经营之月起,缴纳房产税。

(2)纳税人自行新建房屋用于生产经营,从建成之次月起,缴纳房产税。

(3)纳税人委托施工企业建设的房屋,从办理验收手续之次月起,缴纳房产税。

(4)纳税人购置新建商品房,自房屋交付使用之次月起,缴纳房产税。

(5)纳税人购置存量房,自办理房屋权属转移、变更登记手续,房地产权属登记机关签发房屋权属证书之次月起,缴纳房产税。

(6)纳税人出租、出借房产,自交付出租、出借本企业房产之次月起,缴纳房产税。

(7)房地产开发企业自用、出租、出借本企业建造的商品房,自房屋使用或交付之次月起,缴纳房产税。

(8)纳税人因房产的实物或权利状态发生变化而依法终止房产税纳税义务的,其应纳税款的计算截止到房产的实物或权利状态发生变化的当月末。

2.纳税地点

房产税在房产所在地缴纳。房产不在同一地方的纳税人,应按房产的坐落地点分别向房产所在地的税务机关申报纳税。

3.纳税期限

房产税实行按年计算、分期缴纳的征收方法,具体纳税期限由省、自治区、直辖市人民政府确定。

二、契税法律制度

契税,是指国家在土地、房屋权属转移时,按照当事人双方签订的合同(契约)以及所确定价格的一定比例,向权属承受人征收的一种税。

(一)契税纳税人

契税的纳税人,是指在我国境内承受土地、房屋权属转移的单位和个人。

契税由权属的承受人缴纳。这里所说的"承受",是指以受让、购买、受赠、交换等方式取得土地、房屋权属的行为。

(二)契税征税范围

契税以在我国境内转移土地、房屋权属的行为作为征税对象。土地、房屋权属未发生转移的,不征收契税。契税的征税范围主要包括:

1.土地使用权出让

土地使用权出让,是指土地使用者向国家交付土地使用权出让费用,国家将土地使用权在一定年限内让与土地使用者的行为。出让费用包括出让金等。

2.土地使用权转让

土地使用权转让,是指土地使用者以出售、赠与、交换或者其他方式将土地使用权转移给其他单位和个人的行为。土地使用权的转让不包括土地承包经营权和土地经营权的转移。

3.房屋买卖

房屋买卖,是指房屋所有者将其房屋出售,由承受者交付货币、实物、无形资产或其他经济利益的行为。

4.房屋赠与

房屋赠与,是指房屋所有者将其房屋无偿转让给受赠者的行为。

5.房屋互换

房屋交换,是指房屋所有者之间相互交换房屋的行为。

6.以其他方式转移土地、房屋权属的征税规定

以作价投资(入股)、偿还债务、划转、奖励等方式转移土地、房屋权属的,应当依照税法规定征收契税。对于这些转移土地、房屋权属的形式,可以分别视同土地使用权转让、房屋买卖或者房屋赠与征收契税。

土地使用权受让人通过完成土地使用权转让方约定的投资额度或投资特定项目,以此获取低价转让或无偿赠与的土地使用权的,属于契税征收范围,其计税价格由征收机关参照纳税义务发生时当地的市场价格核定。

公司增资扩股中,对以土地、房屋权属作价入股或作为出资投入企业的,征收契税;企业破产清算期间,对非债权人承受破产企业土地、房屋权属的,征收契税。

7.不属于契税的征税范围

土地、房屋权属的典当、分拆(分割)、抵押以及出租等行为,不属于契税的征税范围。

(三)契税税率

1.契税幅度税率及其确定

契税采用比例税率,实行3%～5%的幅度税率。具体适用税率由各省、自治区、直辖市人民政府在幅度税率规定范围内,按照本地区的实际情况提出,报同级人民代表大会常务委员会决定,并报全国人大常委会和国务院备案。

2.地方差别税率

省、自治区、直辖市可以依照税法规定的程序对不同主体、不同地区、不同类型的住房的权属转移确定差别税率。

(四)契税计税依据

按照土地、房屋权属转移的形式、定价方法的不同,契税的计税依据确定如下:

1.成交价格

土地使用权出让、出售,房屋买卖,以成交价格作为计税依据。成交价格是指土地、房屋权属转移合同确定的价格,包括承受者应交付的货币、实物、无形资产或其他经济利益对应的价款。计征契税的成交价格不含增值税。

土地使用权及所附建筑物、构筑物等(包括在建的房屋、其他建筑物、构筑物和其他附着物)转让的,计税依据为承受方应交付的总价款。

土地使用权出让的,计税依据包括土地出让金、土地补偿费、安置补助费、地上附着物和青苗补偿费、征收补偿费、城市基础设施配套费、实物配建房屋等应交付的货币以及实物、其他经济利益对应的价款。

房屋附属设施(包括停车位、机动车库、非机动车库、顶层阁楼、储藏室及其他房屋附属设施)与房屋为同一不动产单元的,计税依据为承受方应交付的总价款,并适用与房屋相同的税率;房屋附属设施与房屋为不同不动产单元的,计税依据为转移合同确定的成交价格,并按当地确定的适用税率计税。

承受已装修房屋的,应将包括装修费用在内的费用计入承受方应交付的总价款。

2.核定价格

土地使用权赠与、房屋赠与以及其他没有价格的转移土地、房屋权属行为,为税务机关参照土地使用权出售、房屋买卖的市场价格依法核定的价格。

3.互换价格差额

土地使用权互换、房屋互换,以所互换的土地使用权、房屋价格的差额为计税依据。土地使用权互换、房屋互换,互换价格相等的,互换双方计税依据为零;互换价格不相等的,以其差额为计税依据,由支付差额的一方缴纳契税。土地使用权与房屋所有权之间相互交换,也应按照上述办法确定计税依据。

4.土地出让价款与成交价格

以划拨方式取得的土地使用权,经批准改为出让方式重新取得该土地使用权的,应由该土地使用权人以补缴的土地出让价款为计税依据缴纳契税。

先以划拨方式取得土地使用权,后经批准转让房地产,划拨土地性质改为出让的,承受方应分别以补缴的土地出让价款和房地产权属转移合同确定的成交价格为计税依据缴纳契税。

先以划拨方式取得土地使用权,后经批准转让房地产,划拨土地性质未发生改变的,承受方应以房地产权属转移合同确定的成交价格为计税依据缴纳契税。

5.核定价格与差额

为了防止纳税人隐瞒、虚报成交价格以偷逃税款,对纳税人申报的成交价格、互换价格差额明显偏低且无正当理由的,由税务机关依照《税收征管法》的规定核定。

税务机关依法核定计税价格,应参照市场价格,采用房地产价格评估等方法合理确定。

(五)契税应纳税额的计算

契税应纳税额依照省、自治区、直辖市人民政府确定的适用税率和税法规定的计税依据计算征收。其计算公式为:

$$应纳税额＝计税依据×税率$$

以作价投资(入股)、偿还债务等应交付经济利益的方式转移土地、房屋权属的,参照土地使用权出让、出售或房屋买卖确定契税适用税率、计税依据等。

以划转、奖励等没有价格的方式转移土地、房屋权属的,参照土地使用权或房屋赠与确定契税适用税率、计税依据等。

[例 3-4] 2021 年,赵某获得单位奖励房屋一套。赵某得到该房屋后又将其与李某拥有的一套房屋进行交换。经房地产评估机构评估赵某获奖房屋价值 30 万元,李某房屋价值 35 万元。两人协商后,赵某实际向李某支付房屋交换价格差额款 5 万元。税务机关核定奖励赵某的房屋价值 28 万元。已知当地规定的契税税率为 4%。计算赵某应缴纳的契税税额。

解析:以获奖方式取得房屋权属的应视同房屋赠与征收契税,计税依据为税务机关参照市场价格核定的价格,即 28 万元。房屋交换且交换价格不相等的,应由多支付货币的一方缴纳契税,计税依据为所交换的房屋价格的差额,即 5 万元。因此,赵某应就其获奖承受该房屋权属行为和房屋交换行为分别缴纳契税。

赵某获奖承受房屋权属应缴纳的契税税额＝280 000×4%＝11 200(元)

赵某交换房屋行为应缴纳的契税税额＝50 000×4%＝2 000(元)

赵某实际应缴纳的契税税额＝11 200＋2 000＝13 200(元)

(六)契税税收优惠

有下列情形之一的,免征契税:

1.国家机关、事业单位、社会团体、军事单位承受土地、房屋权属用于办公、教学、医疗、科研和军事设施。

2.非营利性的学校、医疗机构、社会福利机构承受土地、房屋权属用于办公、教学、医疗、科研、养老、救助。

3.承受荒山、荒地、荒滩土地使用权用于农、林、牧、渔业生产。

4.婚姻关系存续期间夫妻之间变更土地、房屋权属。

5.法定继承人通过继承承受土地、房屋权属。

6.依照法律规定应当予以免税的外国驻华使馆、领事馆和国际组织驻华代表机构承受土地、房屋权属。

(七)契税征收管理

1.纳税义务发生时间

契税的纳税义务发生时间是纳税人签订土地、房屋权属转移合同的当日,或者纳税人取得其他具有土地、房屋权属转移合同性质凭证的当日。具有土地、房屋权属转移合同性质的凭证包括契约、协议、合约、单据、确认书以及其他凭证。

2.纳税地点

契税实行属地征收管理。纳税人发生契税纳税义务时,应向土地、房屋所在地的税务机关申报纳税。

3.纳税申报

契税纳税人依法纳税申报时,应填报《财产和行为税税源明细表》(《契税税源明细表》部分),并根据具体情形提交下列资料:

(1)纳税人身份证件。具体是指:单位纳税人为营业执照,或者统一社会信用代码证书,或者其他有效登记证书;个人纳税人中,自然人为居民身份证,或者居民户口簿,或者入境的身份证件,个体工商户为营业执照。

(2)土地、房屋权属转移合同或其他具有土地、房屋权属转移合同性质的凭证。

(3)交付经济利益方式转移土地、房屋权属的,提交土地、房屋权属转移相关价款支付凭证。其中,土地使用权出让为财政票据,土地使用权出售、互换和房屋买卖、互换为增值税发票。

(4)因人民法院、仲裁委员会的生效法律文书或者监察机关出具的监察文书等因素发生土地、房屋权属转移的,提交生效法律文书或监察文书等。

符合减免税条件的,应按规定附送有关资料或将资料留存备查。

三、车船税法律制度

车船税,是依照法律规定对在中华人民共和国境内的车辆、船舶,按照规定税目和税额计算征收的一种税。

(一)车船税纳税人

车船税的纳税人,是指在中华人民共和国境内属于《中华人民共和国车船税法》(以下简称《车船税法》)所附"车船税税目税额表"规定的车辆、船舶(以下简称"车船")的所有人或者管理人。

从事机动车第三者责任强制保险业务的保险机构为机动车车船税的扣缴义务人。

(二)车船税征收范围

车船税的征税范围是指在中华人民共和国境内属于《车船税法》所规定的应税车辆和船舶。具体包括:

1.依法应当在车船登记管理部门登记的机动车辆和船舶;

2.依法不需要在车船登记管理部门登记的在单位内部场所行驶或者作业的机动车辆和船舶。

(三)车船税税目

车船税的税目分为六大类,包括乘用车、商用车、挂车、其他车辆、摩托车和船舶。

1.乘用车

乘用车,是指在设计和技术特性上主要用于载运乘客及随身行李,核定载客人数包括驾驶员在内不超过 9 人的汽车。

2.商用车

商用车,是指除乘用车外,在设计和技术特性上用于载运乘客、货物的汽车,划分为客车和货车。客车是指核定载客人数 9 人以上的汽车,包括电车。货车包括半挂牵引车、三轮汽车和低速载货汽车。

3.挂车

挂车,是指就其设计和技术特性需由汽车或者拖拉机牵引,才能正常使用的一种无动力的道路车辆。

4.其他车辆

其他车辆,是指专用作业车和轮式专用机械车。

5.摩托车

摩托车,是指无论采用何种驱动方式,最高设计车速大于每小时 50 公里,或者使用内燃机,其排量大于 50 毫升的两轮或者三轮车辆。

6.船舶

船舶,是指各类机动、非机动船舶以及其他水上移动装置,包括机动船舶和游艇,但是船舶上装备的救生艇筏和长度小于 5 米的艇筏除外。

(四)车船税税率

1.幅度定额税率

车船税采用定额税率,又称固定税额。根据《车船税法》的规定,对应税车船实行有幅度的定额税率,即对各类车船分别规定一个最低到最高限度的年税额。

2.具体适用税额的确定

车辆的具体适用税额由省、自治区、直辖市人民政府依照《车船税法》所附“车船税税目税额表”(见表 3-9)规定的税额幅度和国务院的规定确定并报国务院备案。省、自治区、直辖市人民政府确定车辆具体适用税额应当遵循以下两条原则:第一,乘用车依排气量从小到大递增税额;第二,客车按照核定载客人数 20 人以下和 20 人(含)以上两档划分,递增税额。

表 3-9　车船税税目税额表

税　　目		计税单位	年基准税额/元	备　　注
乘用车〔按发动机汽缸容量(排气量)分档〕	1.0 升(含)以下的	每辆	60～360	核定载客人数 9 人(含)以下
	1.0 升以上至 1.6 升(含)的		300～540	
	1.6 升以上至 2.0 升(含)的		360～660	
	2.0 升以上至 2.5 升(含)的		660～1 200	
	2.5 升以上至 3.0 升(含)的		1 200～2 400	
	3.0 升以上至 4.0 升(含)的		2400～3 600	
	4.0 升以上的		3 600～5 400	

续表

税目		计税单位	年基准税额/元	备注
商用车	客车	每辆	480～1 440	核定载客人数9人以上，包括电车
	货车	整备质量每吨	16～120	包括半挂牵引车、三轮汽车和低速载货汽车等
挂车		整备质量每吨	按照货车税的50%计算	
其他车辆	专用作业车	整备质量每吨	16～120	不包括拖拉机
	轮式专用机械车	整备质量每吨	16～120	
摩托车		每辆	36～180	
船舶	机动船舶	净吨位每吨	3～6	拖船、非机动驳船分别按照机动船舶税额的50%计算
	游艇	艇身长度每米	600～2 000	

船舶的具体适用税额由国务院在《车船税法》所附"车船税税目税额表"规定的税额幅度内确定。

（1）机动船舶具体适用税额为：

①净吨位不超过200吨的，每吨3元；

②净吨位超过200吨但不超过2 000吨的，每吨4元；

③净吨位超过2 000吨但不超过10 000吨的，每吨5元；

④净吨位超过10 000吨的，每吨6元。

（2）拖船按照发动机功率每1千瓦折合净吨位0.67吨计算征收车船税。

（3）游艇具体适用税额为：

①艇身长度不超过10米的，每米600元；

②艇身长度超过10米但不超过18米的，每米900元；

②艇身长度超过18米但不超过30米的，每米1 300元；

④艇身长度超过30米的，每米2 000元；

⑤辅助动力帆艇，每米600元。

排气量、整备质量、核定载客人数、净吨位、千瓦、艇身长度，以车船登记管理部门核发的车船登记证书或者行驶证所载数据为准。

依法不需要办理登记的车船和依法应当登记而未办理登记或者不能提供车船登记证书、行驶证的车船，以车船出厂合格证明或者进口凭证标注的技术参数、数据为准；不能提供车船出厂合格证明或者进口凭证的，由主管税务机关参照国家相关标准核定，没有国家相关标准的参照同类车船核定。

（五）车船税计税依据

车船税以车船的计税单位数量为计税依据。《车船税法》按车船的种类和性能，分别确定每辆、整备质量每吨、净吨位每吨和艇身长度每米为计税单位。具体如下：

1.辆数

乘用车、商用客车和摩托车,以辆数为计税依据。

2.整备质量吨位数

商用货车、挂车、专用作业车和轮式专用机械车,以整备质量吨位数为计税依据。

3.净吨位数

机动船舶,以净吨位数为计税依据。

4.艇身长度

游艇以艇身长度为计税依据。

(六)车船税应纳税额的计算

1.应纳税额的计算公式

车船税各税目应纳税额的计算公式为:

$$乘用车、客车和摩托车的应纳税额＝辆数×适用年基准税额$$

$$\begin{matrix}货车、挂车、专用作业车和\\轮式专用机械车的应纳税额\end{matrix}＝整备质量吨位数×适用年基准税额$$

$$机动船舶的应纳税额＝净吨位数×适用年基准税额$$

$$拖船和非机动驳船的应纳税额＝净吨位数×适用年基准税额×50\%$$

$$游艇的应纳税额＝艇身长度×适用年基准税额$$

2.购置的新车船应纳税额的计算

购置的新车船,购置当年的应纳税额自纳税义务发生的当月起按月计算。计算公式为:

$$应纳税额＝\frac{适用年基准税额}{12}×应纳税月份数$$

3.保险机构代收代缴车船税和滞纳金的计算

(1)对于境外机动车临时入境、机动车临时上道路行驶、机动车距规定的报废期限不足 1 年而购买短期交强险的车辆,保单中"当年应缴"项目的计算公式为:

$$当年应缴＝计税单位×\frac{年单位税额}{12}×应纳税月份数$$

其中,应纳税月份数为"交强险"有效期起始日期的当月至截止日期当月的月份数。

(2)对于已向税务机关缴税或税务机关已经批准免税的车辆,保单中"当年应缴"项目应为零。对于税务机关已批准减税的机动车,保单中"当年应缴"项目应根据减税前的应纳税额扣除依据减税证明中注明的减税幅度计算的减税额确定,计算公式为:

$$减税车辆应纳税额＝减税前应纳税额×(1－减税幅度)$$

(3)对于 2007 年 1 月 1 日前购置的车辆或者曾经缴纳过车船税的车辆,保单中"往年补缴"项目的计算公式为:

$$往年补缴＝计税单位×年单位税额×(本次缴税年度－前次缴税年度－1)$$

其中,对于 2007 年 1 月 1 日前购置的车辆,纳税人从未缴纳车船税的,前次缴税年度设定为 2006 年。

(4)对于 2007 年 1 月 1 日以后购置的车辆,纳税人从购置时起一直未缴纳车船税的,保单中"往年补缴"项目的计算公式为:

$$往年补缴 = 购置当年欠缴的税款 + 购置年度以后欠缴税款$$

$$购置当年欠缴的税款 = 计税单位 \times \frac{年单位税额}{12} \times 应纳税月份数$$

应纳税月份数为车辆登记日期的当月起至该年度终了的月份数。

若车辆尚未到车船管理部门登记,则应纳税月份数为购置日期的当月起至该年度终了的月份数。

$$购置年度以后欠缴税款 = \frac{计税单位年}{单位税额} \times (本次缴税年度 - 车辆登记年度 - 1)$$

(5)滞纳金计算。对于纳税人在应购买"交强险"截止日期以后购买"交强险"的,或以前年度没有缴纳车船税的,保险机构在代收代缴税款的同时,还应代收代缴欠缴税款的滞纳金。

保单中"滞纳金"项目为各年度欠税应加收滞纳金之和。

$$每一年度欠税应加收的滞纳金 = 欠税金额 \times 滞纳天数 \times 0.5‰$$

滞纳天数的计算自应购买"交强险"截止日期的次日起到纳税人购买"交强险"当日止。纳税人连续两年以上欠缴车船税的,应分别计算每一年度欠税应加收的滞纳金。

(七)车船税税收优惠

1.免征车船税的车船

(1)捕捞、养殖渔船。

(2)军队、武装警察部队专用的车船,是指按照规定在军队、武装警察部队车船登记管理部门登记,并领取军队、武警牌照的车船。

(3)警用车船。

(4)悬挂应急救援专用号牌的国家综合性消防救援车辆和国家综合性消防救援船舶。

(5)依照法律规定应当予以免税的外国驻华使领馆、国际组织驻华代表机构及其有关人员的车船。

(6)对使用新能源车船,免征车船税。免征车船税的使用新能源汽车是指纯电动商用车、插电式(含增程式)混合动力汽车、燃料电池商用车。纯电动乘用车和燃料电池乘用车不属于车船税征税范围,对其不征车船税。免征车船税的使用新能源汽车(不含纯电动乘用车和燃料电池乘用车),必须符合国家有关标准。

(7)临时入境的外国车船和香港特别行政区、澳门特别行政区、台湾地区的车船,不征收车船税。

(8)按照规定缴纳船舶吨税的机动船舶,自《车船税法》实施之日起 5 年内免征车船税。

（9）依法不需要在车船登记管理部门登记的机场、港口、铁路站场内部行驶或者作业的车船，自《车船税法》实施之日起5年内免征车船税。

2.车船税其他税收优惠

（1）对节约能源车船，减半征收车船税。

（2）对受地震、洪涝等严重自然灾害影响纳税困难以及其他特殊原因确需减免税的车船，可以在一定期限内减征或者免征车船税。具体减免期限和数额由省、自治区、直辖市人民政府确定，报国务院备案。

（3）省、自治区、直辖市人民政府根据当地实际情况，可以对公共交通车船，农村居民拥有并主要在农村地区使用的摩托车、三轮汽车和低速载货汽车定期减征或者免征车船税。

（八）车船税征收管理

1.纳税义务发生时间

车船税纳税义务发生时间为取得车船所有权或者管理权的当月。以购买车船的发票或其他证明文件所载日期的当月为准。

2.纳税地点

车船税的纳税地点为车船的登记地或者车船税扣缴义务人所在地。

扣缴义务人代收代缴车船税的，纳税地点为扣缴义务人所在地。

纳税人自行申报缴纳车船税的，纳税地点为车船登记地的主管税务机关所在地。

依法不需要办理登记的车船，其车船税的纳税地点为车船的所有人或者管理人所在地。

3.纳税申报

车船税按年申报，分月计算，一次性缴纳。纳税年度为公历1月1日至12月31日。具体申报纳税期限由省、自治区、直辖市人民政府规定。

（1）从事机动车第三者责任强制保险业务的保险机构为机动车车船税的扣缴义务人，应当在收取保险费时依法代收车船税，并出具代收税款凭证。机动车车船税扣缴义务人在代收车船税时，应当在机动车交通事故责任强制保险的保险单以及保费发票上注明已收税款的信息，作为代收税款凭证。

（2）已完税或者依法减免税的车辆，纳税人应当向扣缴义务人提供登记地的主管税务机关出具的完税凭证或者减免税证明。

（3）纳税人没有按照规定期限缴纳车船税的，扣缴义务人在代收代缴税款时，可以一并代收代缴欠缴税款的滞纳金。

（4）扣缴义务人已代收代缴车船税的，纳税人不再向车辆登记地的主管税务机关申报缴纳车船税。没有扣缴义务人的，纳税人应当向主管税务机关自行申报缴纳车船税。

（5）纳税人缴纳车船税时，应当提供反映排气量、整备质量、核定载客人数、净吨位、千瓦、艇身长度等与纳税相关信息的相应凭证以及税务机关根据实际需要要求提供的其他资料。纳税人以前年度已经提供上述所列资料信息的，可以不再提供。

（6）已缴纳车船税的车船在同一纳税年度内办理转让过户的，不另纳税，也不退税。

4.其他管理规定

(1)公安、交通运输、农业、渔业等车船登记管理部门、船舶检验机构和车船税扣缴义务人的行业主管部门应当在提供车船有关信息等方面,协助税务机关加强车船税的征收管理。车辆所有人或者管理人在申请办理车辆相关登记、定期检验手续时,应当向公安机关交通管理部门提交依法纳税或者免税证明。公安机关交通管理部门核查后办理相关手续。公安机关交通管理部门在办理车辆相关登记和定期检验手续时,经核查,对没有提供依法纳税或者免税证明的,不予办理相关手续。

(2)扣缴义务人应当及时解缴代收代缴的税款和滞纳金,并向主管税务机关申报。扣缴义务人向税务机关解缴税款和滞纳金时,应当同时报送明细的税款和滞纳金扣缴报告。扣缴义务人解缴税款和滞纳金的具体期限,由省、自治区、直辖市税务机关依照法律、行政法规的规定确定。

(3)购置的新车船,购置当年的应纳税额自纳税义务发生的当月起按月计算。应纳税额为年应纳税额除以 12 再乘以应纳税月份数。

(4)在一个纳税年度内,已完税的车船被盗抢、报废、灭失的,纳税人可以凭有关管理机关出具的证明和完税凭证,向纳税所在地的主管税务机关申请退还自被盗抢、报废、灭失月份起至该纳税年度终了期间的税款。已办理退税的被盗抢车船失而复得的,纳税人应当从公安机关出具相关证明的当月起计算缴纳车船税。

任务五　资源税法律制度

一、资源税法律制度

资源税是对在我国领域和管辖的其他海域开发应税资源的单位和个人征收的一种税。

(一)资源税纳税人

资源税的纳税人,是指在中华人民共和国领域和中华人民共和国管辖的其他海域开发应税资源的单位和个人。

中外合作开采陆上、海上石油资源的企业依法缴纳资源税。

(二)资源税征税范围和税目

我国资源税的征税范围由《中华人民共和国资源税法》(以下简称《资源税法》)所附"资源税税目税率表"(以下简称"税目税率表")确定,包括能源矿产、金属矿产、非金属矿产、水气矿产、盐共计五大类,各税目的征税对象包括原矿或选矿。

1.能源矿产

能源矿产包括原油,天然气、页岩气、天然气水合物,煤、煤成(层)气,铀,钍,油页岩、油砂、天然沥青、石煤,地热。

2.金属矿产

金属矿产包括黑色金属和有色金属。

3.非金属矿产

非金属矿产包括矿物类、岩石类、宝玉石类。

4.水气矿产

水气矿产包括二氧化碳气、硫化氢气、氦气、氡气、矿泉水。

5.盐

盐包括钠盐、钾盐、镁盐、锂盐、天然卤水、海盐。

6.自用应税产品

纳税人开采或者生产应税产品自用的,视同销售,应当按规定缴纳资源税,但是自用于连续生产应税产品的,不缴纳资源税。纳税人自用应税产品应当缴纳资源税的情形,包括纳税人以应税产品用于非货币性资产交换、捐赠、偿债、赞助、集资、投资、广告、样品、职工福利、利润分配或者连续生产非应税产品等。

7.试点征收水资源税

国务院根据国民经济和社会发展需要,依照《资源税法》的原则,对取用地表水或者地下水的单位和个人试点征收水资源税。征收水资源税的,停止征收水资源费。

水资源税试点实施办法由国务院规定,报全国人大常委会备案。

(三)资源税税率

1.比例税率与定额税率

资源税采用比例税率或者定额税率两种形式。税目、税率依照"税目税率表"执行。其中对地热、石灰岩、其他黏土、砂石、矿泉水和天然卤水6种应税资源采用比例税率或定额税率,其他应税资源均采用比例税率。

2.具体适用税率的确定

"税目税率表"中规定实行幅度税率的,其具体适用税率由省、自治区、直辖市人民政府统筹考虑该应税资源的品位、开采条件以及对生态环境的影响等情况,在"税目税率表"规定的税率幅度内提出,报同级人民代表大会常务委员会决定,并报全国人大常委会和国务院备案。"税目税率表"中规定征税对象为原矿或者选矿的,应当分别确定具体适用税率。"资源税税目税率表"见表3-10。

表 3-10　资源税税目税率表

税　目		征税对象	税　率
能源矿产	原油	原矿	6%
	天然气、页岩气、天然气水合物	原矿	6%
	煤	原矿或者选矿	2%～10%
	煤成(层)气	原矿	1%～2%
	铀、钍	原矿	4%
	油页岩、油砂、天然沥青、石煤	原矿或者选矿	1%～4%
	地热	原矿	1%～20%或者每立方米1～30元

续表

税　目			征税对象	税　率
金属矿产	黑色金属	铁、锰、铬、钒、钛	原矿或者选矿	1%～9%
	有色金属	铜、铅、锌、锡、镍、锑、镁、钴、铋、汞	原矿或者选矿	2%～10%
		铝土矿	原矿或者选矿	2%～9%
		钨	选矿	6.5%
		钼	选矿	8%
		金、银	原矿或者选矿	2%～6%
		铂、钯、钌、锇、铱、铑	原矿或者选矿	5%～10%
		轻稀土	选矿	7%～12%
		中重稀土	选矿	20%
		铍、锂、锆、锶、铷、铯、铌、钽、锗、镓、铟、铊、铪、铼、镉、硒、碲	原矿或者选矿	2%～10%
非金属矿产	矿物类	高岭土	原矿或者选矿	1%～6%
		石灰岩	原矿或者选矿	1%～6%或者每吨（或者每立方米）1～10元
		磷	原矿或者选矿	3%～8%
		石墨	原矿或者选矿	3%～12%
		萤石、硫铁矿、自然硫	原矿或者选矿	1%～8%
		天然石英砂、脉石英、粉石英、水晶、工业用金刚石、冰洲石、蓝晶石、硅线石(矽线石)、长石、滑石、刚玉、菱镁矿、颜料矿物、天然碱、芒硝、钠硝石、明矾石、砷、硼、碘、溴、膨润土、硅藻土、陶瓷土、耐火黏土、铁钒土、凹凸棒石黏土、海泡石黏土、伊利石黏土、累托石黏土	原矿或者选矿	1%～12%
		叶蜡石、硅灰石、透辉石、珍珠岩、云母、沸石、重晶石、毒重石、方解石、蛭石、透闪石、工业用电气石、白垩、石棉、蓝石棉、红柱石、石榴子石、石膏	原矿或者选矿	2%～12%
		其他黏土(铸型用黏土、砖瓦用黏土、陶粒用黏土、水泥配料用黏土、水泥配料用红土、水泥配料用黄土、水泥配料用泥岩、保温材料用黏土)	原矿或者选矿	1%～5%或者每吨（或者每立方米）0.1～5元
	岩石类	大理岩、花岗岩、白云岩、石英岩、砂岩、辉绿岩、安山岩、闪长岩、板岩、玄武岩、片麻岩、角闪岩、页岩、浮石、凝灰岩、黑曜岩、霞石正长岩、蛇纹石、麦饭石、泥灰岩、含钾岩石、含钾砂页岩、天然油石、橄榄岩、松脂岩、粗面岩、辉长岩、辉石岩、正长岩、火山灰、火山渣、泥炭	原矿或者选矿	1%～10%
		砂石	原矿或者选矿	1%～5%或者每吨（或者每立方米）0.1～5元
	宝玉石类	宝石、玉石、宝石级金刚石、玛瑙、黄玉、碧玺	原矿或者选矿	4%～20%

续表

	税　目	征税对象	税　率
水气矿产	二氧化碳气、硫化氢气、氦气、氡气	原矿	2%～5%
	矿泉水	原矿	1%～20%或者每立方米1～30元
盐	钠盐、钾盐、镁盐、锂盐	选矿	3%～15%
	天然卤水	原矿	3%～15%或者每吨（或者每立方米）1～10元
	海盐		2%～5%

水资源税根据当地水资源状况、取用水类型和经济发展等情况实行差别税率。

(四)资源税计税依据

1.资源税计税依据的一般规定

资源税按照"税目税率表"实行从价计征或者从量计征。以纳税人开发应税资源产品的销售额或者销售数量为计税依据。

"税目税率表"中规定可以选择实行从价计征或者从量计征的,具体计征方式由省、自治区、直辖市人民政府提出,报同级人民代表大会常务委员会决定,并报全国人大常委会和国务院备案。

实行从价计征的,应纳税额按照应税资源产品(以下简称应税产品)的销售额乘以具体适用税率计算。实行从量计征的,应纳税额按照应税产品的销售数量乘以具体适用税率计算。

应税产品为矿产品的,包括原矿和选矿产品。

纳税人开采或者生产不同税目应税产品的,应当分别核算不同税目应税产品的销售额或者销售数量;未分别核算或者不能准确提供不同税目应税产品的销售额或者销售数量的,从高适用税率。

2.销售额

(1)资源税应税产品销售额是指纳税人销售应税产品向购买方收取的全部价款,但不包括收取的增值税税款。计入销售额中的相关运杂费用,凡取得增值税发票或者其他合法有效凭据的,准予从销售额中扣除。相关运杂费用是指应税产品从坑口或者洗选(加工)地到车站、码头或者购买方指定地点的运输费用、建设基金以及随运销产生的装卸、仓储、港杂费用。

(2)纳税人申报的应税产品销售额明显偏低且无当理由的,或者有自用应税产品行为而无销售额的,主管税务机关可以按下列方法和顺序确定其应税产品销售额:

①按纳税人最近时期同类产品的平均销售价格确定。

②按其他纳税人最近时期同类产品的平均销售价格确定。

③按后续加工非应税产品销售价格,减去后续加工环节的成本利润后确定。

④按应税产品组成计税价格确定。

$$组成计税价格＝成本×\frac{1＋成本利润率}{1－资源税税率}$$

上述公式中的成本利润率由省、自治区、直辖市税务机关确定。

⑤按其他合理方法确定。

3.销售数量

应税产品的销售数量,包括纳税人开采或者生产应税产品的实际销售数量和自用于应当缴纳资源税情形的应税产品数量。

4.资源税计税依据的特殊规定

(1)纳税人外购应税产品与自采应税产品混合销售或者混合加工为应税产品销售的,在计算应税产品销售额或者销售数量时,准予扣减外购应税产品的购进金额或者购进数量;当期不足扣减的,可结转下期扣减。纳税人应当准确核算外购应税产品的购进金额或者购进数量,未准确核算的,一并计算缴纳资源税。

纳税人核算并扣减当期外购应税产品购进金额、购进数量,应当依据外购应税产品的增值税发票、海关进口增值税专用缴款书或者其他合法有效凭据。

(2)纳税人以外购原矿与自采原矿混合为原矿销售,或者以外购选矿产品与自产选矿产品混合为选矿产品销售的,在计算应税产品销售额或者销售数量时,直接扣减外购原矿或者外购选矿产品的购进金额或者购进数量。

纳税人以外购原矿与自采原矿混合洗选加工为选矿产品销售的,在计算应税产品销售额或者销售数量时,按照下列方法进行扣减:

$$\text{准予扣减的外购应税}\atop\text{产品购进金额(数量)}＝外购原矿购进金额(数量)×\frac{本地区原矿适用税率}{本地区选矿产品适用税率}$$

不能按照上述方法计算扣减的,按照主管税务机关确定的其他合理方法进行扣减。

(3)纳税人开采或者生产同一税目下适用不同税率应税产品的,应当分别核算不同税率应税产品的销售额或者销售数量;未分别核算或者不能准确提供不同税率应税产品的销售额或者销售数量的,从高适用税率。

(4)纳税人以自采原矿(经过采矿过程采出后未进行选矿或者加工的矿石)直接销售,或者自用于应当缴纳资源税情形的,按照原矿计征资源税。

纳税人以自采原矿洗选加工为选矿产品(通过破碎、切割、洗选、筛分、磨矿、分级、提纯、脱水、干燥等过程形成的产品,包括富集的精矿和研磨成粉、粒级成型、切割成型的原矿加工品)销售,或者将选矿产品自用于应当缴纳资源税情形的,按照选矿产品计征资源税,在原矿移送环节不缴纳资源税。对于无法区分原生岩石矿种的粒级成型砂石颗粒,按照砂石税目征收资源税。

(5)纳税人开采或者生产同一应税产品,其中既有享受减免税政策的,又有不享受减免税政策的,按照免税、减税项目的产量占比等方法分别核算确定免税、减税项目的销售额或者销售数量。

(五)资源税应纳税额的计算

资源税的应纳税额,按照从价定率或者从量定额的办法,分别以应税产品的销售额乘以纳税人具体适用的比例税率或者以应税产品的销售数量乘以纳税人具体适用的定额税率计算。

1.从价定率计征资源税应纳税额的计算

实行从价定率计征办法的应税产品,资源税应纳税额按销售额和比例税率计算:

$$应纳税额＝应税产品的销售额×适用的比例税率$$

2.从量定额计征资源税应纳税额的计算

实行从量定额计征办法的应税产品,资源税应纳税额按销售数量和定额税率计算:

$$应纳税额＝应税产品的销售数量×适用的定额税率$$

3.代扣代缴资源税应纳税额的计算

扣缴义务人代扣代缴资源税应纳税额的计算:

$$代扣代缴应纳税额＝收购未税产品的数量×适用的定额税率$$

(六)资源税税收优惠

1.免征资源税的情形

有下列情形之一的,免征资源税:

(1)开采原油以及在油田范围内运输原油过程中用于加热的原油、天然气。

(2)煤炭开采企业因安全生产需要抽采的煤成(层)气。

2.减征资源税的情形

有下列情形之一的,减征资源税:

(1)从低丰度油气田开采的原油、天然气,减征20％资源税。

(2)高含硫天然气、三次采油和从深水油气田开采的原油、天然气,减征30％资源税。

(3)稠油、高凝油减征40％资源税。

(4)从衰竭期矿山开采的矿产品,减征30％资源税。

(5)自2019年1月1日至2024年12月31日,对增值税小规模纳税人可以在50％的税额幅度内减征资源税。

(6)自2014年12月1日至2023年8月31日,对充填开采置换出来的煤炭,资源税减征50％。

根据国民经济和社会发展需要,国务院对有利于促进资源节约集约利用、保护环境等情形可以规定免征或者减征资源税,报全国人大常委会备案。

(七)资源税征收管理

1.纳税义务发生时间

纳税人销售应税产品,纳税义务发生时间为收讫销售款或者取得索取销售款凭据的当日;自用应税产品的,纳税义务发生时间为移送应税产品的当日。

资源税由税务机关征收管理。海上开采的原油和天然气资源税由海洋石油税务管理机构征收管理。

2.纳税地点

纳税人应当在矿产品的开采地或者海盐的生产地缴纳资源税。

3.纳税期限

资源税按月或者按季申报缴纳;不能按固定期限计算缴纳的,可以按次申报缴纳。纳税人申报资源税时,应当填报"资源税纳税申报表"。纳税人享受资源税优惠政策,实行"自行判别、申报享受、有关资料留存备查"的办理方式,另有规定的除外。纳税人对资源税优惠事项留存材料的真实性和合法性承担法律责任。

纳税人按月或者按季申报缴纳的,应当自月度或者季度终了之日起15日内,向税务机关办理纳税申报并缴纳税款;按次申报缴纳的,应当自纳税义务发生之日起15日内,向税务机关办理纳税申报并缴纳税款。

二、城镇土地使用税法律制度

城镇土地使用税是国家在城市、县城、建制镇和工矿区范围内,对使用土地的单位和个人,以其实际占用的土地面积为计税依据,按照规定的税额计算征收的一种税。

(一)城镇土地使用税纳税人

城镇土地使用税的纳税人,是指在城市、县城、建制镇、工矿区范围内使用土地的单位和个人。根据用地者的不同情况分别确定为:

(1)城镇土地使用税由拥有土地使用权的单位或个人缴纳。

(2)拥有土地使用权的纳税人不在土地所在地的,由代管人或实际使用人缴纳。

(3)土地使用权未确定或权属纠纷未解决的,由实际使用人纳税。

(4)土地使用权共有的,共有各方均为纳税人,以共有各方实际使用土地的面积占总面积的比例,分别计算缴纳城镇土地使用税。

(二)城镇土地使用税征税范围

城镇土地使用税的征税范围是税法规定的纳税区域内的土地。凡在城市、县城、建制镇、工矿区范围内的土地,不论是属于国家所有的土地,还是集体所有的土地,都属于城镇土地使用税的征税范围。

建立在城市、县城、建制镇和工矿区以外的工矿企业则不需缴纳城镇土地使用税。

公园、名胜古迹内的索道公司经营用地,应按规定缴纳城镇土地使用税。

(三)城镇土地使用税税率

1.定额税率

城镇土地使用税采用定额税率,按大、中、小城市和县城、建制镇、工矿区分别规定每平方米城镇土地使用税年应纳税额。

2.每平方米年税额标准

城镇土地使用税每平方米年税额标准具体规定如下:大城市1.5~30元;中等城市1.2~24元;小城市0.9~18元;县城、建制镇、工矿区0.6~12元。

城镇土地使用税规定幅度税额,且每个幅度税额的差距为20倍。这主要考虑到我国各地存在着悬殊的土地级差收益,同一地区内不同地段的市政建设情况和经济发展程度也有较大的差别。

3.各地具体适用税额的确定

省、自治区、直辖市人民政府,在上述规定的税额幅度内,根据市政建设情况、经济繁荣程度等条件,确定所辖地区的适用税额幅度。在经济落后地区,城镇土地使用税的适用税额标准可适当降低,但降低幅度不得超过上述规定最低税额的30%。在经济发达地区,城镇土地使用税的适用税额可以适当提高,但须报经财政部批准。这样,各地在确定不同地段的等级和适用税额时,就有选择余地,尽可能做到平衡税负。

(四)城镇土地使用税计税依据

城镇土地使用税的计税依据是纳税人实际占用的土地面积。土地面积以平方米为计量标准。

1.测定的土地面积

凡由省级人民政府确定的单位组织测定土地面积的,以测定的土地面积为准。

2.证书确定的土地面积

尚未组织测定,但纳税人持有政府部门核发的土地使用证书的,以证书确定的土地面积为准。

3.申报的土地面积

尚未核发土地使用证书的,应由纳税人据实申报土地面积,并据以纳税,待核发土地使用证书后再作调整。

(五)城镇土地使用税应纳税额的计算

城镇土地使用税是以纳税人实际占用的土地面积为计税依据,按照规定的适用税额计算征收。其应纳税额计算公式为:

$$年应纳税额＝实际占用应税土地面积(平方米)×适用税额$$

(六)城镇土地使用税税收优惠

1.免征城镇土地使用税的土地

(1)国家机关、人民团体、军队自用的土地;

(2)由国家财政部门拨付事业经费的单位自用的土地;

(3)宗教寺庙、公园、名胜古迹自用的土地;

(4)市政街道、广场、绿化地带等公共用地;

(5)直接用于农、林、牧、渔业的生产用地;

(6)经批准开山填海整治的土地和改造的废弃土地,从使用的月份起免缴土地使用税5～10年;

(7)由财政部另行规定免税的能源、交通、水利设施用地和其他用地。

2.城镇土地使用税税收优惠的特殊规定

(1)城镇土地使用税与耕地占用税的征税范围衔接。为避免对一块土地同时征收耕地占用税和城镇土地使用税,凡是缴纳了耕地占用税的,从批准征用之日起满1年后征收城镇土地使用税;征用非耕地因不需要缴纳耕地占用税,应从批准征用之次月起征收城镇土地使用税。

(2)对免税单位无偿使用纳税单位的土地(如公安、海关等单位使用铁路、民航等单位的土地),免征城镇土地使用税;对纳税单位无偿使用免税单位的土地,纳税单位应照章缴纳城镇土地使用税。

(3)房地产开发公司开发建造商品房的用地,除经批准开发建设经济适用房的用地外,对各类房地产开发用地一律不得减免城镇土地使用税。

(4)对于各类危险品仓库、厂房所需的防火、防爆、防毒等安全防范用地,可由各省、自治区、直辖市税务局确定,暂免征收城镇土地使用税;对仓库库区、厂房本身用地,应依法征收城镇土地使用税。

(5)对企业的铁路专用线、公路等用地除另有规定者外,在企业厂区(包括生产、办公及生活区)以内的,应照章征收城镇土地使用税;在厂区以外、与社会公用地段未加隔离的,暂免征收城镇土地使用税。

(6)石油天然气(含页岩气、煤层气)生产企业用地。

①下列石油天然气生产建设用地暂免征收城镇土地使用税:地质勘探、钻井、井下作业、油气田地面工程等施工临时用地;企业厂区以外的铁路专用线、公路及输油(气、水)管道用地;油气长输管线用地。

②对在城市、县城、建制镇以外工矿区内的消防、防洪排涝、防风、防沙设施用地,暂免征收城镇土地使用税。

③除上述列举免税的土地外,其他油气生产及办公、生活区用地,依照规定征收城镇土地使用税。享受上述税收优惠的用地,用于非税收优惠用途的,不得享受税收优惠。

(7)林业系统用地。

①对林区的育林地、运材道、防火道、防火设施用地,免征城镇土地使用税。

②对林业系统的森林公园、自然保护区,可比照公园免征城镇土地使用税。

③除上述列举免税的土地外,对林业系统的其他生产用地及办公、生活区用地,均应征收城镇土地使用税。

(8)盐场、盐矿用地。

①对盐场、盐矿的生产厂房、办公、生活区用地,应照章征收城镇土地使用税。

②对盐场的盐滩、盐矿的矿井用地,暂免征收城镇土地使用税。

③对盐场、盐矿的其他用地,由各省、自治区、直辖市税务局根据实际情况,确定征收城镇土地使用税或给予定期减征、免征的照顾。

(9)对矿山的采矿场、排土场、尾矿库、炸药库的安全区,以及运矿运岩公路、尾矿输送管道及回水系统用地,免征城镇土地使用税。

(10)电力行业用地。

①对火电厂厂区围墙内的用地均应征收城镇土地使用税。对厂区围墙外的灰场、输灰管、输油(气)管道、铁路专用线用地,免征城镇土地使用税;厂区围墙外的其他用地,应照章征税。

②对水电站的发电厂房用地(包括坝内、坝外式厂房),生产、办公、生活用地,应征收

城镇土地使用税；对其他用地给予免税照顾。

③对供电部门的输电线路用地、变电站用地，免征城镇土地使用税。

（11）水利设施用地。

①对水利设施及其管护用地（如水库库区、大坝、堤防、灌渠、泵站等用地），免征城镇土地使用税；其他用地，如生产、办公、生活用地，应照章征税。

②对兼有发电的水利设施用地城镇土地使用税的征免，具体办法比照电力行业征免城镇土地使用税的有关规定办理。

（12）对港口的码头（即泊位，包括岸边码头、伸入水中的浮码头、堤岸、堤坝、栈桥等）用地，免征城镇土地使用税。

（13）民航机场用地。

①对机场飞行区（包括跑道、滑行道、停机坪、安全带、夜航灯光区）用地、场内外通信导航设施用地和飞行区四周排水防洪设施用地，免征城镇土地使用税。

②在机场道路中，对场外道路用地免征城镇土地使用税；对场内道路用地依照规定征收城镇土地使用税。

③对机场工作区（包括办公、生产和维修用地及候机楼、停车场）用地、生活区用地、绿化用地，均须依照规定征收城镇土地使用税。

（14）老年服务机构自用的土地，免征城镇土地使用税。老年服务机构是指专门为老年人提供生活照料、文化、护理、健身等多方面服务的福利性、非营利性的机构，主要包括老年社会福利院、敬老院（养老院）、老年服务中心、老年公寓（含老年护理院、康复中心、托老所）等。

（15）对国家机关、军队、人民团体、财政补助事业单位、居民委员会、村民委员会拥有的体育场馆，用于体育活动的土地，免征城镇土地使用税。

对经费自理事业单位、体育社会团体、体育基金会、体育类民办非企业单位拥有并运营管理的体育场馆，符合相关条件的，其用于体育活动的土地，免征城镇土地使用税。

对企业拥有并运营管理的大型体育场馆，其用于体育活动的土地，减半征收城镇土地使用税。

享受上述税收优惠体育场馆的运动场地用于体育活动的天数不得低于全年自然天数的70%。

（16）自2019年1月1日至2023年供暖期结束，对向居民供热收取采暖费的供热企业，为居民供热所使用的土地免征城镇土地使用税；对供热企业其他土地，应当按照规定征收城镇土地使用税。

对专业供热企业，按其向居民供热取得的采暖费收入占全部采暖费收入的比例，计算免征的城镇土地使用税。

对兼营供热企业，视其供热所使用的土地与其他生产经营活动所使用的土地是否可以区分，按照不同方法计算免征的城镇土地使用税。可以区分的，对其供热所使用土地，按向居民供热取得的采暖费收入占全部采暖费收入的比例，计算免征的城镇土地使用税。难以区分的，对其全部土地，按向居民供热取得的采暖费收入占其营业收入的比例，计算免征的城镇土地使用税。

对自供热单位,按向居民供热建筑面积占总供热建筑面积的比例,计算免征供热所使用土地的城镇土地使用税。

(17)自 2020 年 1 月 1 日至 2022 年 12 月 31 日,对物流企业自有(包括自用和出租)或承租的大宗商品仓储设施用地,减按所属土地等级适用税额标准的 50% 计征城镇土地使用税。

物流企业的办公、生活区用地及其他非直接用于大宗商品仓储的土地,不属于减税范围,应按规定征收城镇土地使用税。

(七)城镇土地使用税征收管理

1.纳税义务发生时间

(1)纳税人购置新建商品房,自房屋交付使用之次月起,缴纳城镇土地使用税。

(2)纳税人购置存量房,自办理房屋权属转移、变更登记手续,房地产权属登记机关签发房屋权属证书之次月起,缴纳城镇土地使用税。

(3)纳税人出租、出借房产,自交付出租、出借房产之次月起,缴纳城镇土地使用税。

(4)以出让或转让方式有偿取得土地使用权的,应由受让方从合同约定交付土地时间之次月起缴纳城镇土地使用税;合同未约定交付土地时间的,由受让方从合同签订之次月起缴纳城镇土地使用税。

(5)纳税人新征用的耕地,自批准征用之日起满 1 年时开始缴纳城镇土地使用税。

(6)纳税人新征用的非耕地,自批准征用次月起缴纳城镇土地使用税。

2.纳税地点

城镇土地使用税在土地所在地缴纳。

纳税人使用的土地不属于同一省、自治区、直辖市管辖的,由纳税人分别向土地所在地税务机关缴纳城镇土地使用税;在同一省、自治区、直辖市管辖范围内,纳税人跨地区使用的土地,其纳税地点由各省、自治区、直辖市税务局确定。

3.纳税期限

城镇土地使用税按年计算、分期缴纳,具体纳税期限由省、自治区、直辖市人民政府确定。

三、土地增值税法律制度

土地增值税是对转让国有土地使用权、地上建筑物及其附着物并取得收入的单位和个人,就其转让房地产所取得的增值额征收的一种税。

(一)土地增值税纳税人

土地增值税的纳税人为转让国有土地使用权、地上建筑物及其附着物(以下简称转让房地产)并取得收入的单位和个人。

(二)土地增值税征税范围

1.征税范围的一般规定

(1)土地增值税只对企业、单位和个人转让国有土地使用权的行为征税。政府出让土地的行为及取得的收入不在土地增值税的征税之列。

（2）土地增值税既对转让国有土地使用权的行为征税，也对转让地上建筑物及其他附着物产权的行为征税。

（3）土地增值税只对有偿转让的房地产征税，对以继承、赠与等方式无偿转让的房地产，不予征税。

不征土地增值税的房地产赠与行为包括以下两种情况：（1）房产所有人、土地使用权所有人将房屋产权、土地使用权赠与直系亲属或承担直接赡养义务人的行为；（2）房产所有人、土地使用权所有人通过中国境内非营利的社会团体、国家机关将房屋产权、土地使用权赠与教育、民政和其他社会福利、公益事业的行为。

2.征税范围的特殊规定

（1）房地产转为自用或出租

房地产开发企业将开发的部分房地产转为企业自用或用于出租等商业用途时，如果产权未发生转移，不征收土地增值税。

（2）房地产的交换

房地产的交换，是指一方以房地产与另一方的房地产进行交换的行为。由于这种行为既发生了房产产权、土地使用权的转移，交换双方又取得了实物形态的收入，属于土地增值税的征税范围，但对个人之间互换自有居住用房地产的，经当地税务机关核实，可以免征土地增值税。

（3）合作建房

对于一方出地，另一方出资金，双方合作建房，建成后按比例分房自用的，暂免征收土地增值税；建成后转让的，应征收土地增值税。

（4）房地产的出租

房地产的出租，是指房产所有者或土地使用者将房产或土地使用权租赁给承租人使用，由承租人向出租人支付租金的行为。房地产出租，出租人虽取得了收入，但没有发生房产产权、土地使用权的转让，因此，不属于土地增值税的征税范围。

（5）房地产的抵押

房地产的抵押，是指房产所有者或土地使用者作为债务人或第三人向债权人提供不动产作为清偿债务的担保而不转移权属的法律行为。这种情况下房产的产权、土地使用权在抵押期间并没有发生权属的变更，因此，对房地产的抵押，在抵押期间不征收土地增值税。待抵押期满后，视该房地产是否转移而确定是否征收土地增值税。对于以房地产抵债而发生房地产权属转让的，应列入土地增值税的征税范围。

（6）房地产的代建行为

房地产的代建行为，是指房地产开发公司代客户进行房地产的开发，开发完成后向客户收取代建收入的行为。对于房地产开发公司而言，虽然取得了收入，但没有发生房地产权属的转移，故不属于土地增值税的征税范围。

（7）房地产的重新评估

国有企业在清产核资时对房地产进行重新评估而产生的评估增值，因其既没有发生房地产权属的转移，房产产权、土地使用权人也未取得收入，所以不属于土地增值税的征税范围。

(8)土地使用者处置土地使用权

土地使用者转让、抵押或置换土地,无论其是否取得了该土地的使用权属证书,也无论其在转让、抵押或置换土地过程中是否与对方当事人办理了土地使用权属证书变更登记手续,只要土地使用者享有占有、使用、收益或处分该土地的权利,且有合同等证据表明其实质转让、抵押或置换了土地并取得了相应的经济利益,土地使用者及其对方当事人就应当依照税法规定缴纳增值税、土地增值税和契税等。

(三)土地增值税税率

土地增值税实行四级超率累进税率,具体见表3-11。

表 3-11   土地增值税四级超率累进税率表

级数	增值额与扣除项目金额的比率	税率/%	速算扣除系数/%
1	不超过50%的部分	30	0
2	超过50%至100%的部分	40	5
3	超过100%至200%的部分	50	15
4	超过200%的部分	60	35

上表所列四级超率累进税率,每级"增值额未超过扣除项目金额"的比例,均包括本比例数。

(四)土地增值税计税依据

土地增值税的计税依据是纳税人转让房地产所取得的增值额。转让房地产的增值额,是纳税人转让房地产的收入减除税法规定的扣除项目金额后的余额。土地增值额的大小,取决于转让房地产的收入额和扣除项目金额两个因素。

1.应税收入的确定

根据《中华人民共和国土地增值税暂行条例》(以下简称《土地增值税暂行条例》)及其实施细则的规定,纳税人转让房地产取得的应税收入,应包括转让房地产的全部价款及有关的经济收益。从收入的形式来看,包括货币收入、实物收入和其他收入。纳税人转让房地产取得的收入为不含增值税收入。

2.扣除项目及其金额

《土地增值税暂行条例》规定,准予纳税人从房地产转让收入额减除的扣除项目金额具体包括以下内容:

(1)取得土地使用权所支付的金额。

(2)房地产开发成本,是指纳税人开发房地产项目实际发生的成本,包括土地的征用及拆迁补偿费、前期工程费、建筑安装工程费、基础设施费、公共配套设施费、开发间接费用等。

①土地征用及拆迁补偿费,包括土地征用费、耕地占用税、劳动力安置费及有关地上、

地下附着物拆迁补偿的净支出、安置动迁用房支出等。

②前期工程费,包括规划、设计、项目可行性研究和水文、地质、勘察、测绘、"三通一平"等支出。

③建筑安装工程费,是指以出包方式支付给承包单位的建筑安装工程费和以自营方式发生的建筑安装工程费。

④基础设施费,包括开发小区内道路、供水、供电、供气、排污、排洪、通信、照明、环卫、绿化等工程发生的支出。

⑤公共配套设施费,包括不能有偿转让的开发小区内公共配套设施发生的支出。

⑥开发间接费用,是指直接组织、管理开发项目发生的费用,包括工资、职工福利费、折旧费、修理费、办公费、水电费、劳动保护费、周转房摊销等。

（3）房地产开发费用。房地产开发费用,是指与房地产开发项目有关的销售费用、管理费用和财务费用。根据现行财务会计制度的规定,这三项费用作为期间费用,按照实际发生额直接计入当期损益。但是在计算土地增值税时,房地产开发费用并不是按照纳税人实际发生额进行扣除,应分别按以下两种情况扣除：

①财务费用中的利息支出,凡能够按转让房地产项目计算分摊并提供金融机构证明的,允许据实扣除,但最高不能超过按商业银行同类同期贷款利率计算的金额。其他房地产开发费用,按规定计算的金额(即取得土地使用权所支付的金额和房地产开发成本,下同)之和的5%以内计算扣除。计算扣除的具体比例,由各省、自治区、直辖市人民政府规定。计算公式为：

$$\text{允许扣除的房地产开发费用}=\text{利息}+(\text{取得土地使用权所支付的金额}+\text{房地产开发成本})\times\text{省级政府确定的比例}$$

②财务费用中的利息支出,凡不能按转让房地产项目计算分摊利息支出或不能提供金融机构证明的,房地产开发费用按规定计算的金额之和的10%以内计算扣除。计算扣除的具体比例,由各省、自治区、直辖市人民政府规定。计算公式为：

$$\text{允许扣除的房地产开发费用}=(\text{取得土地使用权所支付的金额}+\text{房地产开发成本})\times\text{省级政府确定的比例}$$

财政部、国家税务总局对扣除项目金额中利息支出的计算问题作了两点专门规定：一是利息的上浮幅度按国家的有关规定执行,超过上浮幅度的部分不允许扣除；二是对于超过贷款期限的利息部分和加罚的利息不允许扣除。

（4）与转让房地产有关的税金。与转让房地产有关的税金,是指在转让房地产时缴纳的城市维护建设税、印花税。因转让房地产缴纳的教育费附加,也可视同税金予以扣除。《土地增值税暂行条例》等规定的土地增值税扣除项目涉及的增值税进项税额,允许在销项税额中计算抵扣的,不计入扣除项目,不允许在销项税额中计算抵扣的,可以计入扣除项目。

（5）财政部确定的其他扣除项目。对从事房地产开发的纳税人可按规定计算的金额之和,加计20%的扣除。此条优惠只适用于从事房地产开发的纳税人,除此之外的其他纳税人不适用。

(6)旧房及建筑物的扣除金额。

①按评估价格扣除。旧房及建筑物的评估价格是指在转让已使用的房屋及建筑物时,由政府批准设立的房地产评估机构评定的重置成本价乘以成新度折扣率后的价格。评估价格须经当地税务机关确认。

转让旧房应按房屋及建筑物的评估价格、取得土地使用权所支付的地价款和按国家统一规定缴纳的有关费用,以及在转让环节缴纳的税金作为扣除项目金额计征土地增值税。对取得土地使用权时未支付地价款或不能提供已支付的地价款凭据的,在计征土地增值税时不允许扣除。

②按购房发票金额计算扣除。纳税人转让旧房及建筑物,凡不能取得评估价格,但能提供购房发票的,经当地税务部门确认,《土地增值税暂行条例》规定的扣除项目的金额,可按发票所载金额并从购买年度起至转让年度止每年加计5%计算。对于纳税人购房时缴纳的契税,凡能够提供契税完税凭证的,准予作为"与转让房地产有关的税金"予以扣除,但不作为加计5%的基数。

(五)土地增值税应纳税额的计算

1.应纳税额的计算公式

土地增值税按照纳税人转让房地产所取得的增值额和规定的税率计算征收。土地增值税的计算公式是:

$$应纳税额 = \sum(每级距的增值额 \times 适用税率)$$

由于分步计算比较烦琐,一般可以采用速算扣除法计算,即计算土地增值税税额,可按增值额乘以适用的税率减去扣除项目金额乘以速算扣除系数的简便方法计算。计算公式是:

$$土地增值税应纳税额 = 增值额 \times 适用税率 - 扣除项目金额 \times 速算扣除系数$$

2.应纳税额的计算步骤

根据上述计算公式,土地增值税应纳税额的计算可分为以下四步:

(1)计算增值额,公式为:

$$增值额 = 房地产转让收入 - 扣除项目金额$$

(2)计算增值率,公式为:

$$增值率 = \frac{增值额}{扣除项目金额} \times 100\%$$

(3)确定适用税率。按照计算出的增值率,从土地增值税税率表中确定适用税率。

(4)计算应纳税额。

[例3-5] 2020年某国有商业企业利用库房空地进行住宅商品房开发,按照国家有关规定补交土地出让金2 840万元,缴纳相关税费160万元;住宅开发成本为2 800万元,其中含装修费用500万元;房地产开发费用中的利息支出为300万元(不能提供金融机构证明);当年住宅全部销售完毕,取得不含增值税销售收入共计9 000万元;缴纳城市维护建

设税和教育费附加 45 万元；缴纳印花税 4.5 万元。已知：该公司所在省人民政府规定的房地产开发费用的计算扣除比例为 10%。计算该企业销售住宅应缴纳的土地增值税税额。

　　解析：非房地产开发企业缴纳的印花税允许作为税金扣除；非房地产开发企业不允许按照取得土地使用权所支付金额和房地产开发成本合计数的 20% 加计扣除。

　　1.住宅销售收入为 9 000 万元。

　　2.确定转让房地产的扣除项目金额，其中包括：

　　(1)取得土地使用权所支付的金额＝2 840＋160＝3 000(万元)；

　　(2)住宅开发成本为 2 800 万元；

　　(3)房地产开发费用＝(3 000＋2 800)×10%＝580(万元)；

　　(4)与转让房地产有关的税金＝45＋4.5＝49.5(万元)；

　　(5)转让房地产的扣除项目金额＝3 000＋2 800＋580＋49.5＝6 429.5(万元)。

　　3.转让房地产的增值额＝9 000－6 429.5＝2 570.5(万元)。

　　4.增值额与扣除项目金额的比率＝$\dfrac{2\ 570.5}{6\ 429.5}$≈39.98%。

　　增值额与扣除项目金额的比率未超过 50%，适用税率为 30%。

　　5.应纳土地增值税税额＝2 570.5×30%＝771.15(万元)。

(六)土地增值税税收优惠

　　1.纳税人建造普通标准住宅出售，增值额未超过扣除项目金额 20% 的，予以免税；超过 20% 的，应按全部增值额缴纳土地增值税。

　　普通标准住宅，是指按所在地一般民用住宅标准建造的居住用住宅。高级公寓、别墅、度假村等不属于普通标准住宅。普通标准住宅与其他住宅的具体划分界限，2005 年 5 月 31 日以前，由各省、自治区、直辖市人民政府规定。2005 年 6 月 1 日起，普通标准住宅应同时满足以下条件：住宅小区建筑容积率在 1.0 以上；单套建筑面积在 120 平方米以下；实际成交价格低于同级别土地上住房平均交易价格 1.2 倍以下。各省、自治区、直辖市根据实际情况，制定本地区享受优惠政策普通住房具体标准。允许单套建筑面积和价格标准适当浮动，但向上浮动的比例不得超过上述标准的 20%。

　　对于纳税人既建普通标准住宅又进行其他房地产开发的，应分别核算增值额。不分别核算增值额或不能准确核算增值额的，其建造的普通标准住宅不能适用这一免税规定。

　　2.因国家建设需要依法征用、收回的房地产，免征土地增值税。因国家建设需要依法征用、收回的房地产，是指因城市实施规划、国家建设的需要而被政府批准征用的房产或收回的土地使用权。

　　因城市实施规划、国家建设的需要而搬迁，由纳税人自行转让原房地产的，免征土地增值税。

　　3.企事业单位、社会团体以及其他组织转让旧房作为公共租赁住房房源且增值额未超过扣除项目金额 20% 的，免征土地增值税。

　　4.自 2008 年 11 月 1 日起，对个人转让住房暂免征收土地增值税。

5.自 2021 年 1 月 1 日至 2023 年 12 月 31 日,执行以下企业改制重组有关土地增值税政策:

(1)企业按照《中华人民共和国公司法》有关规定整体改制,包括非公司制企业改制为有限责任公司或股份有限公司,有限责任公司变更为股份有限公司,股份有限公司变更为有限责任公司,对改制前的企业将国有土地使用权、地上的建筑物及其附着物(以下简称房地产)转移、变更到改制后的企业,暂不征土地增值税。整体改制是指不改变原企业的投资主体,并承继原企业权利、义务的行为。

(2)按照法律规定或者合同约定,两个或两个以上企业合并为一个企业,且原企业投资主体存续的,对原企业将房地产转移、变更到合并后的企业,暂不征土地增值税。

(3)按照法律规定或者合同约定,企业分设为两个或两个以上与原企业投资主体相同的企业,对原企业将房地产转移、变更到分立后的企业,暂不征土地增值税。

(4)单位、个人在改制重组时以房地产作价入股进行投资,对其将房地产转移、变更到被投资的企业,暂不征土地增值税。

(5)上述改制重组有关土地增值税政策不适用于房地产转移任意一方为房地产开发企业的情形。

(6)改制重组后再转让房地产并申报缴纳土地增值税时,对"取得土地使用权所支付的金额",按照改制重组前取得该宗国有土地使用权所支付的地价款和按国家统一规定缴纳的有关费用确定;经批准以国有土地使用权作价出资入股的,为作价入股时县级及以上自然资源部门批准的评估价格。按购房发票确定扣除项目金额的,按照改制重组前购房发票所载金额并从购买年度起至本次转让年度止每年加计 5% 计算扣除项目金额,购买年度是指购房发票所载日期的当年。

(7)纳税人享受上述税收政策,应按税务机关规定办理。

(8)"不改变原企业投资主体""投资主体相同"是指企业改制重组前后出资人不发生变动,出资人的出资比例可以发生变动;投资主体存续,是指原企业出资人必须存在于改制重组后的企业,出资人的出资比例可以发生变动。

(七)土地增值税征收管理

1.纳税申报

纳税人应在转让房地产合同签订后 7 日内,到房地产所在地主管税务机关办理纳税申报,并向税务机关提交房屋及建筑物产权、土地使用权证书,土地转让、房产买卖合同,房地产评估报告及其他与转让房地产有关的资料,然后在税务机关规定的期限内缴纳土地增值税。

纳税人因经常发生房地产转让而难以在每次转让后申报的,经税务机关审核同意后,可以定期进行纳税申报,具体期限由主管税务机关根据情况确定。

纳税人采取预售方式销售房地产的,对在项目全部竣工结算前转让房地产取得的收入,税务机关可以预征土地增值税。具体办法由各省、自治区、直辖市税务局根据当地情况制定。

对于纳税人预售房地产所取得的收入,凡当地税务机关规定预征土地增值税的,纳税人应当到主管税务机关办理纳税申报,并按规定比例预交,待办理完纳税清算后,多退少补。

2.纳税清算

（1）土地增值税的清算单位

土地增值税以国家有关部门审批的房地产开发项目为单位进行清算，对于分期开发的项目，以分期项目为单位清算。

开发项目中同时包含普通住宅和非普通住宅的，应分别计算增值额。

（2）土地增值税的清算条件

符合下列情形之一的，纳税人应进行土地增值税的清算：

①房地产开发项目全部竣工、完成销售的。

②整体转让未竣工决算房地产开发项目的。

③直接转让土地使用权的。

符合下列情形之一的，主管税务机关可要求纳税人进行土地增值税清算：

①已竣工验收的房地产开发项目，已转让的房地产建筑面积占整个项目可售建筑面积的比例在85%以上，或该比例虽未超过85%，但剩余的可售建筑面积已经出租或自用的。

②取得销售（预售）许可证满3年仍未销售完毕的。

③纳税人申请注销税务登记但未办理土地增值税清算手续的。

④省级税务机关规定的其他情况。

（3）土地增值税清算应报送的资料

纳税人办理土地增值税清算应报送以下资料：

①房地产开发企业清算土地增值税书面申请、土地增值税纳税申报表。

②项目竣工决算报表、取得土地使用权所支付的地价款凭证、国有土地使用权出让合同、银行贷款利息结算通知单、项目工程合同结算单、商品房购销合同统计表等与转让房地产的收入、成本和费用有关的证明资料。

③主管税务机关要求报送的其他与土地增值税清算有关的证明资料等。纳税人委托税务中介机构审核鉴证的清算项目，还应报送中介机构出具的《土地增值税清算税款鉴证报告》。

（4）清算后再转让房地产的处理

在土地增值税清算时未转让的房地产，清算后销售或有偿转让的，纳税人应按规定进行土地增值税的纳税申报，扣除项目金额按清算时的单位建筑面积成本费用乘以销售或转让面积计算。

$$单位建筑面积成本费用 = \frac{清算时的扣除项目总金额}{清算的总建筑面积}$$

（5）土地增值税的核定征收

房地产开发企业有下列情形之一的，税务机关可以实行核定征收土地增值税：

①依照法律、行政法规的规定应当设置但未设置账簿的。

②擅自销毁账簿或者拒不提供纳税资料的。

③虽设置账簿，但账目混乱或者成本资料、收入凭证、费用凭证残缺不全，难以确定转

让收入或扣除项目金额的。

④符合土地增值税清算条件,未按照规定的期限办理清算手续,经税务机关责令限期清算,逾期仍不清算的。

⑤申报的计税依据明显偏低,又无正当理由的。

3.纳税地点

土地增值税纳税人发生应税行为应向房地产所在地主管税务机关缴纳税款。

这里所称的房地产所在地,是指房地产的坐落地。纳税人转让的房地产坐落在两个或两个以上地区的,应按房地产所在地分别申报纳税。

四、耕地占用税法律制度

耕地占用税是为了合理利用土地资源,加强土地管理,保护耕地,对占用耕地建设建筑物、构筑物或者从事非农业建设的单位和个人征收的一种税。

(一)耕地占用税纳税人

耕地占用税的纳税人为在我国境内占用耕地建设建筑物、构筑物或者从事非农业建设的单位和个人。

经申请批准占用耕地的,纳税人为农用地转用审批文件中标明的建设用地人;农用地转用审批文件中未标明建设用地人的,纳税人为用地申请人,其中用地申请人为各级人民政府的,由同级土地储备中心、自然资源主管部门或政府委托的其他部门、单位履行耕地占用税申报纳税义务。未经批准占用耕地的,纳税人为实际用地人。

(二)耕地占用税征税范围

1.征税范围的一般规定

耕地占用税的征税范围包括纳税人为建设建筑物、构筑物或从事其他非农业建设而占用的国家所有和集体所有的耕地。

2.征税范围的特殊规定

建设直接为农业生产服务的生产设施占用上述农用地的,不缴纳耕地占用税。直接为农业生产服务的生产设施,是指直接为农业生产服务而建设的建筑物和构筑物。

(三)耕地占用税税率

1.耕地占用税的税率形式及标准

耕地占用税实行定额税率。根据不同地区的人均耕地面积和经济发展情况实行有地区差别的幅度税额标准,税率具体标准如下:

(1)人均耕地不超过1亩的地区(以县、自治县、不设区的市、市辖区为单位,下同),每平方米为10~50元;

(2)人均耕地超过1亩但不超过2亩的地区,每平方米为8~40元;

(3)人均耕地超过2亩但不超过3亩的地区,每平方米为6~30元;

(4)人均耕地超过3亩的地区,每平方米为5~25元。

2.耕地占用税具体适用税率的确定

各地区耕地占用税的适用税额,由省、自治区、直辖市人民政府根据人均耕地面积和经济发展等情况,在规定的税额幅度内提出,报同级人民代表大会常务委员会决定,并报全国人民代表大会常务委员会和国务院备案。各省、自治区、直辖市耕地占用税适用税额的平均水平,不得低于"各省、自治区、直辖市耕地占用税平均税额表"(见表3-12)规定的平均税额。

表 3-12　各省、自治区、直辖市耕地占用税平均税额表

省、自治区、直辖市	平均税额/(元/平方米)
上海	45
北京	40
天津	35
江苏、浙江、福建、广东	30
辽宁、湖北、湖南	25
河北、安徽、江西、山东、河南、重庆、四川	22.5
广西、海南、贵州、云南、陕西	20
山西、吉林、黑龙江	17.5
内蒙古、西藏、甘肃、青海、宁夏、新疆	12.5

在人均耕地低于 0.5 亩的地区,省、自治区、直辖市可以根据当地经济发展情况,适当提高耕地占用税的适用税额,但提高的部分不得超过确定的适用税额的 50%。

占用基本农田的,应当按照当地适用税额,加按 150% 征收。

占用园地、林地、草地、农田水利用地、养殖水面、渔业水域滩涂以及其他农用地建设建筑物、构筑物或者从事非农业建设的,适用税额可以适当低于本地区确定的适用税额,但降低的部分不得超过 50%。具体适用税额由省、自治区、直辖市人民政府提出,报同级人民代表大会常务委员会决定,并报全国人大常委会和国务院备案。

(四)耕地占用税计税依据

耕地占用税以纳税人实际占用的耕地面积为计税依据,按照规定的适用税额标准计算应纳税额,一次性缴纳。实际占用的耕地面积,包括经批准占用的耕地面积和未经批准占用的耕地面积。

纳税人实际占用耕地面积的核定以农用地转用审批文件为主要依据,必要的时候应当实地勘测。

(五)耕地占用税应纳税额的计算

耕地占用税应纳税额的计算公式:

应纳税额＝实际占用耕地面积(平方米)×适用税率

(六)耕地占用税税收优惠

(1)军事设施、学校、幼儿园、社会福利机构、医疗机构占用耕地,免征耕地占用税。

（2）农村居民在规定用地标准以内占用耕地新建自用住宅，按照当地适用税额减半征收耕地占用税。其中，农村居民经批准搬迁，新建自用住宅占用耕地不超过原宅基地面积的部分，免征耕地占用税。

（3）农村烈士遗属、因公牺牲军人遗属、残疾军人以及符合农村最低生活保障条件的农村居民，在规定用地标准以内新建自用住宅，免征耕地占用税。

（4）铁路线路、公路线路、飞机场跑道、停机坪、港口、航道、水利工程占用耕地，减按每平方米2元的税额征收耕地占用税。

（5）根据国民经济和社会发展的需要，国务院可以规定免征或者减征耕地占用税的其他情形，报全国人大常委会备案。

按规定免征或者减征耕地占用税后，纳税人改变原占地用途，不再属于免征或者减征耕地占用税情形的，应当按照当地适用税额补缴耕地占用税。

（七）耕地占用税征收管理

1.纳税义务发生时间

耕地占用税的纳税义务发生时间为纳税人收到自然资源主管部门办理占用耕地手续的书面通知的当日。纳税人应当自纳税义务发生之日起30日内申报缴纳耕地占用税。

自然资源主管部门凭耕地占用税完税凭证或者免税凭证和其他有关文件发放建设用地批准书。

未经批准占用耕地的，耕地占用税纳税义务发生时间为自然资源主管部门认定的纳税人实际占用耕地的当日。

因挖损、采矿塌陷、压占、污染等损毁耕地的纳税义务发生时间为自然资源、农业农村等相关部门认定损毁耕地的当日。

纳税人占地类型、占地面积和占地时间等纳税申报数据材料以自然资源等相关部门提供的相关材料为准；未提供相关材料或者材料信息不完整的，经主管税务机关提出申请，由自然资源等相关部门自收到申请之日起30日内出具认定意见。

2.纳税申报

纳税人占用耕地或其他农用地，应当在耕地或其他农用地所在地申报纳税。

纳税人因建设项目施工或者地质勘查临时占用耕地，应当按照规定缴纳耕地占用税。纳税人在批准临时占用耕地期满之日起一年内依法复垦，恢复种植条件的，全额退还已经缴纳的耕地占用税。临时占用耕地，是指经自然资源主管部门批准，在一般不超过2年内临时使用耕地并且没有修建永久性建筑物的行为。

因挖损、采矿塌陷、压占、污染等损毁耕地属于税法所称的非农业建设，应依照税法规定缴纳耕地占用税；自自然资源、农业农村等相关部门认定损毁耕地之日起3年内依法复垦或修复，恢复种植条件的，按规定办理退税。

纳税人改变占地用途，不再属于免征或减征情形的，应自改变用途之日起30日内申报补缴税款，补缴税款按改变用途的实际占用耕地面积和改变用途时当地适用税额计算。

纳税人占地类型和面积以自然资源等相关部门提供的相关材料为准；未提供相关材料或者材料信息不完整的，经主管税务机关提请，由自然资源等相关部门出具认定意见。

任务六　特定目的和行为税法律制度

一、城市维护建设税法律制度

城市维护建设税是以纳税人依法实际缴纳的增值税、消费税税额为计税依据所征收的一种税。2020年8月11日第十三届全国人民代表大会常务委员会第二十一次会议通过了《中华人民共和国城市维护建设税法》。

城市维护建设税的纳税人是指在中国境内缴纳增值税、消费税的单位和个人,包括各类企业(含外商投资企业、外国企业)、行政单位、事业单位、军事单位和社会团体及其他单位,以及个体工商户和其他个人(含外籍个人)。

城市维护建设税扣缴义务人为负有增值税、消费税扣缴义务的单位和个人。

城市维护建设税实行地区差别比例税率,共三档,具体为:纳税人所在地为市区的,税率为7%;纳税人所在地在县城、镇的,税率为5%;纳税人所在地不在市区、县城或者镇的,税率为1%。

城市维护建设税的计税依据为纳税人实际缴纳的增值税、消费税税额,以及出口货物、劳务或者跨境销售服务、无形资产增值税免抵税额。

$$\text{应纳税额} = \left(\text{实际缴纳的增值税} + \text{实际缴纳的消费税} + \text{出口货物、劳务或者跨境销售服务、无形资产增值税免抵税额}\right) \times \text{适用税率}$$

城市维护建设税属于增值税、消费税的一种附加税,原则上不单独规定税收减免条款。如果税法规定减免增值税、消费税,也就相应地减免了城市维护建设税。

现行城市维护建设税的减免规定主要有:对进口货物或者境外单位和个人向境内销售劳务、服务、无形资产缴纳的增值税、消费税税额,不征收城市维护建设税;对出口货物、劳务和跨境销售服务、无形资产以及因优惠政策退还增值税、消费税的,不退还已缴纳的城市维护建设税。对增值税、消费税实行先征后返、先征后退、即征即退办法的,除另有规定外,对随增值税、消费税附征的城市维护建设税,一律不予退(返)还。

城市维护建设税纳税义务发生时间为缴纳增值税、消费税的当日。

城市维护建设税纳税地点为实际缴纳增值税、消费税的地点。

二、教育费附加法律制度

教育费附加是以各单位和个人实际缴纳的增值税、消费税的税额为计征依据而征收的一种费用,其目的是加快发展教育事业,扩大教育经费资金来源。1986年4月28日国务院发布《征收教育费附加的暂行规定》,教育费附加自1986年7月1日施行,此后于

1990 年 6 月 7 日、2005 年 8 月 20 日和 2011 年 1 月 8 日进行了三次修订。

教育费附加的征收范围是税法规定征收增值税、消费税的单位和个人。

教育费附加的计征依据是纳税人实际缴纳的增值税、消费税税额之和

$$应纳教育费附加 = （实际缴纳的增值税 + 实际缴纳的消费税）× 3\%$$

教育费附加的减免，原则上比照增值税、消费税。如果税法规定减免增值税、消费税，也就相应地减免了教育费附加。主要的减免规定包括：海关对进口产品代征的增值税、消费税，不征收教育费附加；对出口产品退还增值税、消费税的，不退还已征的教育费附加；但对由于减免增值税、消费税而发生退税的，可同时退还已征收的教育费附加。

三、印花税法律制度

印花税是对经济活动和经济交往中书立、领受、使用的应税经济凭证征收的一种税。因纳税人主要是通过在应税凭证上粘贴印花税票来完成纳税义务，故名印花税。

（一）印花税纳税人

在中华人民共和国境内书立应税凭证、进行证券交易的单位和个人，为印花税的纳税人，应当依照《中华人民共和国印花税法》（以下简称《印花税法》）的规定缴纳印花税。在中华人民共和国境外书立在境内使用的应税凭证的单位和个人，应当依照《印花税法》规定缴纳印花税。应税凭证，是指《印花税法》所附"印花税税目税率表"列明的合同、产权转移书据和营业执照。

根据书立、使用应税凭证的不同，纳税人可分为立合同人、立账簿人、立据人和使用人等。

（1）立合同人，是指合同的当事人，即对凭证有直接权利义务关系的单位和个人，但不包括合同的担保人、证人、鉴定人。所谓合同，是指根据《民法典》的规定订立的各类合同，包括买卖、借款、融资租赁、租赁、承揽、建设工程、运输、技术、保管、仓储、财产保险共 11 类合同。当事人的代理人有代理纳税义务。

（2）立账簿人，是指开立并使用营业账簿的单位和个人。如某企业因生产需要，设立了若干营业账簿，该企业即为印花税的纳税人。

（3）立据人，是指书立产权转移书据的单位和个人。

（4）使用人，是指在国外书立、领受，但在国内使用应税凭证的单位和个人。

同一应税凭证由两方以上当事人书立的，按照各自涉及的金额分别计算应纳税额。

（二）印花税征税范围

现行印花税采取正列举形式，只对法律规定中列举的凭证征收，没有列举的凭证不征税。列举的凭证分为四类，即合同类、产权转移书据类、营业账簿类和证券交易类。

1.合同

合同是指平等主体的自然人、法人、其他组织之间设立、变更、终止民事权利义务关系的协议。印花税税目中的合同按照《民法典》的规定进行分类，在税目税率表中列举了如下 11 大类合同。

（1）买卖合同，包括供应、预购、采购、购销结合及协作、调剂、补偿、易货等合同；还包括各出版单位与发行单位（不包括订阅单位和个人）之间订立的图书、报刊、音像征订凭证。

对于工业、商业、物资、外贸等部门经销和调拨商品、物资供应的调拨单（或其他名称的单、卡、书、表等），应当区分其性质和用途，即看其是作为部门内执行计划使用的，还是代替合同使用的，以确定是否贴花。凡属于明确双方供需关系，据以供货和结算，具有合同性质的凭证，应按规定缴纳印花税。

对纳税人以电子形式签订的各类应税凭证按规定征收印花税。

对发电厂与电网之间、电网与电网之间（国家电网公司系统、南方电网公司系统内部各级电网互供电量除外）签订的购售电合同，按购销合同征收印花税。对电网与用户之间签订的供用电合同不征印花税。

（2）借款合同，包括银行及其他金融组织和借款人（不包括银行同业拆借）所签订的借款合同。

（3）融资租赁合同。

（4）租赁合同，包括租赁房屋、船舶、飞机、机动车辆、机械、器具、设备等合同；还包括企业、个人出租门店、柜台等所签订的合同，但不包括企业与主管部门签订的租赁承包合同。

（5）承揽合同，包括加工、定做、修缮、修理、印刷、广告、测绘、测试等合同。

（6）建设工程合同，包括勘察、设计、建筑、安装工程合同的总包合同、分包合同和转包合同。

（7）运输合同，包括民用航空运输、铁路运输、海上运输、内河运输、公路运输和联运合同。

（8）技术合同，包括技术开发、转让、咨询、服务等合同。

技术转让合同包括专利申请转让、非专利技术转让所书立的合同，但不包括专利权转让、专利实施许可所书立的合同。后者适用于"产权转移书据"。

技术咨询合同是合同当事人就有关项目的分析、论证、评价、预测和调查订立的技术合同，而一般的法律、会计、审计等方面的咨询不属于技术咨询，其所立合同不贴印花。

技术服务合同的征税范围包括技术服务合同、技术培训合同和技术中介合同。

（9）保管合同，包括保管合同或作为合同使用的仓单、栈单（入库单）。对某些使用不规范的凭证不便计税的，可就其结算单据作为计税贴花的凭证。

（10）仓储合同。

（11）财产保险合同，包括财产、责任、保证、信用等保险合同。

2.产权转移书据

产权转移即财产权利关系的变更行为，表现为产权主体发生变更。产权转移书据是在产权的买卖、交换、继承、赠与、分割等产权主体变更过程中，由产权出让人与受让人之间所订立的民事法律文书。

我国印花税税目中的产权转移书据包括土地使用权出让书据，土地使用权、房屋等建筑物和构建物所有权转让书据（不包括土地承包经营权和土地经营权转移），股权转让书据（不包括应缴纳证券交易印花税的）以及商标专用权、著作权、专利权、专有技术使用权转让书据。

3.营业账簿

印花税税目中的营业账簿归属于财务会计账簿，是按照财务会计制度的要求设置的，反映生产经营活动的账册。按照营业账簿反映的内容不同，在税目中分为记载资金的账簿（以下简称资金账簿）和其他营业账簿两类，对记载资金的营业账簿征收印花税，对其他营业账簿不征收印花税。

（1）资金账簿，是反映生产经营单位"实收资本"和"资本公积"金额增减变化的账簿。

（2）其他营业账簿，是反映除资金资产以外的其他生产经营活动内容的账簿，即除资金账簿以外的，归属于财务会计体系的其他生产经营用账册。

4.证券交易

证券交易是指转让在依法设立的证券交易所、国务院批准的其他全国性证券交易场所交易的股票和以股票为基础的存托凭证。证券交易印花税对证券交易的出让方征收，不对受让方征收。

（三）印花税税率

印花税实行比例税率。按照凭证所标明的确定的金额按比例计算应纳税额，既能保证财政收入，又能体现合理负担的原则。

印花税税目、税率，依照《印花税法》所附"印花税税目税率表"（见表3-13）执行。

表 3-13　印花税税目税率表

税　　目		税　率	备　注
合同 （指书面 合同）	借款合同	借款金额的 万分之零点五	指银行业金融机构、经国务院银行业监督管理机构批准设立的其他金融机构与借款人（不包括同业拆借）的借款合同
	融资租赁合同	租金的万分之零点五	
	买卖合同	价款的万分之三	指动产买卖合同（不包括个人书立的动产买卖合同）
	承揽合同	报酬的万分之三	
	建设工程合同	价款的万分之三	
	运输合同	运输费用的万分之三	指货运合同和多式联运合同（不包括管道运输合同）
	技术合同	价款、报酬或者使用费的万分之三	不包括专利权、专有技术使用权转让书据
	租赁合同	租金的千分之一	
	保管合同	保管费的千分之一	
	仓储合同	仓储费的千分之一	
	财产保险合同	保险费的千分之一	不包括再保险合同

续表

税　目		税　率	备　注
产权转移书据	土地使用权出让书据	价款的万分之五	转让包括买卖（出售）、继承、赠与、互换、分割
	土地使用权、房屋等建筑物和构筑物所有权转让书据（不包括土地承包经营权和土地经营权转移）	价款的万分之五	
	股权转让书据（不包括应缴纳证券交易印花税的）	价款的万分之五	
	商标专用权、著作权、专利权、专有技术使用权转让书据	价款的万分之三	
营业账簿		实收资本（股本）、资本公积合计金额的万分之二点五	
证券交易		成交金额的千分之一	

（四）印花税计税依据

1.应税合同的计税依据

应税合同的计税依据为合同所列的金额，不包括列明的增值税税款；合同中价款或者报酬与增值税税款未分开列明的，按照合计金额确定。具体包括买卖合同和建设工程合同中的支付价款、承揽合同中的支付报酬、租赁合同和融资租赁合同中的租金、运输合同中的运输费用、保管合同中的保管费、仓储合同中的仓储费、借款合同中的借款金额、财产保险合同中的保险费以及技术合同中的支付价款、报酬或者使用费等。

2.应税产权转移书据的计税依据

应税产权转移书据的计税依据为产权转移书据所列的金额，不包括列明的增值税税款；产权转移书据中价款与增值税税款未分开列明的，按照合计金额确定。

3.应税营业账簿的计税依据

应税营业账簿的计税依据为账簿记载的实收资本（股本）、资本公积合计金额。

4.证券交易的计税依据

证券交易的计税依据为成交金额。以非集中交易方式转让证券时无转让价格的，按照办理过户登记手续前一个交易日收盘价计算确定计税依据；办理过户登记手续前一个交易日无收盘价的，按照证券面值计算确定计税依据。

5.未列明金额时的计税依据

应税合同、产权转移书据未列明金额，印花税的计税依据按照实际结算的金额确定。计税依据按照上述规定仍不能确定的，按照书立合同、产权转移书据时的市场价格确定；依法应当执行政府定价或者政府指导价的，按照国家有关规定确定。

（五）印花税应纳税额的计算

印花税应纳税额按照计税依据乘以适用税率计算，具体计算公式如下：

1.应税合同的应纳税额计算公式：

应纳税额＝价款或者报酬×适用税率

2.应税产权转移书据的应纳税额计算公式：

应纳税额＝价款×适用税率

3.应税营业账簿的应纳税额计算公式：

应纳税额＝实收资本(股本)、资本公积合计金额×适用税率

4.证券交易的应纳税额计算公式：

应纳税额＝成交金额或者依法确定的计税依据×适用税率

同一应税凭证载有两个以上税目事项并分别列明金额的,按照各自适用的税目税率分别计算应纳税额;未分别列明金额的,从高适用税率。

已缴纳印花税的营业账簿,以后年度记载的实收资本(股本)、资本公积合计金额比已缴纳印花税的实收资本(股本)、资本公积合计金额增加的,按照增加部分计算应纳税额。

[**例 3-6**] 某电厂与某运输公司签订了两份运输保管合同:第一份合同载明的金额合计 50 万元(运费和保管费并未分别记载);第二份合同中注明运费 30 万元、保管费 10 万元。分别计算该电厂第一份、第二份合同应缴纳的印花税税额。

解析:

第一份合同应缴纳印花税税额＝500 000×1‰＝500(元)

第二份合同应缴纳印花税税额＝300 000×0.3‰＋100 000×1‰＝190(元)

(六)印花税税收优惠

下列凭证,免征印花税:(1)应税凭证的副本或者抄本;(2)依照法律规定应当予以免税的外国驻华使馆、领事馆和国际组织驻华代表机构为获得馆舍书立的应税凭证;(3)中国人民解放军、中国人民武装警察部队书立的应税凭证;(4)农民、家庭农场、农民专业合作社、农村集体经济组织、村民委员会购买农业生产资料或者销售农产品书立的买卖合同和农业保险合同;(5)无息或者贴息借款合同、国际金融组织向中国提供优惠贷款书立的借款合同;(6)财产所有权人将财产赠与政府、学校、社会福利机构、慈善组织书立的产权转移书据;(7)非营利性医疗卫生机构采购药品或者卫生材料书立的买卖合同;(8)个人与电子商务经营者订立的电子订单。

(七)印花税征收管理

1.纳税义务发生时间

印花税的纳税义务发生时间为纳税人书立应税凭证或者完成证券交易的当日。

证券交易印花税扣缴义务发生时间为证券交易完成的当日。

2.纳税地点

纳税人为单位的,应当向其机构所在地的主管税务机关申报缴纳印花税;纳税人为个人的,应当向应税凭证书立地或者纳税人居住地的主管税务机关申报缴纳印花税。

不动产产权发生转移的,纳税人应当向不动产所在地的主管税务机关申报缴纳印花税。

纳税人为境外单位或者个人,在境内有代理人的,以其境内代理人为扣缴义务人;在境

内没有代理人的,由纳税人自行申报缴纳印花税,具体办法由国务院税务主管部门规定。

证券登记结算机构为证券交易印花税的扣缴义务人,应当向其机构所在地的主管税务机关申报解缴税款以及银行结算的利息。

3.纳税期限

印花税按季、按年或者按次计征。实行按季、按年计征的,纳税人应当自季度、年度终了之日起 15 日内申报缴纳税款;实行按次计征的,纳税人应当自纳税义务发生之日起 15 日内申报缴纳税款。

证券交易印花税按周解缴。证券交易印花税扣缴义务人应当自每周终了之日起 5 日内申报解缴税款以及银行结算的利息。

4.缴纳方式

(1)印花税可以采用粘贴印花税票或者由税务机关依法开具其他完税凭证的方式缴纳。

(2)印花税票粘贴在应税凭证上的,由纳税人在每枚税票的骑缝处盖戳注销或者画销。

(3)印花税票由国务院税务主管部门监制。

四、车辆购置税法律制度

车辆购置税是对在中国境内购置应税车辆的单位和个人征收的一种税。我国自 2001 年 1 月 1 日起开征车辆购置税,2018 年 12 月 29 日第十三届全国人大常委会第七次会议通过了《中华人民共和国车辆购置税法》,并于 2019 年 7 月 1 日起施行。

(一)车辆购置税纳税人

车辆购置税的纳税义务人是在中华人民共和国境内购置汽车、有轨电车、汽车挂车、排气量超过 150 毫升摩托车的单位和个人。

购置,是指以购买、进口、自产、受赠、获奖或其他方式取得并自用应税车辆的行为。

(二)车辆购置税的税率与计税依据

车辆购置税的税率为 10%。

车辆购置税的计税依据为应税车辆的计税价格。计税价格根据不同情况,按照下列规定确定:

(1)纳税人购买自用应税车辆的计税依据为纳税人实际支付给销售者的全部价款,不包含增值税款;

(2)纳税人进口自用应税车辆的计税价格为关税完税价格加上关税和消费税;

(3)纳税人自产自用应税车辆的计税价格,按照纳税人生产的同类应税车辆的销售价格确定,不包括增值税税款,没有同类应税车辆销售价格的,按照组成计税价格确定;

(4)纳税人以受赠、获奖或者其他方式取得自用应税车辆的计税价格,按照购置应税车辆时相关凭证载明的价格确定,不包括增值税税款;

(5)纳税人申报的应税车辆计税价格明显偏低,由税务机关依照有关规定核定其应纳税额。

(三)应纳税额的计算

应纳税额＝计税依据×税率

(四)车辆购置税税收优惠

下列车辆免征车辆购置税：

(1)依照法律规定应当予以免税的外国驻华使馆、领事馆和国际组织驻华机构及其外交人员自用车辆；

(2)中国人民解放军和中国人民武装警察部队列入军队武器装备订货计划的车辆免税；

(3)悬挂应急救援专用号牌的国家综合性消防救援车辆；

(4)设有固定装置的非运输专用车辆；

(5)城市公交企业购置的公共汽车车辆。

(五)车辆购置税征收管理

车辆购置税的纳税义务发生时间为纳税人购置应税车辆的当日。纳税人应当自纳税义务发生之日起 60 日内申报缴纳车辆购置税。纳税人应当在向公安机关交通管理部门办理车辆注册登记前，缴纳车辆购置税。

纳税人购置应税车辆，应当向车辆登记地的主管税务机关申报缴纳车辆购置税；购置不需要办理车辆登记的应税车辆的，应当向纳税人所在地的主管税务机关申报缴纳车辆购置税。

免税、减税车辆因转让、改变用途等原因不再属于免税、减税范围的，纳税人应当在办理车辆转移登记或者变更登记前缴纳车辆购置税。计税价格以免税、减税车辆初次办理纳税申报时确定的计税价格为基准，每满一年扣减 10％。

纳税人将已征车辆购置税的车辆退回车辆生产企业或者销售企业的，可以向主管税务机关申请退还车辆购置税。退税额以已缴税款为基准，自缴纳税款之日至申请退税之日，每满一年扣减 10％。

五、船舶吨税法律制度

船舶吨税(以下简称吨税)，是对自中国境外港口进入境内港口的船舶(以下简称"应税船舶")征收的一种税。2017 年 12 月 27 日第十二届全国人民代表大会常务委员会第三十一次会议通过《中华人民共和国船舶吨税法》，自 2018 年 7 月 1 日起施行。

(一)吨税纳税人

以应税船舶负责人为纳税人。

(二)吨税税目税率

吨税税目按船舶净吨位的大小分等级设置为 4 个税目。税率采用定额税率，分为 30 日、90 日和 1 年三种不同的税率，具体分为两类：普通税率和优惠税率。我国国籍的应税船舶、船籍国(地区)与我国签订含有互相给予船舶税费最惠国待遇条款的条约或者协定的应税船舶,适用优惠税率;其他应税船舶,适用普通税率。我国现行吨税税目税率见表 3-14。

表 3-14 吨税税目税率表

税 目 (按船舶净吨位划分)	税率/(元/净吨)					
	普通税率 (按执照期限划分)			优惠税率 (按执照期限划分)		
	1 年	90 日	30 日	1 年	90 日	30 日
不超过 2 000 净吨	12.6	4.2	2.1	9.0	3.0	1.5
超过 2 000 净吨,但不超过 10 000 净吨	24.0	8.0	4.0	17.4	5.8	2.9
超过 10 000 净吨,但不超过 50 000 净吨	27.6	9.2	4.6	19.8	6.6	3.3
超过 50 000 净吨	31.8	10.6	5.3	22.8	7.6	3.8

(三)吨税计税依据

吨税以船舶净吨位为计税依据。拖船按照发动机功率每千瓦折合净吨位 0.67 吨,无法提供净吨位证明文件的游艇按照发动机功率每千瓦折合净吨位 0.05 吨,拖船和非机动驳船分别按相同净吨位船舶税率的 50% 计征。

(四)吨税应纳税额的计算

吨税按照船舶净吨位和吨税执照期限征收,应税船舶负责人在每次申报纳税时,可以按照"吨税税目税率表"选择申领一种期限的吨税执照。应纳税额的计算公式为:

$$应纳税额＝应税船舶净吨位×适用税率$$

海关根据船舶负责人的申报,审核其申报吨位与其提供的船舶吨位证明和船舶国籍证书或者海事部门签发的船舶国籍证书收存证明相符后,按其申报执照的期限计征吨税,并填发缴款凭证交船舶负责人缴纳税款。

(五)吨税税收优惠

下列船舶免征吨税:

(1)应纳税额在人民币 50 元以下的船舶;

(2)自境外以购买、受赠、继承等方式取得船舶所有权的初次进口到港的空载船舶;

(3)吨税执照期满后 24 小时内不上下客货的船舶;

(4)非机动船舶(不包括非机动驳船);

(5)捕捞、养殖渔船;

(6)避难、防疫隔离、修理、终止运营或者拆解,并不上下客货的船舶;

(7)军队、武装警察部队专用或者征用的船舶;

(8)警用船舶;

(9)依照法律规定应当予以免税的外国驻华使领馆、国际组织驻华代表机构及其有关人员的船舶;

(10)国务院规定的其他船舶。

(六)吨税征收管理

1.纳税义务发生时间

吨税纳税义务发生时间为应税船舶进入境内港口的当日,应税船舶在吨税执照期满后尚未离开港口的,应当申领新的吨税执照,自上一执照期满的次日起续缴吨税。

应税船舶在进入港口办理入境手续时,应当向海关申报纳税领取吨税执照,或者交验吨税执照(或者申请核验吨税执照电子信息)。应税船舶在离开港口办理出境手续时,应当交验吨税执照(或者申请核验吨税执照电子信息)。

应税船舶负责人申领吨税执照时,应当向海关提供下列文件:

(1)船舶国籍证书或者海事部门签发的船舶国籍证书收存证明;

(2)船舶吨位证明。

2.纳税期限

应税船舶负责人应当自海关填发吨税缴款凭证之日起15日内缴清税款。未按期缴清税款的,自滞纳税款之日起至缴清税款之日止,按日加收滞纳税款万分之五的税款滞纳金。

应税船舶到达港口前,经海关核准先行申报并办结出入境手续的,应税船舶负责人应当向海关提供与其依法履行吨税缴纳义务相适应的担保;应税船舶到达港口后,按规定向海关申报纳税。

人民币、可自由兑换货币,汇票、本票、支票、债券、存单,银行、非银行金融机构的保函和海关依法认可的其他财产、权利,可以用于担保。

3.其他相关规定

吨税由海关负责征收。海关征收吨税应当制发缴款凭证。

海关发现少征或者漏征税款的,应当自应税船舶应当缴纳税款之日起1年内,补征税款。但因应税船舶违反规定造成少征或者漏征税款的,海关可以自应当缴纳税款之日起3年内追征税款,并自应当缴纳税款之日起按日加征少征或者漏征税款万分之五的税款滞纳金。

海关发现多征税款的,应当在24小时内通知应税船舶办理退还手续,并加算银行同期活期存款利息。

应税船舶发现多缴税款的,可以自缴纳税款之日起3年内以书面形式要求海关退还多缴的税款并加算银行同期活期存款利息;海关应当自受理退税申请之日起30日内查实并通知应税船舶办理退还手续。

六、环境保护税法律制度

环境保护税是为了保护和改善环境,减少污染物排放,推进生态文明建设而征收的一种税。2018年1月1日,《中华人民共和国环境保护税法》(以下简称《环境保护税法》)正式实施。

(一)环境保护税纳税人

环境保护税的纳税人为在中华人民共和国领域和中华人民共和国管辖的其他海域,直接向环境排放应税污染物的企业事业单位和其他生产经营者。按照规定征收环境保护税,不再征收排污费。

(二)环境保护税征税范围

环境保护税的征税范围是《环境保护税法》所附"环境保护税税目税额表""应税污染物和当量值表"规定的大气污染物、水污染物、固体废物和噪声等应税污染物。

有下列情形之一的,不属于直接向环境排放污染物,不缴纳相应污染物的环境保护税:(1)企业事业单位和其他生产经营者向依法设立的污水集中处理、生活垃圾集中处理场所排放应税污染物的;(2)企业事业单位和其他生产经营者在符合国家和地方环境保护标准的设施、场所储存或者处置固体废物的。

依法设立的城乡污水集中处理、生活垃圾集中处理场所超过国家和地方规定的排放标准向环境排放应税污染物的,应当缴纳环境保护税。

企业事业单位和其他生产经营者储存或者处置固体废物不符合国家和地方环境保护标准的,应当缴纳环境保护税。

(三)环境保护税税率

环境保护税实行定额税率。税目、税额依照"环境保护税税目税额表"(见表 3-15)执行。

表 3-15　环境保护税税目税额表

税　　目		计税单位	税　　额	备　　注
大气污染物		每污染当量	1.2～12 元	
水污染物		每污染当量	1.4～14 元	
固体废物	煤矸石	每吨	5 元	
	尾矿	每吨	15 元	
	危险废物	每吨	1 000 元	
	冶炼渣、粉煤灰、炉渣、其他固体废物(含半固态、液态废物)	每吨	25 元	
噪声	工业噪声	超标 1～3 分贝	每月 350 元	1.一个单位边界上有多处噪声超标,根据最高一处超标声级计算应纳税额;当沿边界长度超过 100 米有两处以上噪声超标,按照两个单位计算应纳税额。 2.一个单位有不同地点作业场所的,应当分别计算应纳税额,合并计征。 3.昼、夜均超标的环境噪声,昼、夜分别计算应纳税额,累计计征。 4.声源一个月内超标不足 15 天的,减半计算应纳税额。 5.夜间频繁突发和夜间偶然突发厂界超标噪声,按等效声级和峰值噪声两种指标中超标分贝值高的一项计算应纳税额。
		超标 4～6 分贝	每月 700 元	
		超标 7～9 分贝	每月 1 400 元	
		超标 10～12 分贝	每月 2 800 元	
		超标 13～15 分贝	每月 5 600 元	
		超标 16 分贝以上	每月 11 200 元	

应税大气污染物和水污染物的具体适用税额的确定和调整,由省、自治区、直辖市人民政府统筹考虑本地区环境承载能力、污染物排放现状和经济社会生态发展目标要求,在"环境保护税税目税额表"规定的税额幅度内提出,报同级人民代表大会常务委员会决定,并报全国人大常委会和国务院备案。

(四)环境保护税计税依据

应税污染物的计税依据,按照下列方法确定:

(1)应税大气污染物按照污染物排放量折合的污染当量数确定。

(2)应税水污染物按照污染物排放量折合的污染当量数确定。

(3)应税固体废物按照固体废物的排放量确定。

(4)应税噪声按照超过国家规定标准的分贝数确定。

(五)环境保护税应纳税额的计算

1.环境保护税应纳税额的计算公式

环境保护税应纳税额按照下列方法计算:

应税大气污染物的应纳税额=污染当量数×具体适用税额

应税水污染物的应纳税额=污染当量数×具体适用税额

应税固体废物的应纳税额=固体废物排放量×具体适用税额

应税噪声的应纳税额=超过国家规定标准的分贝数对应的具体适用税额

2.排放量和噪声分贝数的计算

应税大气污染物、水污染物、固体废物的排放量和噪声的分贝数,按照下列方法和顺序计算:

(1)纳税人安装使用符合国家规定和监测规范的污染物自动监测设备的,按照污染物自动监测数据计算。

(2)纳税人未安装使用污染物自动监测设备的,按照监测机构出具的符合国家有关规定和监测规范的监测数据计算。

(3)因排放污染物种类多等原因不具备监测条件的,按照国务院环境保护主管部门规定的排污系数、物料衡算方法计算。

(4)不能按上述(1)至(3)项规定的方法计算的,按照省、自治区、直辖市人民政府环境保护主管部门规定的抽样测算的方法核定计算。

(六)环境保护税税收优惠

1.暂予免征环境保护税的情形

下列情形,暂予免征环境保护税:

(1)农业生产(不包括规模化养殖)排放应税污染物的;

(2)机动车、铁路机车、非道路移动机械、船舶和航空器等流动污染源排放应税污染物的;

(3)依法设立的城乡污水集中处理、生活垃圾集中处理场所排放相应应税污染物,不超过国家和地方规定的排放标准的;

（4）纳税人综合利用的固体废物,符合国家和地方环境保护标准的;

（5）国务院批准免税的其他情形。

2.减征环境保护税的情形

纳税人排放应税大气污染物或者水污染物的浓度值低于国家和地方规定的污染物排放标准 30% 的,减按 75% 征收环境保护税。

纳税人排放应税大气污染物或者水污染物的浓度值低于国家和地方规定的污染物排放标准 50% 的,减按 50% 征收环境保护税。

(七)环境保护税征收管理

1.征收机关

环境保护税由税务机关依照《税收征管法》和《环境保护税法》的有关规定征收管理。

环境保护主管部门应当将排污单位的排污许可、污染物排放数据、环境违法和受行政处罚情况等环境保护相关信息,定期交送税务机关。税务机关应当将纳税人的纳税申报、税款入库、减免税额、欠缴税款以及风险疑点等环境保护税涉税信息,定期交送环境保护主管部门。

2.纳税义务发生时间与纳税地点

环境保护税纳税义务发生时间为纳税人排放应税污染物的当日。

纳税人应当向应税污染物排放地的税务机关申报缴纳环境保护税。

3.纳税申报

环境保护税按月计算,按季申报缴纳。不能按固定期限计算缴纳的,可以按次申报缴纳。

纳税人按季申报缴纳的,应当自季度终了之日起 15 日内,向税务机关办理纳税申报并缴纳税款。纳税人按次申报缴纳的,应当自纳税义务发生之日起 15 日内,向税务机关办理纳税申报并缴纳税款。

七、烟叶税法律制度

烟叶税是向收购烟叶的单位征收的一种税。

(一)烟叶税纳税人

烟叶税的纳税人为在中华人民共和国境内收购烟叶的单位。我国实行烟草专卖制度,因此烟叶税的纳税人具有特定性,一般是有权收购烟叶的烟草公司或者受其委托收购烟叶的单位。

(二)烟叶税征税范围

烟叶税的征税范围包括晾晒烟叶、烤烟叶。

(三)烟叶税税率

烟叶税实行比例税率,税率为 20%。

(四)烟叶税计税依据

烟叶税的计税依据是纳税人收购烟叶实际支付的价款总额,包括纳税人支付给烟叶

生产销售单位和个人的烟叶收购价款和价外补贴。其中,价外补贴统一按烟叶收购价款的10%计算。价款总额的计算公式为:

$$价款总额 = 收购价款 \times (1 + 10\%)$$

(五)烟叶税应纳税额的计算

烟叶税应纳税额的计算公式为:

$$应纳税额 = 价款总额 \times 税率 = 收购价款 \times (1 + 10\%) \times 税率$$

(六)烟叶税征收管理

烟叶税的纳税义务发生时间为纳税人收购烟叶的当日。烟叶税在烟叶收购环节征收。纳税人收购烟叶即发生纳税义务。

烟叶税按月计征,纳税人应当于纳税义务发生月终了之日起15日内申报并缴纳税款。纳税人收购烟叶,应当向烟叶收购地的主管税务机关申报纳税。

任务七　税收征管法律制度

一、税收征收管理法概述

(一)税收征收管理法的概念

税收征收管理法,是指调整税收征收与管理过程中所发生的社会关系的法律规范的总称。税收征收管理法属于税收程序法,它是以规定税收实体法中所确定的权利义务的履行程序为主要内容的法律规范,是税法的有机组成部分。

(二)税收征收管理法的适用范围

凡依法由税务机关征收的各种税收的征收管理,均适用《征收征管法》。就现行有效税种而言,增值税、消费税、城市维护建设税、企业所得税、个人所得税、房产税、契税、土地增值税、城镇土地使用税、耕地占用税、车船税、车辆购置税、印花税、资源税、环境保护税、烟叶税等税种的征收管理适用《征收征管法》。

由海关负责征收的关税和船舶吨税以及海关代征的进口环节的增值税、消费税,依照法律、行政法规的有关规定执行。

我国同外国缔结的有关税收的条约、协定同《征收征管法》有不同规定的,依照条约、协定的规定办理。

(三)税收征收管理法的适用对象

1.税收征收管理主体

国务院税务主管部门主管全国税收征收管理工作。各地税务局应当按照国务院规定的税收征收管理范围分别进行征收管理。

税务机关是指各级税务局、税务分局、税务所和省以下税务局的稽查局。稽查局专司偷税(逃税)、逃避追缴欠税、骗税、抗税案件的查处。国务税务总局应当明确划分税务局和稽查局的职责,避免职责交叉。税务机关依法执行职务,任何单位和个人不得阻挠。

2.税收征收管理相对人

税收征收管理相对人包括纳税人和扣缴义务人。纳税人和扣缴义务人必须依照法律、行政法规的规定缴纳税款,代扣代缴、代收代缴税款。

3.相关单位和部门

地方各级人民政府应当依法加强对本行政区域内税收征收管理工作的领导或者协调,支持税务机关依法执行职务,依照法定税率计算税额,依法征收税款。

各有关部门和单位应当支持、协助税务机关依法执行职务。

(四)税收征纳双方的权利和义务

税收征纳主体双方在税收征收管理中既享有各自的权利,也须承担各自的义务,它们共同构成了税收法律关系的内容。

1.征税主体的权利和义务

征税主体的权利与义务直接体现为税收征收管理中征税机关和税务人员的职权和职责。

征税主体作为国家税收征收管理的职能部门,享有税务行政管理权。税务机关和税务人员的职权主要包括:

(1)税收立法权。税收立法权包括参与起草税收法律法规草案,提出税收政策建议,在职权范围内制定、发布关于税收征管的部门规章等。

(2)税务管理权。税务管理权包括对纳税人进行税务登记管理、账簿和凭证管理、发票管理、纳税申报管理等。

(3)税款征收权。税款征收权是征税主体享有的最基本、最主要的职权。税款征收权包括依法计征权、核定税款权、税收保全和强制执行权、追征税款权等。

(4)税务检查权。税务检查权包括查账权、场地检查权、询问权、责成提供资料权、存款账户核查权等。

(5)税务行政处罚权。税务行政处罚权是对税收违法行为依照法定标准予以行政制裁的职权,如罚款等。

(6)其他职权。如在法律、行政法规规定的权限内,对纳税人的减、免、退、延期缴纳的申请予以审批的权力;阻止欠税纳税人离境的权力;委托代征权;估税权;代位权与撤销权;定期对纳税人欠缴税款情况予以公告的权力;上诉权等。

征税机关和税务人员在行使职权时,也要履行相应的职责,主要包括:

(1)宣传税收法律、行政法规,普及纳税知识,无偿为纳税人提供纳税咨询服务。

(2)依法为纳税人、扣缴义务人的情况保守秘密,为检举违反税法行为者保密。纳税人、扣缴义务人的税收违法行为不属于保密范围。

(3)加强队伍建设,提高税务人员的政治业务素质。

(4)秉公执法,忠于职守,清正廉洁,礼貌待人,文明服务,尊重和保护纳税人、扣缴义务人的权利,依法接受监督。

(5)税务人员不得索贿受贿、徇私舞弊、玩忽职守、不征或者少征应征税款;不得滥用职权多征税款或者故意刁难纳税人和扣缴义务人。

(6)税务人员在核定应纳税额、调整税收定额、进行税务检查、实施税务行政处罚、办理税务行政复议时,与纳税人、扣缴义务人或者其法定代表人、直接责任人有利害关系,包括夫妻关系、直系血亲关系、三代以内旁系血亲关系、近姻亲关系、可能影响公正执法的其他利害关系的,应当回避。

(7)建立、健全内部制约和监督管理制度。上级税务机关应当对下级税务机关的执法活动依法进行监督。各级税务机关应当对其工作人员执行法律、行政法规和廉洁自律准则的情况进行监督检查。

2.纳税主体的权利和义务

在税收法律关系中,纳税主体处于行政管理相对人的地位,须承担纳税义务,但也仍然享有相应的法定权利。

纳税主体的权利包括:(1)知情权;(2)要求保密权;(3)依法享受税收优惠权;(4)申请退还多缴税款权;(5)申请延期申报权;(6)纳税申报方式选择权;(7)申请延期缴纳税款权;(8)索取有关税收凭证的权利;(9)委托税务代理权;(10)陈述权、申辩权;(11)对未出示税务检查证和税务检查通知书的拒绝检查权;(12)依法要求听证的权利;(13)税收法律救济权;(14)税收监督权。

纳税主体的义务包括:(1)按期办理税务登记,及时核定应纳税种、税目;(2)依法设置账簿、保管账簿和有关资料以及依法开具、使用、取得和保管发票的义务;(3)财务会计制度和会计核算软件备案的义务;(4)按照规定安装、使用税控装置的义务;(5)按期、如实办理纳税申报的义务;(6)按期缴纳或解缴税款的义务;(7)接受税务检查的义务;(8)代扣、代收税款的义务;(9)及时提供信息的义务,如纳税人有歇业、经营情况变化、遭受各种灾害等特殊情况的,应及时向征税机关说明等;(10)报告其他涉税信息的义务,如企业合并、分立的报告义务等。

二、税务登记管理

税务登记又称纳税登记,是税务机关对纳税人的基本情况及生产经营项目进行登记管理的一项基本制度,是税务机关对纳税人实施税收征收管理的起点。税务登记的作用在于掌握纳税人的基本情况和税源分布情况。从税务登记开始,纳税人的身份及征纳双方的法律关系即得到确认。

(一)税务登记申请人

企业,企业在外地设立的分支机构和从事生产、经营的场所,个体工商户和从事生产、经营的事业单位,都应当办理税务登记(统称从事生产、经营的纳税人)。

前述规定以外的纳税人,除国家机关、个人和无固定生产、经营场所的流动性农村小商贩外,也应当办理税务登记(以下统称非从事生产经营但依照规定负有纳税义务的纳税人)。

根据税收法律、行政法规的规定,负有扣缴税款义务的扣缴义务人(国家机关除外),应当办理扣缴税款登记。

(二)税务登记主管机关

县以上(含本级,下同)税务局(分局)是税务登记的主管机关,负责税务登记的设立登记、变更登记、注销登记和税务登记证验证、换证以及非正常户处理、报验登记等有关事项。

县以上税务局(分局)按照国务院规定的税收征收管理范围,实施属地管理,办理税务登记。有条件的城市,可以按照"各区分散受理、全市集中处理"的原则办理税务登记。

(三)税务登记的内容

根据我国法律和行政法规的规定,我国现行税务登记包括设立(开业)税务登记、变更税务登记、注销税务登记、外出经营报验登记以及停业、复业登记等。

1.设立(开业)税务登记

(1)办理税务登记的地点

从事生产、经营的纳税人,向生产、经营所在地税务机关办理税务登记。非从事生产经营但依照规定负有纳税义务的其他纳税人,向纳税义务发生地税务机关办理税务登记。

税务机关对纳税人税务登记地点发生争议的,由其共同的上级税务机关指定管辖。

(2)申报办理税务登记的时限

从事生产、经营的纳税人领取工商营业执照的,应当自领取工商营业执照之日起30日内申报办理税务登记,税务机关发放税务登记证及副本。

从事生产、经营的纳税人未办理工商营业执照但经有关部门批准设立的,应当自有关部门批准设立之日起30日内申报办理税务登记,税务机关发放税务登记证及副本。

从事生产、经营的纳税人未办理工商营业执照也未经有关部门批准设立的,应当自纳税义务发生之日起30日内申报办理税务登记,税务机关发放临时税务登记证及副本。

有独立的生产经营权、在财务上独立核算并定期向发包人或者出租人上交承包费或租金的承包承租人,应当自承包承租合同签订之日起30日内,向其承包承租业务发生地税务机关申报办理税务登记,税务机关发放临时税务登记证及副本。

境外企业在中国境内承包建筑、安装、装配、勘探工程和提供劳务的,应当自项目合同或协议签订之日起30日内,向项目所在地税务机关申报办理税务登记,税务机关发放临时税务登记证及副本。

非从事生产经营但依照规定负有纳税义务的其他纳税人,除国家机关、个人和无固定生产、经营场所的流动性农村小商贩外,均应当自纳税义务发生之日起30日内,向纳税义务发生地税务机关申报办理税务登记,税务机关发放税务登记证及副本。

(3)办理税务登记的程序

纳税人应当在规定的时限内,向主管税务机关申报办理税务登记,并根据不同情况向主管税务机关如实提供以下证件和资料:工商营业执照或其他核准执业证件;有关合同、章程、协议书;组织机构统一代码证书;法定代表人或负责人或业主的居民身份证、护照或者其他合法证件。其他需要提供的有关证件、资料,由省、自治区、直辖市税务机关确定。

纳税人在申报办理税务登记时,应当如实填写税务登记表。税务登记表的主要内容包括:单位名称、法定代表人或者业主姓名及其居民身份证、护照或者其他合法证件的号码;住所、经营地点;登记类型;核算方式;生产经营方式;生产经营范围;注册资金(资本)、投资总额;生产经营期限;财务负责人、联系电话;国家税务总局确定的其他有关事项。

纳税人提交的证件和资料齐全且税务登记表的填写内容符合规定的,税务机关应当日办理并发放税务登记证件。纳税人提交的证件和资料不齐全或税务登记表的填写内容不符合规定的,税务机关应当场通知其补正或重新填报。

为提升政府行政服务效率,降低市场主体创设的制度性交易成本,激发市场活力和社会创新力,自 2015 年 10 月 1 日起,登记制度改革在全国推行。随着国务院简政放权、放管结合、优化服务的"放管服"改革不断深化,登记制度改革从"三证合一"推进为"五证合一",又进一步推进为"多证合一、一照一码"。使"一照一码"营业执照成为企业唯一的"身份证",使统一社会信用代码成为企业唯一的身份代码,实现企业"一照一码"走天下。由此,纳税人以 18 位统一社会信用代码为其纳税人识别号,按照现行规定办理税务登记,发放税务登记证件。

纳税人应当将税务登记证件正本在其生产、经营场所或者办公场所公开悬挂,接受税务机关检查。

税务登记证件的主要内容包括:纳税人名称、税务登记代码、法定代表人或负责人、生产经营地址、登记类型、核算方式、生产经营范围(主营、兼营)、发证日期、证件有效期等。

纳税人办理开立银行账户和领购发票事项时,必须提供税务登记证件。纳税人办理其他税务事项时,应当出示税务登记证件,经税务机关核准相关信息后办理手续。

税务机关对税务登记证件实行定期验证和换证制度。纳税人应当在规定的期限内持有关证件到主管税务机关办理验证或者换证手续。

纳税人遗失税务登记证件的,应当在 15 日内书面报告主管税务机关,并登报声明作废。

2.变更税务登记

变更税务登记,是指纳税人办理设立税务登记后,因登记内容发生变化,需要对原有登记内容进行更改,而向主管税务机关申报办理的税务登记。

纳税人已在市场监管部门办理变更登记的,应当自变更登记之日起 30 日内,向原税务登记机关申报办理变更税务登记。

纳税人按照规定不需要在市场监管部门办理变更登记,或者其变更登记的内容与工商登记内容无关的,应当自税务登记内容实际发生变化之日起 30 日内,或者自有关机关批准或者宣布变更之日起 30 日内,到原税务登记机关申报办理变更税务登记。

纳税人提交的有关变更登记的证件、资料齐全的,应如实填写税务登记变更表,符合规定的,税务机关应当日办理;不符合规定的,税务机关应通知其补正。

税务机关应当于受理当日办理变更税务登记。纳税人税务登记表和税务登记证中的内容都发生变更的,税务机关按变更后的内容重新发放税务登记证件;纳税人税务登记表的内容发生变更而税务登记证中的内容未发生变更的,税务机关不重新发放税务登记证件。

3.停业、复业登记

停业、复业登记,是指实行定期定额征收方式的纳税人,因自身经营的需要暂停经营或者恢复经营而向主管税务机关申请办理的税务登记手续。

(1)停业登记

实行定期定额征收方式的个体工商户需要停业的,应当在停业前向税务机关申报办理停业登记。纳税人的停业期限不得超过1年。

纳税人在申报办理停业登记时,应如实填写停业复业报告书,说明停业理由、停业期限、停业前的纳税情况和发票的领、用、存情况,并结清应纳税款、滞纳金、罚款。税务机关应收存其税务登记证件及副本、发票领购簿、未使用完的发票和其他税务证件。

纳税人在停业期间发生纳税义务的,应当按照税收法律、行政法规的规定申报缴纳税款。

(2)复业登记

纳税人应当于恢复生产经营之前,向税务机关申报办理复业登记,如实填写停业复业报告书,领回并启用税务登记证件、发票领购簿及其停业前领购的发票。

纳税人停业期满不能及时恢复生产经营的,应当在停业期满前到税务机关办理延长停业登记,并如实填写停业复业报告书。

4.外出经营报验登记

外出经营报验登记,是指从事生产经营的纳税人到外县(市)进行临时性的生产经营活动时,按规定申报办理的税务登记手续。

纳税人跨省税务机关管辖区域(以下简称跨省)经营的,应当在外出生产经营以前,持税务登记证到主管税务机关开具《外出经营活动税收管理证明》(以下简称《外管证》)。纳税人在省税务机关管辖区域内跨县(市)经营的,是否开具《外管证》由省税务机关自行确定。

税务机关按照"一地一证"的原则,发放《外管证》。《外管证》的有效期限一般为30日,最长不得超过180日,但建筑安装行业纳税人项目合同期限超过180日的,按照合同期限确定有效期限。

纳税人应当在《外管证》注明地进行生产经营前,向当地税务机关报验登记并提交税务登记证副本和《外管证》(实行实名办税的纳税人,可不提供)。从事建筑安装的纳税人另需提供外出经营合同或外出经营活动情况说明。纳税人在《外管证》注明地销售货物的,除提交以上证件、资料外,还应如实填写外出经营货物报验单,申报查验货物。

纳税人应当自《外管证》签发之日起30日内,持《外管证》向经营地税务机关报验登记,并接受经营地税务机关的管理。

纳税人外出经营活动结束,应当向经营地税务机关填报《外出经营活动情况申报表》,并结清税款、缴销发票。

纳税人应当在《外管证》有效期届满后10日内,持《外管证》回原税务登记地税务机关办理《外管证》缴销手续。

5.注销税务登记

注销税务登记,是指纳税人由于出现法定情形终止纳税义务时,向原税务机关申请办理的取消税务登记的手续。办理注销税务登记后,该当事人不再接受原税务机关的管理。

(1)办理注销税务登记的原因

纳税人发生以下情形的,向主管税务机关申报办理注销税务登记:

①纳税人发生解散、破产、撤销以及其他情形,依法终止纳税义务的;

②纳税人被市场监管部门吊销营业执照或者被其他机关予以撤销登记的;

③纳税人因住所、经营地点变动,涉及变更税务登记机关的;

④境外企业在中国境内承包建筑、安装、装配、勘探工程和提供劳务的,项目完工、离开中国的。

(2)申报办理注销税务登记的时限

①纳税人发生解散、破产、撤销以及其他情形,依法终止纳税义务的,应当在向市场监管部门或者其他机关办理注销登记前,持有关证件和资料向原税务登记机关申报办理注销税务登记;按规定不需要在市场监管部门或者其他机关办理注册登记的,应当自有关机关批准或者宣告终止之日起15日内,持有关证件和资料向原税务登记机关申报办理注销税务登记。

②纳税人被市场监管部门吊销营业执照或者被其他机关予以撤销登记的,应当自营业执照被吊销或者被撤销登记之日起15日内,向原税务登记机关申报办理注销税务登记。

③纳税人因住所、经营地点变动,涉及改变税务登记机关的,应当在向市场监管部门或者其他机关申请办理变更、注销登记前,或者住所、经营地点变动前,持有关证件和资料,向原税务登记机关申报办理注销税务登记,并自注销税务登记之日起30日内向迁达地税务机关申报办理税务登记。

④境外企业在中国境内承包建筑、安装、装配、勘探工程和提供劳务的,应当在项目完工、离开中国前15日内,持有关证件和资料,向原税务登记机关申报办理注销税务登记。

(3)清税证明的出具

①已实行"多证合一、一照一码"登记模式的企业办理注销登记,须先向主管税务机关申报清税,填写清税申报表。清税完毕后,受理税务机关根据清税结果向纳税人统一出具清税证明。

②清税证明免办。向市场监管部门申请简易注销的纳税人,未办理过涉税事宜或办理过涉税事宜但未领用发票、无欠税(滞纳金)及罚款的,可免予到税务机关办理清税证明,直接向市场监管部门申请办理注销登记。

③清税证明即办。向市场监管部门申请简易注销的纳税人,未办理过涉税事宜且主动到税务机关办理清税的,税务机关可根据纳税人提供的营业执照即时出具清税文书。办理过涉税事宜但未领用发票、无欠税(滞纳金)及罚款的纳税人,主动到税务机关办理清税,资料齐全的,税务机关即时出具清税文书;资料不齐的,可采取"承诺制"容缺办理,在其作出承诺后,即时出具清税文书。

经人民法院裁定宣告破产的纳税人,持人民法院终结破产程序裁定书向税务机关申请税务注销的,税务机关即时出具清税文书,按照有关规定核销"死欠"。

对向市场监管部门申请一般注销的纳税人,税务机关在为其办理税务注销时,进一步落实限时办结规定。对未处于税务检查状态、无欠税（滞纳金）及罚款、已缴销增值税专用发票及税控专用设备，且具备法定情形之一的纳税人，优化即时办结服务，采取"承诺制"容缺办理，即纳税人在办理税务注销时，若资料不齐，可在其作出承诺后，税务机关即时出具清税文书。这里的法定情形是指纳税信用级别为 A 级和 B 级的纳税人；控股母公司纳税信用级别为 A 级的 M 级纳税人；省级人民政府引进人才或经省级以上行业协会等机构认定的行业领军人才等创办的企业；未纳入纳税信用级别评价的定期定额个体工商户；未达到增值税纳税起征点的纳税人。纳税人应按承诺的时限补齐资料并办结相关事项，未履行承诺的，税务机关将对其法定代表人、财务负责人纳入纳税信用 D 级管理。

（4）优化税务注销登记程序的其他规定

纳税人办理注销税务登记前，应当向税务机关提交相关证明文件和资料，结清应纳税款、多退（免）税款、滞纳金和罚款，缴销发票、税务登记证件和其他税务证件，经税务机关核准后，办理注销税务登记手续。

处于非正常状态纳税人在办理税务注销前，需先解除非正常状态，补办纳税申报手续。纳税人符合非正常状态期间增值税、消费税和相关附加需补办的申报均为零申报的，或者非正常状态期间企业所得税月（季）度预缴需补办的申报均为零申报，且不存在弥补前期亏损情况的，税务机关可打印相应税种和相关附加的《批量零申报确认表》，经纳税人确认后，进行批量处理。

纳税人办理税务注销前，无须向税务机关提出终止委托扣款协议书申请。税务机关办结税务注销后，委托扣款协议自动终止。

对已实行实名办税的纳税人，免予提供以下证件、资料：税务登记证正（副）本、临时税务登记证正（副）本和发票领购簿；市场监督管理部门吊销营业执照决定原件（复印件）；上级主管部门批复文件或董事会决议原件（复印件）；项目完工证明、验收证明等相关文件原件（复印件）。

6.临时税务登记

从事生产、经营的个人应办而未办营业执照，但发生纳税义务的，可以按规定申请办理临时税务登记。

7.非正常户的认定与解除

已办理税务登记的纳税人未按照规定的期限进行纳税申报，税务机关依法责令其限期改正。纳税人逾期不改正的，税务机关可以收缴其发票或者停止向其发售发票。

纳税人负有纳税申报义务，但连续 3 个月所有税种均未进行纳税申报的，税收征管系统自动将其认定为非正常户，并停止其发票领购簿和发票的使用。

对欠税的非正常户，税务机关依照《税收征管法》的规定追征税款及滞纳金。

已认定为非正常户的纳税人，就其逾期未申报行为接受处罚、缴纳罚款，并补办纳税申报的，税收征管系统自动解除非正常状态，无须纳税人专门申请解除。

8.扣缴税款登记

根据税收法律、行政法规的规定，负有扣缴税款义务的扣缴义务人（国家机关除外），应当办理扣缴税款登记。

已办理税务登记的扣缴义务人应当自扣缴义务发生之日起 30 日内，向税务登记地税务机关申报办理扣缴税款登记。税务机关在其税务登记证件上登记扣缴税款事项,税务机关不再发放扣缴税款登记证件。

根据税收法律、行政法规的规定可不办理税务登记的扣缴义务人,应当自扣缴义务发生之日起 30 日内,向机构所在地税务机关申报办理扣缴税款登记,并由税务机关发放扣缴税款登记证件。

三、账簿和凭证管理

账簿和凭证是纳税人进行生产经营活动和核算财务收支的重要资料,也是税务机关对纳税人进行征税、管理、核查的重要依据。纳税人所使用的凭证、登记的账簿、编制的报表及其所反映的内容是否真实可靠,直接关系到计征税款依据的真实性,从而影响应纳税款及时足额入库。账簿、凭证管理是税收管理的基础性工作。

(一)账簿的设置

纳税人、扣缴义务人应按照有关法律、行政法规和国务院财政、税务主管部门的规定设置账簿,根据合法、有效凭证记账,进行核算。

(1)从事生产、经营的纳税人应当自领取营业执照或者发生纳税义务之日起 15 日内,按照国家有关规定设置账簿。

(2)生产、经营规模小又确无建账能力的纳税人,可以聘请经批准从事会计代理记账业务的专业机构或者财会人员代为建账和办理账务。聘请上述机构或者人员有实际困难的,经县以上税务机关批准,可以按照税务机关的规定,建立收支凭证粘贴簿、进货销货登记簿或者使用税控装置。

(3)扣缴义务人应当自税收法律、行政法规规定的扣缴义务发生之日起 10 日内,按照所代扣、代收的税种,分别设置代扣代缴、代收代缴税款账簿。

纳税人、扣缴义务人会计制度健全,能够通过计算机正确、完整计算其收入和所得或者代扣代缴、代收代缴税款情况的,其计算机输出的完整的书面会计记录,可视同会计账簿。

纳税人、扣缴义务人会计制度不健全,不能通过计算机正确、完整计算其收入和所得或者代扣代缴、代收代缴税款情况的,应当建立总账及与纳税或者代扣代缴、代收代缴税款有关的其他账簿。

(二)对纳税人财务会计制度及其处理办法的管理

纳税人的财务会计制度及其处理办法,是其进行会计核算的依据,直接关系到计税依据是否真实合理。

1.备案制度

从事生产、经营的纳税人应当自领取税务登记证件之日起 15 日内,将其财务、会计制度或者财务、会计处理办法报送主管税务机关备案。

纳税人使用计算机记账的,应当在使用前将会计电算化系统的会计核算软件、使用说明书及有关资料报送主管税务机关备案。

2.税法规定优先

从事生产、经营的纳税人、扣缴义务人的财务、会计制度或者财务、会计处理办法与国务院或者国务院财政、税务主管部门有关税收的规定抵触的,依照国务院或者国务院财政、税务主管部门有关税收的规定计算应纳税款、代扣代缴和代收代缴税款。

3.使用计算机记账

纳税人建立的会计电算化系统应当符合国家有关规定,并能正确、完整核算其收入或者所得。

(三)账簿、凭证等涉税资料的保存

从事生产、经营的纳税人、扣缴义务人必须按照国务院财政、税务主管部门规定的保管期限保管账簿、记账凭证、完税凭证及其他有关资料。

账簿、记账凭证、报表、完税凭证、发票、出口凭证以及其他有关涉税资料应当保存 10 年,但是法律、行政法规另有规定的除外。

账簿、记账凭证、完税凭证及其他有关资料不得伪造、变造或者擅自损毁。

四、发票管理

发票是指在购销商品、提供或者接受服务以及从事其他经营活动中,开具、收取的收付款凭证。它是确定经济收支行为发生的法定凭证,是会计核算的原始依据。

(一)发票管理机关

税务机关是发票的主管机关,负责发票印制、领购、开具、取得、保管、缴销的管理和监督。国家税务总局统一负责全国发票管理工作。省、自治区、直辖市税务机关依据各自的职责,共同做好本行政区域内的发票管理工作。财政、审计、市场监督管理、公安等有关部门在各自职责范围内,配合税务机关做好发票管理工作。

在全国范围内统一式样的发票,由国家税务总局确定。在省、自治区、直辖市范围内统一式样的发票,由省、自治区、直辖市税务机关确定。

增值税专用发票由国家税务总局确定的企业印制;其他发票,按照国家税务总局的规定,由省、自治区、直辖市税务机关确定的企业印制。禁止私自印制、伪造、变造发票。

(二)发票的种类、联次和内容

发票的种类、联次和内容以及使用范围由国家税务总局规定。

1.发票种类

(1)增值税专用发票,包括增值税专用发票(折叠票)、增值税电子专用发票和机动车销售统一发票。

(2)增值税普通发票,包括增值税普通发票(折叠票)、增值税电子普通发票和增值税普通发票(卷票)。

(3)其他发票,包括农产品收购发票、农产品销售发票、门票、过路(过桥)费发票、定额发票、客运发票和二手车销售统一发票等。

2.发票的联次和内容

发票的基本联次包括存根联、发票联、记账联。存根联由收款方或开票方留存备查；发票联由付款方或受票方作为付款原始凭证；记账联由收款方或开票方作为记账原始凭证。省以上税务机关可根据发票管理情况以及纳税人经营业务需要，增减除发票联以外的其他联次，并确定其用途。

发票的基本内容包括发票的名称、发票代码和号码、联次及用途、客户名称、开户银行及账号、商品名称或经营项目、计量单位、数量、单价、大小写金额、开票人、开票日期、开票单位（个人）名称（章）等。省以上税务机关可根据经济活动以及发票管理需要，确定发票的具体内容。

用票单位可以书面向税务机关要求使用印有本单位名称的发票，税务机关依法确认印有该单位名称发票的种类和数量。

(三)发票的领购

1.领购发票的程序

需要领购发票的单位和个人，应当持税务登记证件、经办人身份证明、按照国务院税务主管部门规定式样制作的发票专用章的印模，向主管税务机关办理发票领购手续。主管税务机关根据领购单位和个人的经营范围和规模，确认领购发票的种类、数量以及领购方式，在 5 个工作日内发给发票领购簿。

单位和个人领购发票时，应当按照税务机关的规定报告发票使用情况，税务机关应当按照规定进行查验。

2.代开发票

需要临时使用发票的单位和个人，可以凭购销商品、提供或者接受服务以及从事其他经营活动的书面证明、经办人身份证明，直接向经营地税务机关申请代开发票。依照税收法律、行政法规规定应当缴纳税款的，税务机关应当先征收税款，再开具发票。税务机关根据发票管理的需要，可以按照国务院税务主管部门的规定委托其他单位代开发票。禁止非法代开发票。

3.外地经营领购发票

临时到本省、自治区、直辖市以外从事经营活动的单位或者个人，应当凭所在地税务机关的证明，向经营地税务机关领购经营地的发票。临时在本省、自治区、直辖市以内跨市、县从事经营活动领购发票的办法，由省、自治区、直辖市税务机关规定。

税务机关对外省、自治区、直辖市来本辖区从事临时经营活动的单位和个人领购发票的，可以要求其提供保证人或者根据所领购发票的票面限额以及数量交纳不超过 1 万元的保证金，并限期缴销发票。按期缴销发票的，解除保证人的担保义务或者退还保证金；未按期缴销发票的，由保证人或者以保证金承担法律责任。税务机关收取保证金应当开具资金往来结算票据。

(四)发票的开具和使用

1.开票主体

销售商品、提供服务以及从事其他经营活动的单位和个人，对外发生经营业务收取款项,收款方应当向付款方开具发票;特殊情况下,由付款方向收款方开具发票。特殊情况包括:收购单位和扣缴义务人支付个人款项时;国家税务总局认为其他需要由付款方向收款方开具发票的。

所有单位和从事生产、经营活动的个人在购买商品、接受服务以及从事其他经营活动支付款项,应当向收款方取得发票。

在人民法院裁定受理破产申请之日至企业注销之日期间,企业因继续履行合同、生产经营或处置财产需要开具发票的,管理人可以以企业名义按规定申领开具发票或者代开发票。

2.开票程序

开具发票应当按照规定的时限、顺序、栏目,全部联次一次性如实开具,并加盖发票专用章。

安装税控装置的单位和个人,应当按照规定使用税控装置开具发票,并按期向主管税务机关报送开具发票的数据。使用非税控电子器具开具发票的,应当将非税控电子器具使用的软件程序说明资料报主管税务机关备案,并按照规定保存、报送开具发票的数据。

3.开票地域

除国务院税务主管部门规定的特殊情形外,发票限于领购单位和个人在本省、自治区、直辖市内开具。使用电子计算机开具发票,须经主管税务机关批准,并使用税务机关统一监制的机外发票,开具后的存根联应当按照顺序号装订成册。

4.禁止性规定

取得发票的主体在取得发票时,不得要求开票主体变更品名和金额。

不符合规定的发票,不得作为财务报销凭证,任何单位和个人有权拒收。

任何单位和个人不得有下列虚开发票行为:(1)为他人、为自己开具与实际经营业务情况不符的发票;(2)让他人为自己开具与实际经营业务情况不符的发票;(3)介绍他人开具与实际经营业务情况不符的发票。

5.发票的使用和保管

任何单位和个人应当按照发票管理规定使用发票,不得有下列行为:

(1)转借、转让、介绍他人转让发票、发票监制章和发票防伪专用品;

(2)知道或者应当知道是私自印制、伪造、变造、非法取得或者废止的发票而受让、开具、存放、携带、邮寄、运输;

(3)拆本使用发票;

(4)扩大发票使用范围;

(5)以其他凭证代替发票使用。

开具发票的单位和个人应当建立发票使用登记制度,设置发票登记簿,并定期向主管税务机关报告发票使用情况。开具发票的单位和个人应当在办理变更或者注销税务登记的同时,办理发票和发票领购簿的变更、撤销手续。开具发票的单位和个人应当按照税务机关的规定存放和保管发票,不得擅自损毁。已经开具的发票存根联和发票登记簿应当保存 5 年。保存期满,报经税务机关查验后销毁。

（五）发票的检查

税务机关在发票管理中有权进行下列检查：

（1）检查印制、领购、开具、取得、保管和缴销发票情况；

（2）调出发票查验；

（3）查阅、复制与发票有关的凭证、资料；

（4）向当事各方询问与发票有关的问题和情况；

（5）在查处发票案件时，对与案件有关的情况和资料，可以记录、录音、录像、照相和复制。

印制、使用发票的单位和个人，必须接受税务机关依法检查，如实反映情况，提供有关资料，不得拒绝、隐瞒。税务人员进行检查时，应当出示税务检查证。

税务机关需要将已开具的发票调出查验时，应当向被查验的单位和个人开具发票换票证。发票换票证与所调出查验的发票有同等的效力。被调出查验发票的单位和个人不得拒绝接受。税务机关需要将空白发票调出查验时，应当开具收据；经查无问题的，应当及时返还。

（六）网络发票

网络发票是指符合国家税务总局统一标准并通过国家税务总局及省、自治区、直辖市税务局公布的网络发票管理系统开具的发票。

开具发票的单位和个人开具网络发票应登录网络发票管理系统，如实完整填写发票的相关内容及数据，确认保存后打印发票。开具发票的单位和个人在线开具的网络发票，经系统自动保存数据后即完成开票信息的确认、查验。

税务机关应根据开具发票的单位和个人的经营情况，核定其在线开具网络发票的种类、行业类别、开票限额等内容。开具发票的单位和个人需要变更网络发票核定内容的，可向税务机关提出书面申请，经税务机关确认，予以变更。

单位和个人取得网络发票时，应及时查询验证网络发票信息的真实性、完整性，对不符合规定的发票，不得作为财务报销凭证，任何单位和个人有权拒收。

开具发票的单位和个人需要开具红字发票的，必须收回原网络发票全部联次或取得受票方出具的有效证明，通过网络发票管理系统开具金额为负数的红字网络发票。开具发票的单位和个人作废开具的网络发票，应收回原网络发票全部联次，注明"作废"，并在网络发票管理系统中进行发票作废处理。开具发票的单位和个人应当在办理变更或者注销税务登记的同时，办理网络发票管理系统的用户变更、注销手续并缴销空白发票。

税务机关根据发票管理的需要，可以按照国家税务总局的规定委托其他单位通过网络发票管理系统代开网络发票。税务机关应当与受托代开发票的单位签订协议，明确代开网络发票的种类、对象、内容和相关责任等内容。

开具发票的单位和个人必须如实在线开具网络发票，不得利用网络发票进行转借、转让、虚开发票及其他违法活动。开具发票的单位和个人在网络出现障碍，无法在线开具发票时，可离线开具发票。开具发票后，不得改动开票信息，并于48小时内上传开票信息。

五、纳税申报管理

纳税申报,是指纳税人按照税法规定,定期就计算缴纳税款的有关事项向税务机关提交书面报告的法定手续。纳税申报是确定纳税人是否履行纳税义务、界定法律责任的主要依据。

(一)纳税申报的内容

纳税人、扣缴义务人的纳税申报或者代扣代缴、代收代缴税款报告的主要内容包括税种、税目,应纳税项目或者应代扣代缴、代收代缴税款项目,计税依据,扣除项目及标准,适用税率或者单位税额,应退税项目及税额、应减免税项目及税额,应纳税额或者应代扣代缴、代收代缴税额,税款所属期限、延期缴纳税款、欠税、滞纳金等。

(二)纳税申报的方式

纳税申报方式是指纳税人和扣缴义务人在纳税申报期限内,依照规定到指定税务机关进行申报纳税的形式。纳税申报的方式主要有以下几种:

1.自行申报

自行申报也称直接申报,是指纳税人、扣缴义务人在规定的申报期限内,自行直接到主管税务机关指定的办税服务场所办理纳税申报手续。这是一种传统的申报方式。

2.邮寄申报

邮寄申报,是指经税务机关批准,纳税人、扣缴义务人使用统一的纳税申报专用信封,通过邮政部门办理交寄手续,并以邮政部门收据作为申报凭据的纳税申报方式。邮寄申报以寄出的邮戳日期为实际申报日期。

3.数据电文申报

数据电文申报,是指经税务机关批准,纳税人、扣缴义务人以税务机关确定的电话语音、电子数据交换和网络传输等电子方式进行纳税申报。纳税人、扣缴义务人采取数据电文方式办理纳税申报的,其申报日期以税务机关计算机网络系统收到该数据电文的时间为准,与数据电文相对应的纸质申报资料的报送期限由税务机关确定。

4.其他方式

实行定期定额缴纳税款的纳税人,可以实行简易申报、简并征期等方式申报纳税。

(三)纳税申报的要求

1.纳税申报的基本要求

纳税人办理纳税申报时,应当如实填写纳税申报表,并根据不同的情况相应报送下列有关证件、资料:(1)财务会计报表及其说明材料;(2)与纳税有关的合同、协议书及凭证;(3)税控装置的电子报税资料;(4)外出经营活动税收管理证明和异地完税凭证;(5)境内或者境外公证机构出具的有关证明文件;(6)税务机关规定应当报送的其他有关证件、资料。

扣缴义务人办理代扣代缴、代收代缴税款报告时,应当如实填写代扣代缴、代收代缴税款报告表,并报送代扣代缴、代收代缴税款的合法凭证以及税务机关规定的其他有关证件、资料。

2.无税及减免税期间的纳税申报

纳税人在纳税期内没有应纳税款的,也应当按照规定办理纳税申报。

纳税人享受减税、免税待遇的,在减税、免税期间应当按照规定办理纳税申报。

3.破产期间的纳税申报

在人民法院裁定受理破产申请之日至企业注销之日,企业应当接受税务机关的税务管理,履行税法规定的相关义务。破产程序中如发生应税情形,应按规定申报纳税。从人民法院指定管理人之日起,管理人可以按照《中华人民共和国企业破产法》第二十五条规定,以企业名义办理纳税申报等涉税事宜。

4.简并税费申报

自 2021 年 6 月 1 日起,纳税人申报缴纳城镇土地使用税、房产税、车船税、印花税、耕地占用税、资源税、土地增值税、契税、环境保护税、烟叶税中一个或多个税种时,使用《财产和行为纳税申报表》。纳税人新增税源或税源变化时,需先填报《财产和行为税税源明细表》。

自 2021 年 8 月 1 日起,增值税、消费税分别与城市维护建设税、教育费附加、地方教育附加申报表整合,启用《增值税及附加税费申报表(一般纳税人适用)》《增值税及附加税费申报表(小规模纳税人适用)》《增值税及附加税费预缴表》及其附列资料和《消费税及附加税费申报表》。

(四)纳税申报的延期办理

纳税人、扣缴义务人按照规定的期限办理纳税申报或者报送代扣代缴、代收代缴税款报告表确有困难,需要延期的,应当在规定的期限内向税务机关提出书面延期申请,经税务机关核准,在核准的期限内办理。

纳税人、扣缴义务人因不可抗力,不能按期办理纳税申报或者报送代扣代缴、代收代缴税款报告表的,可以延期办理;但是,应当在不可抗力情形消除后立即向税务机关报告。税务机关应当查明事实,予以核准。

经核准延期办理纳税申报、报送事项的,应当在纳税期内按照上期实际缴纳的税款或者税务机关核定的税款预缴税款,并在核准的延期内办理税款结算。

六、税款征收的方式

税款征收方式,是指税务机关根据各税种的不同特点和纳税人的具体情况而确定的计算、征收税款的形式和方法,包括确定征收方式和缴纳方式。

(一)查账征收

查账征收,是指针对财务会计制度健全的纳税人,税务机关依据其报送的纳税申报表、财务会计报表和其他有关纳税资料,依照适用税率,计算其应缴纳税款的税款征收方式。这种征收方式较为规范,符合税收法定的基本原则,适用于财务会计制度健全、能够如实核算和提供生产经营情况,并能正确计算应纳税款和如实履行纳税义务的纳税人。

扩大查账征收纳税人的范围,一直是税务管理的努力方向。

(二)查定征收

查定征收,是指针对账务不全,但能控制其材料、产量或进销货物的纳税单位或个人,税务机关依据正常条件下的生产能力对其生产的应税产品查定产量、销售额并据以确定其应缴纳税款的税款征收方式。这种征收方式适用于生产经营规模较小、产品零星、税源分散、会计账册不健全,但能控制原材料或进销货的小型厂矿和作坊。

(三)查验征收

查验征收,是指税务机关对纳税人的应税商品、产品,通过查验数量,按市场一般销售单价计算其销售收入,并据以计算其应缴纳税款的税款征收方式。这种征收方式适用于纳税人财务制度不健全、生产经营不固定、零星分散、流动性大的税源。

(四)定期定额征收

定期定额征收,是指税务机关对小型个体工商户在一定经营地点、一定经营时期、一定经营范围内的应纳税经营额(包括经营数量)或所得额进行核定,并以此为计税依据,确定其应缴纳税额的一种税款征收方式。这种征收方式适用于经主管税务机关认定和县以上税务机关(含县级)批准的生产、经营规模小,达不到《个体工商户建账管理暂行办法》规定设置账簿标准,难以查账征收,不能准确计算计税依据的个体工商户(包括个人独资企业)。

(五)扣缴征收

扣缴征收包括代扣代缴和代收代缴两种征收方式。扣缴义务人依照法律、行政法规的规定履行代扣、代收税款的义务。税务机关按照规定付给扣缴义务人代扣、代收手续费。对法律、行政法规没有规定负有代扣、代收税款义务的单位和个人,税务机关不得要求其履行代扣、代收税款义务。扣缴义务人依法履行代扣、代收税款义务时,纳税人不得拒绝;纳税人拒绝的,扣缴义务人应当及时报告税务机关处理。

(六)委托征收

委托征收,是指税务机关根据有利于税收控管和方便纳税的原则,按照国家有关规定,通过委托形式将税款委托给代征单位或个人以税务机关的名义代为征收,并将税款缴入国库的一种税款征收方式。税务机关向代征单位或个人发给委托代征证书,受托代征单位或个人按照代征证书的要求,以税务机关的名义依法征收税款,纳税人不得拒绝;纳税人拒绝的,受托代征单位或个人应当及时报告税务机关处理。这种征收方式适用于零星分散和异地缴纳的税收。

七、应纳税额的核定和调整

(一)应纳税额的核定

1.核定应纳税额的情形

纳税人有下列情形之一的,税务机关有权核定其应纳税额:

(1)依照法律、行政法规的规定可以不设置账簿的；

(2)依照法律、行政法规的规定应当设置但未设置账簿的；

(3)擅自销毁账簿或者拒不提供纳税资料的；

(4)虽设置账簿，但账目混乱或者成本资料、收入凭证、费用凭证残缺不全，难以查账的；

(5)发生纳税义务，未按照规定的期限办理纳税申报，经税务机关责令限期申报，逾期仍不申报的；

(6)纳税人申报的计税依据明显偏低，又无正当理由的。

2.核定应纳税额的方法

为了减少核定应纳税额的随意性，使核定的税额更接近纳税人实际情况和法定负担水平，税务机关有权采用下列任何一种方法核定应纳税额：

(1)参照当地同类行业或者类似行业中经营规模和收入水平相近的纳税人的税负水平核定；

(2)按照营业收入或者成本加合理的费用和利润的方法核定；

(3)按照耗用的原材料、燃料、动力等推算或者测算核定；

(4)按照其他合理方法核定。

当其中一种方法不足以正确核定应纳税额时，可以同时采用两种以上的方法核定。纳税人对税务机关采取上述方法核定的应纳税额有异议的，应当提供相关证据。经税务机关认定后，调整应纳税额。

(二)应纳税额的调整

1.应纳税额调整的含义

企业或者外国企业在中国境内设立的从事生产、经营的机构、场所与其关联企业之间的业务往来，应当按照独立企业之间的业务往来收取或者支付价款、费用。

纳税人可以向主管税务机关提出与其关联企业之间业务往来的定价原则和计算方法，主管税务机关审核、批准后，与纳税人预先约定有关定价事项，监督纳税人执行。

不按照独立企业之间的业务往来收取或者支付价款、费用，而减少其应纳税的收入或者所得额的，税务机关有权进行合理调整。

2.应纳税额调整的情形

纳税人与其关联企业之间的业务往来有下列情形之一的，税务机关可以调整其应纳税额：

(1)购销业务未按照独立企业之间的业务往来作价；

(2)融通资金所支付或者收取的利息超过或者低于没有关联关系的企业之间所能同意的数额，或者利率超过或者低于同类业务的正常利率；

(3)提供劳务，未按照独立企业之间业务往来收取或者支付劳务费用；

(4)转让财产、提供财产使用权等业务往来，未按照独立企业之间业务往来作价或者收取、支付费用；

(5)未按照独立企业之间业务往来作价的其他情形。

3.应纳税额调整的方法

纳税人发生上述情形的,税务机关可以按照下列方法调整计税收入额或者所得额:

(1)按照独立企业之间进行的相同或者类似业务活动的价格;

(2)按照再销售给无关联关系的第三者的价格所应取得的收入和利润水平;

(3)按照成本加合理的费用和利润;

(4)按照其他合理的方法。

4.应纳税额调整的期限

纳税人与其关联企业未按照独立企业之间的业务往来支付价款、费用的,税务机关自该业务往来发生的纳税年度起 3 年内进行调整;有特殊情况的,可以自该业务往来发生的纳税年度起 10 年内进行调整。

八、应纳税款的缴纳

(一)应纳税款的当期缴纳

应纳税款的当期缴纳是指纳税人、扣缴义务人按照法律、行政法规规定或者税务机关依照法律、行政法规的规定确定的期限,缴纳或者解缴税款。

税务机关收到税款后,应当向纳税人开具完税凭证。扣缴义务人代扣、代收税款时,纳税人要求扣缴义务人开具代扣、代收税款凭证的,扣缴义务人应当开具。纳税人通过银行缴纳税款的,税务机关可以委托银行开具完税凭证。完税凭证,是指各种完税证、缴款书、印花税票、扣(收)税凭证以及其他完税证明。完税凭证不得转借、倒卖、变造或者伪造。

(二)应纳税款的延期缴纳

纳税人因有特殊困难,不能按期缴纳税款的,经省、自治区、直辖市税务局批准,可以延期缴纳税款,但是最长不得超过 3 个月。特殊困难是指因不可抗力,导致纳税人发生较大损失,正常生产经营活动受到较大影响的;当期货币资金在扣除应付职工工资、社会保险费后,不足以缴纳税款的。

纳税人需要延期缴纳税款的,应当在缴纳税款期限届满前提出申请,并报送下列材料:申请延期缴纳税款报告、当期货币资金余额情况及所有银行存款账户的对账单、资产负债表、应付职工工资和社会保险费等税务机关要求提供的支出预算。

税务机关应当自收到申请延期缴纳税款报告之日起 20 日内作出批准或者不予批准的决定;不予批准的,从缴纳税款期限届满之日起加收滞纳金。

九、税款征收的保障措施

为了保证税款征收工作的顺利进行,《税收征管法》赋予税务机关在税款征收过程中针对不同情况可以采取相应征收措施的职权。

(一)责令缴纳

(1)对纳税人、扣缴义务人、纳税担保人应缴纳的欠税,税务机关可责令其限期缴纳。

逾期仍未缴纳的,税务机关可以采取税收强制执行措施。欠税,是指纳税人、扣缴义务人、纳税担保人超过税收法律、行政法规规定的期限或者超过税务机关依照税收法律、行政法规规定确定的纳税期限未缴纳的税款。

从事生产、经营的纳税人、扣缴义务人未按照规定的期限缴纳或者解缴税款的,纳税担保人未按照规定的期限缴纳所担保的税款的,由税务机关发出限期缴纳税款通知书,责令缴纳或者解缴税款的最长期限不得超过 15 日。对存在欠税行为的纳税人、扣缴义务人、纳税担保人,税务机关可责令其先行缴纳欠税,再依法缴纳滞纳金。逾期仍未缴纳的,税务机关可以采取税收强制执行措施。

滞纳金按日加收,日收取标准为滞纳税款的万分之五。加收滞纳金的起止时间,为法律、行政法规规定或者税务机关依照法律、行政法规的规定确定的税款缴纳期限届满次日起至纳税人、扣缴义务人实际缴纳或者解缴税款之日止。

(2)对未按照规定办理税务登记的从事生产、经营的纳税人,以及临时从事经营的纳税人,税务机关核定其应纳税额,责令其缴纳应纳税款。

纳税人不缴纳的,税务机关可以扣押其价值相当于应纳税款的商品、货物。扣押后缴纳应纳税款的,税务机关必须立即解除扣押,并归还所扣押的商品、货物;扣押后仍不缴纳应纳税款的,经县以上税务局(分局)局长批准,依法拍卖或者变卖所扣押的商品、货物,以拍卖或者变卖所得抵缴税款。

(3)税务机关有根据认为从事生产、经营的纳税人有逃避纳税义务行为,可在规定的纳税期之前责令其限期缴纳应纳税款。逾期仍未缴纳的,税务机关有权采取其他税款征收措施。

(4)纳税担保人未按照规定的期限缴纳所担保的税款,税务机关可责令其限期缴纳应纳税款。逾期仍未缴纳的,税务机关有权采取其他税款征收措施。

(二)责令提供纳税担保

纳税担保,是指经税务机关同意或确认,纳税人或其他自然人、法人、经济组织以保证、抵押、质押的方式,为纳税人应当缴纳的税款及滞纳金提供担保的行为。包括经税务机关认可的有纳税担保能力的保证人为纳税人提供的纳税保证,以及纳税人或者第三人以其未设置或者未全部设置担保物权的财产提供的担保。

1.适用纳税担保的情形

(1)税务机关有根据认为从事生产、经营的纳税人有逃避纳税义务行为,在规定的纳税期之前经责令其限期缴纳应纳税款,在限期内发现纳税人有明显的转移、隐匿其应纳税的商品、货物,以及其他财产或者应纳税收入的迹象,责成纳税人提供纳税担保的。

(2)欠缴税款、滞纳金的纳税人或者其法定代表人需要出境的。

(3)纳税人同税务机关在纳税上发生争议而未缴清税款,需要申请行政复议的。

(4)税收法律、行政法规规定可以提供纳税担保的其他情形。

2.纳税担保的范围

纳税担保范围包括税款、滞纳金和实现税款、滞纳金的费用。费用包括抵押、质押登记费用,质押保管费用,以及保管、拍卖、变卖担保财产等相关费用支出。

用于纳税担保的财产、权利的价值不得低于应当缴纳的税款、滞纳金,并考虑相关的费用。纳税担保的财产价值不足以抵缴税款、滞纳金的,税务机关应当向提供担保的纳税人或纳税担保人继续追缴。用于纳税担保的财产、权利的价格估算,除法律、行政法规另有规定外,参照同类商品的市场价、出厂价或者评估价估算。

3.纳税担保的方式

纳税担保方式主要有纳税保证、纳税抵押和纳税质押。

（1）纳税保证

纳税保证是指纳税保证人向税务机关保证,当纳税人未按照税收法律、行政法规规定或者税务机关确定的期限缴清税款、滞纳金时,由纳税保证人按照约定履行缴纳税款及滞纳金的行为。纳税保证须经税务机关认可,税务机关不认可的,保证不成立。

保证期间为纳税人应缴纳税款期限届满之日起 60 日,即税务机关自纳税人应缴纳税款的期限届满之日起 60 日内有权要求纳税保证人承担保证责任,缴纳税款、滞纳金。纳税保证期间内税务机关未通知纳税保证人缴纳税款及滞纳金以承担担保责任的,纳税保证人免除担保责任。

履行保证责任的期限为 15 日,即纳税保证人应当自收到税务机关的纳税通知书之日起 15 日内履行保证责任,缴纳税款及滞纳金。纳税保证人未按照规定的履行保证责任的期限缴纳税款及滞纳金的,由税务机关发出责令限期缴纳通知书,责令纳税保证人限期缴纳;逾期仍未缴纳的,经县以上税务局（分局）局长批准,对纳税保证人采取强制执行措施。

（2）纳税抵押

纳税抵押是指纳税人或纳税担保人不转移对可抵押财产的占有,将该财产作为税款及滞纳金的担保。纳税人逾期未缴清税款及滞纳金的,税务机关有权依法处置该财产以抵缴税款及滞纳金。

纳税人提供抵押担保的,应当填写纳税担保书和纳税担保财产清单。纳税担保财产清单应当写明财产价值以及相关事项。纳税担保书和纳税担保财产清单须经纳税人签字盖章并经税务机关确认。纳税抵押财产应当办理抵押物登记。纳税抵押自抵押物登记之日起生效。

纳税人在规定的期限内未缴清税款、滞纳金的,税务机关应当依法拍卖、变卖抵押物,变价抵缴税款、滞纳金。

（3）纳税质押

纳税质押是指经税务机关同意,纳税人或纳税担保人将其动产或权利凭证移交税务机关占有,将该动产或权利凭证作为税款及滞纳金的担保。纳税人逾期未缴清税款及滞纳金的,税务机关有权依法处置该动产或权利凭证以抵缴税款及滞纳金。纳税质押分为动产质押和权利质押。

纳税人提供质押担保的,应当填写纳税担保书和纳税担保财产清单并签字盖章。纳税担保财产清单应当写明财产价值及相关事项。纳税质押自纳税担保书和纳税担保财产清单经税务机关确认和质物移交之日起生效。

纳税人在规定的期限内缴清税款及滞纳金的,税务机关应当自纳税人缴清税款及滞纳金之日起 3 个工作日内返还质物,解除质押关系。纳税人在规定的期限内未缴清税款、滞纳金的,税务机关应当依法拍卖、变卖质物,抵缴税款、滞纳金。

(三)采取税收保全措施

税务机关认为有逃避纳税义务行为的纳税人具有税法规定的情形,责令其提供纳税担保而纳税人不能提供纳税担保的,经县以上税务局(分局)局长批准,税务机关可以采取税收保全措施。

1.适用税收保全的前提条件

(1)税务机关有根据认为从事生产、经营的纳税人有逃避纳税义务行为;

(2)纳税人有逃避纳税义务的行为发生在规定的纳税期之前,以及在责令限期缴纳应纳税款的限期内;

(3)税务机关责成纳税人提供纳税担保后,纳税人不能提供纳税担保;

(4)经县以上税务局(分局)局长批准。

2.税收保全措施

(1)书面通知纳税人开户银行或者其他金融机构冻结纳税人的金额相当于应纳税款的存款。

(2)扣押、查封纳税人的价值相当于应纳税款的商品、货物或者其他财产。其他财产包括纳税人的房地产、现金、有价证券等不动产和动产。

3.不适用税收保全的财产

个人及其所扶养家属维持生活必需的住房和用品,不在税收保全措施的范围之内。需要注意的是,个人及其所扶养家属维持生活必需的住房和用品不包括机动车辆、金银饰品、古玩字画、豪华住宅或者一处以外的住房。个人所扶养家属,是指与纳税人共同居住生活的配偶、直系亲属以及无生活来源并由纳税人扶养的其他亲属。

税务机关对单价 5 000 元以下的其他生活用品,不采取税收保全措施。

4.税收保全措施的期限

税务机关采取税收保全措施的期限一般不超过 6 个月;重大案件需要延长的,应当报国家税务总局批准。

5.税收保全措施的解除

(1)纳税人在规定期限内缴纳了应纳税款的,税务机关必须立即解除税收保全措施。

(2)纳税人在规定的限期期满仍未缴纳税款的,经县以上税务局(分局)局长批准,终止保全措施,转入强制执行措施。

(四)采取强制执行措施

从事生产、经营的纳税人、扣缴义务人未按照规定的期限缴纳或者解缴税款,纳税担保人未按照规定的期限缴纳所担保的税款,由税务机关责令限期缴纳,逾期仍未缴纳的,经县以上税务局(分局)局长批准,税务机关可以采取强制执行措施。

1.采取强制执行措施的对象

(1)未按照规定的期限缴纳或者解缴税款,经税务机关责令限期缴纳,逾期仍未缴纳税款的从事生产、经营的纳税人、扣缴义务人。

(2)未按照规定的期限缴纳所担保的税款,经税务机关责令限期缴纳,逾期仍未缴纳税款的纳税担保人。

2.强制执行的措施

经县以上税务局(分局)局长批准,税务机关可以采取下列强制执行措施:

(1)强制扣款,即书面通知其开户银行或者其他金融机构从其存款中扣缴税款。

(2)拍卖变卖,即扣押、查封、依法拍卖或者变卖其价值相当于应纳税款的商品、货物或者其他财产,以拍卖或者变卖所得抵缴税款。

个人及其所扶养家属维持生活必需的住房和用品,不在强制执行措施的范围之内。

3.滞纳金的执行

税务机关采取强制执行措施时,对纳税人、扣缴义务人、纳税担保人未缴纳的滞纳金同时强制执行。对纳税人已缴纳税款,但拒不缴纳滞纳金的,税务机关可以单独对纳税人应缴未缴的滞纳金采取强制措施。

4.抵税财物的拍卖与变卖

抵税财物,是指被税务机关依法实施税收强制执行而扣押、查封或者按照规定应强制执行的已设置纳税担保权的商品、货物、其他财产或者财产权利。拍卖,是指税务机关将抵税财物依法委托拍卖机构,以公开竞价的形式,将特定财物转让给最高应价者的买卖方式。变卖,是指税务机关将抵税财物委托商业企业代为销售、责令纳税人限期处理或由税务机关变价处理的买卖方式。国家税务总局发布的《抵税财物拍卖、变卖试行办法》对抵税财物的拍卖与变卖行为进行规范,以保障国家税收收入并保护纳税人的合法权益。

税务机关将扣押、查封的商品、货物或者其他财产变价抵缴税款时,应当交由依法成立的拍卖机构拍卖;无法委托拍卖或者不适于拍卖的,可以交由当地商业企业代为销售,也可以责令纳税人限期处理;无法委托商业企业销售,纳税人也无法处理的,可以由税务机关变价处理,具体办法由国家税务总局规定。国家禁止自由买卖的商品,应当交由有关单位按照国家规定的价格收购。

拍卖或者变卖所得抵缴税款、滞纳金、罚款以及拍卖、变卖等费用后,剩余部分应当在3日内退还被执行人。

(五)欠税清缴

1.离境清缴

欠缴税款的纳税人或者他的法定代表人需要出境的,应当在出境前向税务机关结清应纳税款、滞纳金或者提供担保。

2.税收代位权和撤销权

欠缴税款的纳税人因怠于行使到期债权,或者放弃到期债权,或者无偿转让财产,或者以明显不合理的低价转让财产而受让人知道该情形,对国家税收造成损害的,税务机关可以依法行使代位权、撤销权。税务机关依法行使代位权、撤销权的,不免除欠缴税款的纳税人尚未履行的纳税义务和应承担的法律责任。

3.欠税报告

纳税人有欠税情形而以其财产设定抵押、质押的,应当向抵押权人、质权人说明其欠税情况。抵押权人、质权人可以请求税务机关提供有关的欠税情况。

纳税人有解散、撤销、破产情形的,在清算前应当向其主管税务机关报告;未结清税款的,由其主管税务机关参加清算。

纳税人有合并、分立情形的,应当向税务机关报告,并依法缴清税款。纳税人合并时未缴清税款的,应当由合并后的纳税人继续履行未履行的纳税义务;纳税人分立时未缴清税款的,分立后的纳税人对未履行的纳税义务应当承担连带责任。

欠缴税款 5 万元以上的纳税人在处分其不动产或者大额资产之前,应当向税务机关报告。

4.欠税公告

县级以上各级税务机关应当将纳税人的欠税情况,在办税场所或者广播、电视、报纸、期刊、网络等新闻媒体上定期公告。对纳税人欠缴税款的情况实行定期公告的办法,由国家税务总局制定。

(六)税收优先权

税务机关征收税款,税收优先于无担保债权,法律另有规定的除外。纳税人欠缴的税款发生在纳税人以其财产设定抵押、质押或者纳税人的财产被留置之前的,税收应当先于抵押权、质权、留置权执行。

纳税人欠缴税款,同时又被行政机关决定处以罚款,没收违法所得的,税收优先于罚款、没收违法所得。

(七)阻止出境

欠缴税款的纳税人或者其法定代表人在出境前未按规定结清应纳税款、滞纳金或者提供纳税担保的,税务机关可以通知出入境管理机关阻止其出境。

十、税款征收的其他规定

(一)税收减免

纳税人依照法律、行政法规的规定办理减税、免税。地方各级人民政府、各级人民政府主管部门、单位和个人违反法律、行政法规规定,擅自作出的减税、免税决定无效,税务机关不得执行,并向上级税务机关报告。

享受减税、免税优惠的纳税人,减税、免税期满,应当自期满次日起恢复纳税;减税、免税条件发生变化的,应当在纳税申报时向税务机关报告;不再符合减税、免税条件的,应当依法履行纳税义务;未依法纳税的,税务机关应当予以追缴。

(二)税款的退还

纳税人超过应纳税额缴纳的税款,税务机关发现后,应当自发现之日起 10 日内办理退还手续。

纳税人自结算缴纳税款之日起 3 年内发现多缴税款的,可以向税务机关要求退还多缴的税款并加算银行同期存款利息,税务机关应当自接到纳税人退还申请之日起 30 日内查实并办理退还手续。加算银行同期存款利息的多缴税款退税,不包括依法预缴税款形成的结算退税、出口退税和各种减免退税。退税利息按照税务机关办理退税手续当天中国人民银行规定的活期存款利率计算。

涉及从国库中退库的,依照法律、行政法规有关国库管理的规定退还。当纳税人既有应退税款又有欠缴税款的,税务机关可以将应退税款和利息先抵扣欠缴税款;抵扣后有余额的,退还纳税人。

(三)税款的补缴和追征

因税务机关的责任,致使纳税人、扣缴义务人未缴或者少缴税款的,税务机关在3年内可以要求纳税人、扣缴义务人补缴税款,但是不得加收滞纳金。

因纳税人、扣缴义务人计算错误等失误,未缴或者少缴税款的,税务机关在3年内可以追征税款、滞纳金;有特殊情况的,追征期可以延长到5年。纳税人、扣缴义务人计算错误等失误,是指非主观故意的计算公式运用错误以及明显的笔误。特殊情况,是指纳税人或者扣缴义务人因计算错误等失误,未缴或者少缴、未扣或者少扣、未收或者少收税款,累计数额在10万元以上的。

补缴和追征税款、滞纳金的期限,自纳税人、扣缴义务人应缴未缴或者少缴税款之日起计算。

对偷税(逃税)、抗税、骗税的,税务机关追征其未缴或者少缴的税款、滞纳金或者所骗取的税款,不受前述规定期限的限制。

(四)无欠税证明的开具

为积极回应市场主体需求,切实服务和便利纳税人,国家税务总局决定自2020年3月1日起向纳税人提供无欠税证明开具服务。

1.无欠税证明的含义

无欠税证明是指税务机关依纳税人申请,根据税收征管信息系统所记载的信息,为纳税人开具的表明其不存在欠税情形的证明。

2.不存在欠税情形

不存在欠税情形,是指纳税人在税收征管信息系统中,不存在应申报未申报记录且无下列应缴未缴的税款:

(1)办理纳税申报后,纳税人未在税款缴纳期限内缴纳的税款;

(2)经批准延期缴纳的税款期限已满,纳税人未在税款缴纳期限内缴纳的税款;

(3)税务机关检查已查定纳税人的应补税额,纳税人未缴纳的税款;

(4)税务机关根据《税收征管法》第二十七条、第三十五条核定纳税人的应纳税额,纳税人未在税款缴纳期限内缴纳的税款;

(5)纳税人的其他未在税款缴纳期限内缴纳的税款。

3.无欠税证明的申请

纳税人因境外投标、企业上市等需要,确需开具无欠税证明的,可以向主管税务机关申请办理。

已实行实名办税的纳税人到主管税务机关申请开具无欠税证明的,办税人员持有效身份证件直接申请开具,无须提供登记证照副本或税务登记证副本。

未办理实名办税的纳税人到主管税务机关申请开具无欠税证明的,区分以下情况提供相关有效证件:

(1)单位纳税人和个体工商户,提供市场监管部门或其他登记机关发放的登记证照副本或税务登记证副本,以及经办人有效身份证件。

（2）自然人纳税人,提供本人有效身份证件;委托他人代为申请开具的,还需一并提供委托书、委托人及受托人有效身份证件。

4.无欠税证明的开具

对申请开具无欠税证明的纳税人,证件齐全的,主管税务机关应当受理其申请。经查询税收征管信息系统,符合开具条件的,主管税务机关应当即时开具无欠税证明;不符合开具条件的,不予开具并向纳税人告知未办结涉税事宜。纳税人办结相关涉税事宜后,符合开具条件的,主管税务机关应当即时开具无欠税证明。

十一、税务检查

税务检查又称纳税检查,是指税务机关根据税收法律、行政法规的规定,对纳税人、扣缴义务人履行纳税义务、扣缴义务及其他有关税务事项进行审查、核实、监督活动的总称。它是税收征收管理工作的一项重要内容,是确保国家财政收入和税收法律法规贯彻落实的重要手段。

(一)税务检查的范围

税务机关有权进行下列税务检查:

（1）检查纳税人的账簿、记账凭证、报表和有关资料,检查扣缴义务人代扣代缴、代收代缴税款账簿、记账凭证和有关资料。

（2）到纳税人的生产、经营场所和货物存放地检查纳税人应纳税的商品、货物或者其他财产,检查扣缴义务人与代扣代缴、代收代缴税款有关的经营情况。

（3）责成纳税人、扣缴义务人提供与纳税或者代扣代缴、代收代缴税款有关的文件、证明材料和有关资料。

（4）询问纳税人、扣缴义务人与纳税或者代扣代缴、代收代缴税款有关的问题和情况。

（5）到车站、码头、机场、邮政企业及其分支机构检查纳税人托运、邮寄应纳税商品、货物或者其他财产的有关单据、凭证和有关资料。

（6）经县以上税务局(分局)局长批准,指定专人负责,凭全国统一格式的检查存款账户许可证明,查询从事生产、经营的纳税人、扣缴义务人在银行或者其他金融机构的存款账户,并有责任为被检查人保守秘密。税务机关在调查税收违法案件时,经设区的市、自治州以上税务局(分局)局长批准,可以查询案件涉嫌人员的储蓄存款。税务机关查询所获得的资料,不得用于税收以外的用途。

(二)税务检查的措施与手段

税务机关对从事生产、经营的纳税人以前纳税期的纳税情况依法进行税务检查时,发现纳税人有逃避纳税义务行为,并有明显的转移、隐匿其应纳税的商品、货物以及其他财产或者应纳税收入的迹象的,可以按照《税收征管法》规定的批准权限采取税收保全措施或者强制执行措施。

税务机关调查税务违法案件时,对与案件有关的情况和资料,可以记录、录音、录像、照相和复制。税务机关依法进行税务检查时,有权向有关单位和个人调查纳税人、扣缴义务人和其他当事人与纳税或者代扣代缴、代收代缴税款有关的情况。

(三)税务检查应遵守的义务

税务机关派出的人员进行税务检查时,应当出示税务检查证和税务检查通知书,并有责任为被检查人保守秘密;未出示税务检查证和税务检查通知书的,被检查人有权拒绝检查。

(四)被检查人的义务

纳税人、扣缴义务人必须接受税务机关依法进行的税务检查,如实反映情况,提供有关资料,不得拒绝、隐瞒。

税务机关依法进行税务检查,向有关单位和个人调查纳税人、扣缴义务人和其他当事人与纳税或者代扣代缴、代收代缴税款有关的情况时,有关单位和个人有义务向税务机关如实提供有关资料及证明材料。

十二、纳税信用管理

纳税信用管理,是指税务机关对纳税人的纳税信用信息开展的采集、评价、确定、发布和应用等活动,有利于促进纳税人诚信自律,提高税法遵从度,推进社会信用体系建设。

(一)纳税信用管理的主体

国家税务总局主管全国纳税信用管理工作。省以下税务机关负责所辖地区纳税信用管理工作的组织和实施。

下列企业参与纳税信用评价:

(1)已办理税务登记,从事生产、经营并适用查账征收的独立核算企业纳税人(以下简称纳税人)。

(2)从首次在税务机关办理涉税事宜之日起时间不满一个评价年度的企业(以下简称新设立企业)。评价年度是指公历年度,即 1 月 1 日至 12 月 31 日。

(3)评价年度内无生产经营业务收入的企业。

(4)适用企业所得税核定征收办法的企业。

非独立核算分支机构可自愿参与纳税信用评价。非独立核算分支机构是指由企业纳税人设立,已在税务机关完成登记信息确认且核算方式为非独立核算的分支机构。非独立核算分支机构参评后,2019 年度之前的纳税信用级别不再评价,在机构存续期间适用国家税务总局纳税信用管理相关规定。

(二)纳税信用信息采集

纳税信用信息采集是指税务机关对纳税人纳税信用信息的记录和收集。

1.纳税信用信息的范围

纳税信用信息包括纳税人信用历史信息、税务内部信息、外部信息。

纳税人信用历史信息包括基本信息和评价年度之前的纳税信用记录,以及相关部门评定的优良信用记录和不良信用记录。

税务内部信息包括经常性指标信息和非经常性指标信息。经常性指标信息是指涉税申报信息、税(费)款缴纳信息、发票与税控器具信息、登记与账簿信息等纳税人在评价年度内经常产生的指标信息;非经常性指标信息是指税务检查信息等纳税人在评价年度内不经常产生的指标信息。

外部信息包括外部参考信息和外部评价信息。外部参考信息包括评价年度相关部门评定的优良信用记录和不良信用记录;外部评价信息是指从相关部门取得的影响纳税人纳税信用评价的指标信息。

2.纳税信用信息采集的实施

纳税信用信息采集工作由国家税务总局和省税务机关组织实施,按月采集。

纳税人信用历史信息中的基本信息由税务机关从税务管理系统中采集,税务管理系统中暂缺的信息由税务机关通过纳税人申报采集;评价年度之前的纳税信用记录,以及相关部门评定的优良信用记录和不良信用记录,从税收管理记录、国家统一信用信息平台等渠道中采集。税务内部信息从税务管理系统中采集,采集的信息记录截止时间为评价年度12月31日(含本日)。外部信息主要通过税务管理系统、国家统一信用信息平台、相关部门官方网站、新闻媒体或者媒介等渠道采集。通过新闻媒体或者媒介采集的信息应核实后使用。

(三)纳税信用评价

1.纳税信用评价的方式

纳税信用评价采取年度评价指标得分和直接判级方式。评价指标包括税务内部信息和外部评价信息。

年度评价指标得分采取扣分方式。近三个评价年度内存在非经常性指标信息的,从100分起评;近三个评价年度内没有非经常性指标信息的,从90分起评。

直接判级适用于有严重失信行为的纳税人。外部参考信息在年度纳税信用评价结果中记录,与纳税信用评价信息形成联动机制。

2.纳税信用评价周期

纳税信用评价周期为一个纳税年度,有下列情形之一的纳税人,不参加本期的评价:

(1)纳入纳税信用管理时间不满一个评价年度的;

(2)因涉嫌税收违法被立案查处尚未结案的;

(3)被审计、财政部门依法查出税收违法行为,税务机关正在依法处理,尚未办结的;

(4)已申请税务行政复议、提起行政诉讼尚未结案的;

(5)其他不应参加本期评价的情形。

3.纳税信用级别

纳税信用级别设 A、B、M、C、D 五级。

(1)A 级纳税信用为年度评价指标得分 90 分以上的。

有下列情形之一的纳税人,本评价年度不能评为 A 级:①实际生产经营期不满 3 年的;②上一评价年度纳税信用评价结果为 D 级的;③非正常原因一个评价年度内增值税连续 3 个月或者累计 6 个月零申报、负申报的;④不能按照国家统一的会计制度规定设置账簿,并根据合法、有效凭证核算,向税务机关提供准确税务资料的。

(2)B 级纳税信用为年度评价指标得分 70 分以上不满 90 分的。

（3）M级纳税信用为评价年度未被直接判为D级的新设立企业和评价年度内无生产经营业务收入且年度评价指标得分70分以上的企业。

（4）C级纳税信用为年度评价指标得分40分以上不满70分的。

（5）D级纳税信用为年度评价指标得分不满40分或者直接判级确定的。

有下列情形之一的纳税人，本评价年度直接判为D级：①存在偷税（逃税）、逃避追缴欠税、骗取出口退税、虚开增值税专用发票等行为，经判决构成涉税犯罪的；②存在前项所列行为，未构成犯罪，但偷税（逃税）金额10万元以上且占各税种应纳税总额10％以上，或者存在逃避追缴欠税、骗取出口退税、虚开增值税专用发票等税收违法行为，已缴纳税款、滞纳金、罚款的；③在规定期限内未按税务机关处理结论缴纳或者足额缴纳税款、滞纳金和罚款的；④以暴力、威胁方法拒不缴纳税款或者拒绝、阻挠税务机关依法实施税务稽查执法行为的；⑤存在违反增值税发票管理规定或者违反其他发票管理规定的行为，导致其他单位或者个人未缴、少缴或者骗取税款的；⑥提供虚假申报材料享受税收优惠政策的；⑦骗取国家出口退税款，被停止出口退（免）税资格未到期的；⑧有非正常户记录或者由非正常户直接责任人员注册登记或者负责经营的；⑨由D级纳税人的直接责任人员注册登记或者负责经营的；⑩存在税务机关依法认定的其他严重失信情形的。

（6）纳税人有下列情形的，不影响其纳税信用评价：①由于税务机关原因或者不可抗力，造成纳税人未能及时履行纳税义务的；②非主观故意的计算公式运用错误以及明显的笔误造成未缴或者少缴税款的；③国家税务总局认定的其他不影响纳税信用评价的情形。

4.纳税信用评价结果

（1）纳税信用评价结果的确定和发布

纳税信用评价结果的确定和发布遵循谁评价、谁确定、谁发布的原则。税务机关每年4月确定上一年度纳税信用评价结果，并为纳税人提供自我查询服务。纳税人对纳税信用评价结果有异议的，可以书面向作出评价的税务机关申请复评。作出评价的税务机关应按规定进行复核。

税务机关对纳税人的纳税信用级别实行动态调整。纳税人信用评价状态变化时，税务机关可采取适当方式通知、提醒纳税人。

税务机关对纳税信用评价结果按分级分类原则，依法有序开放：主动公开A级纳税人名单及相关信息；根据社会信用体系建设需要，以及与相关部门信用信息共建共享合作备忘录、协议等规定，逐步开放B、M、C、D级纳税人名单及相关信息；定期或者不定期公布重大税收违法案件信息。

（2）纳税信用评价结果的应用

税务机关按照守信激励、失信惩戒的原则，对不同信用级别的纳税人实施分类服务和管理。

对纳税信用评价为A级的纳税人，税务机关予以下列激励措施：①主动向社会公告年度A级纳税人名单；②一般纳税人可单次领取3个月的增值税发票用量，需要调整增值税发票用量时即时办理；③普通发票按需领用；④连续3年被评为A级信用级别（简称3连A）的纳税人，除享受以上措施外，还可以由税务机关提供绿色通道或专门人员帮助办理涉税事项；⑤税务机关与相关部门实施的联合激励措施，以及结合当地实际情况采取的其他激励措施。

对纳税信用评价为 B 级的纳税人,税务机关实施正常管理,适时进行税收政策和管理规定的辅导,并视信用评价状态变化趋势选择性地提供上述激励措施。

对纳税信用评价为 M 级的纳税人,税务机关适时进行税收政策和管理规定的辅导。

对纳税信用评价为 C 级的纳税人,税务机关应依法从严管理,并视信用评价状态变化趋势选择性地采取上述管理措施。

对纳税信用评价为 D 级的纳税人,税务机关应采取以下措施:①公开 D 级纳税人及其直接责任人员名单,对直接责任人员注册登记或者负责经营的其他纳税人纳税信用直接判为 D 级;②增值税专用发票领用按辅导期一般纳税人政策办理,普通发票的领用实行交(验)旧供新、严格限量供应;③加强出口退税审核;④加强纳税评估,严格审核其报送的各种资料;⑤列入重点监控对象,提高监督检查频次,发现税收违法违规行为的,不得适用规定处罚幅度内的最低标准;⑥将纳税信用评价结果通报相关部门,建议在经营、投融资、取得政府供应土地、进出口、出入境、注册新公司、工程招投标、政府采购、获得荣誉、安全许可、生产许可、从业任职资格、资质审核等方面予以限制或禁止;⑦对于因评价指标得分评为 D 级的纳税人,次年由直接保留 D 级评价调整为评价时加扣 11 分;对于因直接判级评为 D 级的纳税人,维持 D 级评价保留两年,第三年纳税信用不得评价为 A 级;⑧税务机关与相关部门实施的联合惩戒措施,以及结合实际情况依法采取的其他严格管理措施。

(四)纳税信用修复

1.纳税信用修复申请人

纳入纳税信用管理的企业纳税人,符合下列条件之一的,可在规定期限内向主管税务机关申请纳税信用修复:

(1)纳税人发生未按法定期限办理纳税申报、税款缴纳、资料备案等事项且已补办的;

(2)未按税务机关处理结论缴纳或者足额缴纳税款、滞纳金和罚款,未构成犯罪,纳税信用级别被直接判为 D 级的纳税人,在税务机关处理结论明确的期限期满后 60 日内足额缴纳、补缴的;

(3)纳税人履行相应法律义务并由税务机关依法解除非正常户状态的。

2.纳税信用修复程序

符合上述第(1)项所列条件的,如失信行为已纳入纳税信用评价,纳税人可在失信行为被税务机关列入失信记录的次年年底前向主管税务机关提出信用修复申请,税务机关按照《纳税信用修复范围及标准》调整该项纳税信用评价指标分值,重新评价纳税人的纳税信用级别;如失信行为尚未纳入纳税信用评价,纳税人无须提出申请,税务机关按照《纳税信用修复范围及标准》调整纳税人该项纳税信用评价指标分值并进行纳税信用评价。

符合上述第(2)项和第(3)项所列条件的,纳税人可在纳税信用被直接判为 D 级的次年年底前向主管税务机关提出申请,税务机关根据纳税人失信行为纠正情况调整该项纳税信用评价指标的状态,重新评价纳税人的纳税信用级别,但不得评价为 A 级。

非正常户失信行为纳税信用修复一个纳税年度内只能申请一次。纳税年度自公历 1月 1 日起至 12 月 31 日止。

纳税信用修复后纳税信用级别不再为 D 级的纳税人,其直接责任人注册登记或者负责经营的其他纳税人之前被关联为 D 级的,可向主管税务机关申请解除纳税信用 D 级关联。

需向主管税务机关提出纳税信用修复申请的纳税人应填报纳税信用修复申请表,并对纠正失信行为的真实性作出承诺。税务机关发现纳税人虚假承诺的,撤销相应的纳税信用修复,并按照《纳税信用评价指标和评价方式(试行)调整表》予以扣分。

主管税务机关自受理纳税信用修复申请之日起 15 个工作日内完成审核,并向纳税人反馈信用修复结果。

纳税信用修复完成后,纳税人按照修复后的纳税信用级别适用相应的税收政策和管理服务措施,之前已适用的税收政策和管理服务措施不作追溯调整。

十三、税收违法行为检举管理

为了保障单位、个人依法检举纳税人、扣缴义务人违反税收法律、行政法规行为的权利,规范检举秩序,根据《税收征管法》有关规定,国家税务总局制定了《税收违法行为检举管理办法》(以下简称《办法》)。

(一)税收违法行为检举管理原则

检举管理工作坚持依法依规、分级分类、属地管理、严格保密的原则。

市(地、州、盟)以上税务局稽查局设立税收违法案件举报中心。国家税务总局稽查局税收违法案件举报中心负责接收税收违法行为检举,督促、指导、协调处理重要检举事项;省、自治区、直辖市、计划单列市和市(地、州、盟)税务局稽查局税收违法案件举报中心负责税收违法行为检举的接收、受理、处理和管理;各级跨区域稽查局和县税务局应当指定行使税收违法案件举报中心职能的部门,负责税收违法行为检举的接收,并按规定职责处理。税务机关应当向社会公布举报中心的电话(传真)号码、通讯地址、邮政编码、网络检举途径,设立检举接待场所和检举箱。税务机关同时通过 12366 纳税服务热线接收税收违法行为检举。

上述所称的税收违法行为,是指涉嫌偷税(逃税),逃避追缴欠税,骗税,虚开、伪造、变造发票,以及其他与逃避缴纳税款相关的税收违法行为。

上述所称的检举是指单位、个人采用书信、电话、传真、网络、来访等形式,向税务机关提供纳税人、扣缴义务人税收违法行为线索的行为。检举税收违法行为的单位、个人称检举人;被检举的纳税人、扣缴义务人称被检举人。

检举税收违法行为是检举人的自愿行为,检举人因检举而产生的支出应当由其自行承担。检举人在检举过程中应当遵守法律、行政法规等规定;应当对其所提供检举材料的真实性负责,不得捏造、歪曲事实,不得诬告、陷害他人;不得损害国家、社会、集体的利益和其他公民的合法权益。

(二)检举事项的提出与受理

1.检举的提出

检举人可以实名检举,也可以匿名检举。

检举人以个人名义实名检举应当由其本人提出;以单位名义实名检举应当委托本单位

工作人员提出。举报中心接收实名检举,应当准确登记实名检举人信息。以来访形式实名检举的,检举人应当提供营业执照、居民身份证等有效身份证件的原件和复印件。以来信、网络、传真形式实名检举的,检举人应当提供营业执照、居民身份证等有效身份证件的原件。

以电话形式要求实名检举的,税务机关应当告知检举人采取前述的形式进行检举。

检举人未采取上述形式进行检举的,视同匿名检举。

检举人检举税收违法行为应当提供被检举人的名称(姓名)、地址(住所)和税收违法行为线索;尽可能提供被检举人统一社会信用代码(身份证件号码)、法定代表人、实际控制人信息和其他相关证明资料。鼓励检举人提供书面检举材料。

2.税务机关应当合理设置检举接待场所。检举接待场所应当与办公区域适当分开,配备使用必要的录音、录像等监控设施,保证监控设施对接待场所全覆盖并正常运行。

3.检举的受理

举报中心对接收的检举事项,应当及时审查,有下列情形之一的,不予受理:

(1)无法确定被检举对象,或者不能提供税收违法行为线索的;

(2)检举事项已经或者应当通过诉讼、仲裁、行政复议以及其他法定途径解决的;

(3)对已经查结的同一检举事项再次检举,没有提供新的有效线索的。

除上述规定外,举报中心自接收检举事项之日起即为受理。

举报中心可以应实名检举人要求,视情况采取口头或者书面方式解释不予受理原因。

(三)检举事项的处理

1.分级分类处理

检举事项受理后,应当分级分类,按照以下方式处理:

(1)检举内容详细、税收违法行为线索清楚、证明资料充分的,由稽查局立案检查。

(2)检举内容与线索较明确但缺少必要证明资料,有可能存在税收违法行为的,由稽查局调查核实。发现存在税收违法行为的,立案检查;未发现的,作查结处理。

(3)检举对象明确,但其他检举事项不完整或者内容不清、线索不明的,可以暂存待查,待检举人将情况补充完整以后,再进行处理。

(4)已经受理尚未查结的检举事项,再次检举的,可以合并处理。

(5)《办法》规定以外的检举事项,转交有处理权的单位或者部门。

2.处理的时限

举报中心应当在检举事项受理之日起 15 个工作日内完成分级分类处理,特殊情况除外。

举报中心可以税务机关或者以自己的名义向下级税务机关督办、交办检举事项。查处部门应当在收到举报中心转来的检举材料之日起 3 个月内办理完毕;案情复杂无法在期限内办理完毕的,可以延期。税务局稽查局对督办案件的处理结果应当认真审查。对于事实不清、处理不当的,应当通知承办机关补充调查或者重新调查,依法处理。

(四)检举人的答复和奖励

1.检举人的答复

实名检举人可以要求答复检举事项的处理情况与查处结果。实名检举人要求答复处理情况时,应当配合核对身份;要求答复查处结果时,应当出示检举时所提供的有效身份证件。举报中心可以视具体情况采取口头或者书面方式答复实名检举人。

实名检举事项的处理情况,由作出处理行为的税务机关的举报中心答复。将检举事项督办、交办、提交或者转交的,应当告知去向;暂存待查的,应当建议检举人补充资料。

实名检举事项的查处结果,由负责查处的税务机关的举报中心答复。实名检举人要求答复检举事项查处结果的,检举事项查结以后,举报中心可以将与检举线索有关的查处结果简要告知检举人,但不得告知其检举线索以外的税收违法行为的查处情况,不得提供执法文书及有关案情资料。

12366 纳税服务热线接收检举事项并转交举报中心或者相关业务部门后,可以应检举人要求将举报中心或者相关业务部门反馈的受理情况告知检举人。

2.检举人的奖励

检举事项经查证属实,为国家挽回或者减少损失的,按照财政部和国家税务总局的有关规定对实名检举人给予相应奖励。

十四、重大税收违法失信案件信息公布

税务机关依照规定,确定重大税收违法失信主体,向社会公布失信信息,并将信息通报相关部门,共同实施严格监管和联合惩戒。

(一)重大税收违法失信主体

《重大税收违法失信主体信息公布管理办法》第六条规定,"重大税收违法失信主体"(以下简称失信主体)是指有下列情形之一的纳税人、扣缴义务人或者其他涉税当事人(以下简称当事人):

(1)纳税人伪造、变造、隐匿、擅自销毁账簿、记账凭证,或者在账簿上多列支出或者不列、少列收入,或者经税务机关通知申报而拒不申报或者进行虚假的纳税申报,不缴或者少缴应纳税款 100 万元以上,且任一年度不缴或者少缴应纳税款占当年各税种应纳税总额 10% 以上的,或者采取前述手段,不缴或者少缴已扣、已收税款,数额在 100 万元以上的;

(2)欠缴应纳税款,采取转移或者隐匿财产的手段,妨碍税务机关追缴欠缴的税款,欠缴税款金额 100 万元以上的;

(3)骗取国家出口退税款的;

(4)以暴力、威胁方法拒不缴纳税款的;

(5)虚开增值税专用发票或者虚开用于骗取出口退税、抵扣税款的其他发票的;

(6)虚开普通发票 100 份以上或者金额 400 万元以上的;

(7)私自印制、伪造、变造发票,非法制造发票防伪专用品,伪造发票监制章的;

(8)具有偷税、逃避追缴欠税、骗取出口退税、抗税、虚开发票等行为,在稽查案件执行完毕前,不履行税收义务并脱离税务机关监管,经税务机关检查确认走逃(失联)的;

(9)为纳税人、扣缴义务人非法提供银行账户、发票、证明或者其他方便,导致未缴、少缴税款 100 万元以上或者骗取国家出口退税款的;

(10)税务代理人违反税收法律、行政法规造成纳税人未缴或者少缴税款 100 万元以上的;

(11)其他性质恶劣、情节严重、社会危害性较大的税收违法行为。

税务机关对当事人依法作出《税务行政处罚决定书》，当事人在法定期限内未申请行政复议、未提起行政诉讼，或者申请行政复议，行政复议机关作出行政复议决定后，在法定期限内未提起行政诉讼，或者人民法院对税务行政处罚决定或行政复议决定作出生效判决、裁定后，符合前述第六条规定失信主体情形之一的，税务机关确定其为失信主体。

对移送公安机关的当事人，税务机关在移送时已依法作出《税务处理决定书》，未作出《税务行政处罚决定书》的，当事人在法定期限内未申请行政复议、未提起行政诉讼，或者申请行政复议，行政复议机关作出行政复议决定后，在法定期限内未提起行政诉讼，或者人民法院对税务处理决定或行政复议决定作出生效判决、裁定后，符合《重大税收违法失信主体信息公布管理办法》第六条规定失信主体情形之一的，税务机关确定其为失信主体。

(二)信息公布内容

税务机关应当在失信主体确定文书送达后的次月 15 日内，向社会公布下列信息：

(1)失信主体基本情况；

(2)失信主体的主要税收违法事实；

(3)税务处理、税务行政处罚决定及法律依据；

(4)确定失信主体的税务机关；

(5)法律、行政法规规定应当公布的其他信息。

对依法确定为国家秘密的信息，法律、行政法规禁止公开的信息，以及公开后可能危及国家安全、公共安全、经济安全、社会稳定的信息，税务机关不予公开。

关于失信主体基本情况：失信主体为法人或者其他组织的，公布其名称、统一社会信用代码(纳税人识别号)、注册地址以及违法行为发生时的法定代表人、负责人或者经人民法院生效裁判确定的实际责任人的姓名、性别及身份证件号码(隐去出生年、月、日号码段)；失信主体为自然人的，公布其姓名、性别、身份证件号码(隐去出生年、月、日号码段)。

经人民法院生效裁判确定的实际责任人，与违法行为发生时的法定代表人或者负责人不一致的，除有证据证明法定代表人或者负责人有涉案行为外，税务机关只向社会公布实际责任人信息。

(三)信息公布程序

税务机关应当在作出确定失信主体决定前向当事人送达告知文书，告知其依法享有陈述、申辩的权利。当事人在税务机关告知后 5 日内，可以书面或者口头提出陈述、申辩意见。当事人口头提出陈述、申辩意见的，税务机关应当制作陈述申辩笔录，并由当事人签章。税务机关应当充分听取当事人陈述、申辩意见，对当事人提出的事实、理由和证据进行复核。当事人提出的事实、理由或者证据成立的，应当采纳。

经设区的市、自治州以上税务局局长或者其授权的税务局领导批准，税务机关在规定的申请行政复议或提起行政诉讼期限届满，或者行政复议决定、人民法院判决或裁定生效后，于 30 日内制作失信主体确定文书，并依法送达当事人。

(四)信息公布管理

税务机关应当通过国家税务总局各省、自治区、直辖市、计划单列市税务局网站向社会公布失信主体信息,根据本地区实际情况,也可以通过税务机关公告栏、报纸、广播、电视、网络媒体等途径以及新闻发布会等形式向社会公布。国家税务总局归集各地税务机关确定的失信主体信息,并提供至"信用中国"网站进行公开。失信主体信息自公布之日起满3年的,税务机关在5日内停止信息公布。

属于《重大税收违法失信主体信息公布管理办法》第六条规定情形(1)和情形(2)的失信主体,属于情形(8)的失信主体具有偷税、逃避追缴欠税行为的,在失信信息公布前按照《税务处理决定书》《税务行政处罚决定书》缴清税款、滞纳金和罚款的,经税务机关确认,不向社会公布其相关信息。

(五)提前停止公布

失信信息公布期间,符合下列条件之一的,失信主体或者其破产管理人可以向作出确定失信主体决定的税务机关申请提前停止公布失信信息:

(1)按照《税务处理决定书》《税务行政处罚决定书》缴清(退)税款、滞纳金、罚款,且失信主体失信信息公布满六个月的;

(2)失信主体破产,人民法院出具批准重整计划或认可和解协议的裁定书,税务机关依法受偿的;

(3)在发生重大自然灾害、公共卫生、社会安全等突发事件期间,因参与应急抢险救灾、疫情防控、重大项目建设或者履行社会责任作出突出贡献的。

上述第(1)种情形下申请提前停止公布的,申请人应当提交停止公布失信信息申请表、诚信纳税承诺书。

上述第(2)种情形下申请提前停止公布的,申请人应当提交停止公布失信信息申请表,人民法院出具的批准重整计划或认可和解协议的裁定书。

上述第(3)种情形下申请提前停止公布的,申请人应当提交停止公布失信信息申请表、诚信纳税承诺书以及省、自治区、直辖市、计划单列市人民政府出具的有关材料。

失信主体有下列情形之一的,不予提前停止公布:

(1)被确定为失信主体后,因发生偷税、逃避追缴欠税、骗取出口退税、抗税、虚开发票等税收违法行为受到税务处理或者行政处罚的;

(2)五年内被确定为失信主体两次以上的。

税务机关作出准予提前停止公布决定的,应当在5日内停止信息公布。税务机关可以组织申请提前停止公布的失信主体法定代表人、财务负责人等参加信用培训,开展依法诚信纳税教育。信用培训不得收取任何费用。

十五、税务行政复议

(一)税务行政复议的概念

税务行政复议,是指纳税人和其他税务当事人对税务机关的税务行政行为不服,依法向上级税务机关提出申诉,请求上一级税务机关对原行政行为的合理性、合法性作出审议,复议机关依法对原行政行为的合理性、合法性作出裁决的行政司法活动。

(二)税务行政复议范围

纳税人及其他当事人(以下简称申请人)认为税务机关(以下简称被申请人)的行政行为侵犯其合法权益,可依法向税务行政复议机关申请行政复议。税务行政复议机关(以下简称复议机关),是指依法受理税务行政复议申请,对行政行为进行审查并作出行政复议决定的税务机关。

1.可以申请行政复议的行政行为

申请人对税务机关下列行政行为不服的,可以提出行政复议申请。

(1)征税行为,包括确认纳税主体、征税对象、征税范围、减税、免税、退税、抵扣税款、适用税率、计税依据、纳税环节、纳税期限、纳税地点和税款征收方式等行政行为,征收税款、加收滞纳金,扣缴义务人、受税务机关委托的单位和个人作出的代扣代缴、代收代缴、代征行为等;

(2)行政许可、行政审批行为;

(3)发票管理行为,包括发售、收缴、代开发票等;

(4)税收保全措施、强制执行措施;

(5)行政处罚行为,包括罚款、没收非法财物和违法所得、停止出口退税权;

(6)不依法履行下列职责的行为:颁发税务登记,开具、出具完税凭证、外出经营活动税收管理证明,行政赔偿,行政奖励,其他不依法履行职责的行为;

(7)资格认定行为;

(8)不依法确认纳税担保行为;

(9)政府公开信息工作中的具体行政行为;

(10)纳税信用等级评定行为;

(11)通知出入境管理机关阻止出境行为;

(12)其他行政行为。

2.可以一并申请行政复议的规范性文件

申请人认为税务机关的行政行为所依据的下列规定不合法,对行政行为申请行政复议时,可以一并向复议机关提出对该规定(不包括规章)的审查申请:

(1)国家税务总局和国务院其他部门的规定;

(2)其他各级税务机关的规定;

(3)地方各级人民政府的规定;

(4)地方人民政府工作部门的规定。

申请人对行政行为提出行政复议申请时不知道该行政行为所依据的规定的,可以在行政复议机关作出行政复议决定以前提出对该规定的审查申请。

(三)税务行政复议管辖

1.复议管辖的一般规定

(1)对各级税务局的行政行为不服的,向其上一级税务局申请行政复议。

(2)对计划单列市税务局的行政行为不服的,向国家税务总局申请行政复议。

(3)对税务所(分局)、各级税务局的稽查局的行政行为不服的,向其所属税务局申请行政复议。

（4）对国家税务总局的行政行为不服的，向国家税务总局申请行政复议。对行政复议决定不服，申请人可以向人民法院提起行政诉讼，也可以向国务院申请裁决。国务院的裁决为最终裁决。

2.复议管辖的特殊规定

（1）对两个以上税务机关以共同的名义作出的行政行为不服的，向共同上一级税务机关申请行政复议；对税务机关与其他行政机关以共同的名义作出的行政行为不服的，向其共同上一级行政机关申请行政复议。

（2）对被撤销的税务机关在撤销以前所作出的行政行为不服的，向继续行使其职权的税务机关的上一级税务机关申请行政复议。

（3）对税务机关作出逾期不缴纳罚款加处罚款的决定不服的，向作出行政处罚决定的税务机关申请行政复议。但是对已处罚款和加处罚款都不服的，一并向作出行政处罚决定的税务机关的上一级税务机关申请行政复议。

申请人向行政行为发生地的县级地方人民政府提交行政复议申请的，由接受申请的县级地方人民政府依法予以转送。

（四）税务行政复议申请与受理

1.税务行政复议申请

申请人可以在知道税务机关作出具体行政行为之日起 60 日内提出行政复议申请。因不可抗力或者被申请人设置障碍等原因耽误法定申请期限的，申请期限的计算应当扣除被耽误时间。

申请人对复议范围中征税行为不服的，应当先向复议机关申请行政复议，对行政复议决定不服的，可以再向人民法院提起行政诉讼。

申请人按上述规定申请行政复议的，必须依照税务机关根据法律、行政法规确定的税额、期限，先行缴纳或者解缴税款及滞纳金，或者提供相应的担保，方可在实际缴清税款和滞纳金后或者所提供的担保得到作出具体行政行为的税务机关确认之日起 60 日内提出行政复议申请。

申请人对复议范围中税务机关作出的征税行为以外的其他行政行为不服的，可以申请行政复议，也可以直接向人民法院提起行政诉讼。

申请人对税务机关作出逾期不缴纳罚款加处罚款的决定不服的，应当先缴纳罚款和加处罚款，再申请行政复议。

申请人申请行政复议，可以书面申请，也可以口头申请。书面申请的，可以采取当面递交、邮寄、传真或者电子邮件等方式提出行政复议申请。口头申请的，复议机关应当当场制作行政复议申请笔录，交申请人核对或者向申请人宣读，并由申请人确认。

2.税务行政复议受理

复议机关收到行政复议申请后，应当在 5 日内进行审查，决定是否受理。对符合规定的行政复议申请，自行政复议机关收到之日起即为受理，应当书面告知申请人。对不符合规定的行政复议申请，决定不予受理，并书面告知申请人。对不属于本机关受理的行政复议申请，应当告知申请人向有关行政复议机关提出。复议机关收到行政复议申请以后未按照规定期限审查并作出不予受理决定的,视为受理。

对应当先向复议机关申请行政复议,对行政复议决定不服再向人民法院提起行政诉讼的行政行为,复议机关决定不予受理或者受理以后超过行政复议期限不作答复的,申请人可以自收到不予受理决定书之日起或者行政复议期满之日起15日内,依法向人民法院提起行政诉讼。

申请人向复议机关申请行政复议,复议机关已经受理的,在法定行政复议期限内申请人不得向人民法院提起行政诉讼;申请人向人民法院提起行政诉讼,人民法院已经依法受理的,不得申请行政复议。

行政复议期间行政行为不停止执行。但有下列情形之一的,可以停止执行:

(1)被申请人认为需要停止执行的;

(2)复议机关认为需要停止执行的;

(3)申请人申请停止执行,复议机关认为其要求合理,决定停止执行的;

(4)法律规定停止执行的。

(五)税务行政复议审查和决定

1.税务行政复议审查

复议机关审理行政复议案件,应当由2名以上行政复议工作人员参加。行政复议工作人员应当具备与履行行政复议职责相适应的品行、专业知识和业务能力。税务机关中初次从事行政复议的人员,应当通过国家统一法律职业资格考试取得法律职业资格。

行政复议原则上采用书面审查的办法,但是申请人提出要求或者复议机关认为有必要时,应当听取申请人、被申请人和第三人的意见,并可以向有关组织和人员调查了解情况。

对重大、复杂的案件,申请人提出要求或者复议机关认为必要时,可以采取听证的方式审理。听证应当公开举行,但是涉及国家秘密、商业秘密或者个人隐私的除外。行政复议听证人员不得少于2人,听证主持人由行政复议机关指定。听证应当制作笔录,申请人、被申请人和第三人应当确认听证笔录内容。第三人不参加听证的,不影响听证的举行。

复议机关应当全面审查被申请人的行政行为所依据的事实证据、法律程序、法律依据和设定的权利义务内容的合法性、适当性。

申请人在行政复议决定作出以前撤回行政复议申请的,经复议机关同意,可以撤回。申请人撤回行政复议申请的,不得再以同一事实和理由提出行政复议申请。但是,申请人能够证明撤回行政复议申请违背其真实意思表示的除外。

行政复议期间被申请人改变原行政行为的,不影响行政复议案件的审理。但是,申请人依法撤回行政复议申请的除外。

复议机关审查被申请人的行政行为时,认为其依据不合法,本机关有权处理的,应当在30日内依法处理;无权处理的,应当在7日内按照法定程序逐级转送有权处理的国家机关依法处理。处理期间,中止对行政行为的审查。

2.税务行政复议决定

复议机关应当对被申请人的行政行为提出审查意见,经复议机关负责人批准,按照下列规定作出行政复议决定。

（1）行政行为认定事实清楚，证据确凿，适用依据正确，程序合法，内容适当的，决定维持。

（2）被申请人不履行法定职责的，决定其在一定期限内履行。

（3）行政行为有下列情形之一的，决定撤销、变更或者确认该具体行政行为违法：主要事实不清、证据不足的；适用依据错误的；违反法定程序的；超越或者滥用职权的；行政行为明显不当的。

决定撤销或者确认该行政行为违法的，可以责令被申请人在一定期限内重新作出行政行为。复议机关责令被申请人重新作出行政行为的，被申请人不得以同一事实和理由作出与原行政行为相同或者基本相同的行政行为；但复议机关以原行政行为违反法定程序而决定撤销的，被申请人重新作出行政行为的除外。

复议机关责令被申请人重新作出行政行为的，被申请人不得作出对申请人更为不利的决定；但是复议机关以原行政行为主要事实不清、证据不足或适用依据错误决定撤销的，被申请人重新作出行政行为的除外。

复议机关责令被申请人重新作出行政行为的，被申请人应当在60日内重新作出行政行为；情况复杂、不能在规定期限内重新作出行政行为的，经复议机关批准，可以适当延期，但是延期不得超过30日。

申请人对被申请人重新作出的行政行为不服的，可以依法申请行政复议，或者提起行政诉讼。

（4）被申请人不按照规定提出书面答复，提交当初作出行政行为的证据、依据和其他有关材料的，视为该行政行为没有证据、依据，决定撤销该行政行为。

复议机关应当自受理申请之日起60日内作出行政复议决定。情况复杂、不能在规定期限内作出行政复议决定的，经复议机关负责人批准，可以适当延期，并告知申请人和被申请人，但延期不得超过30日。

复议机关作出行政复议决定，应当制作行政复议决定书，并加盖印章。行政复议决定书一经送达，即发生法律效力。

十六、税收法律责任

（一）违反税务管理规定的法律责任

（1）纳税人有下列行为之一的，由税务机关责令限期改正，可以处2 000元以下的罚款；情节严重的，处2 000元以上1万元以下的罚款：①未按照规定设置、保管账簿或者保管记账凭证和有关资料的；②未按照规定将财务、会计制度或者财务、会计处理办法和会计核算软件报送税务机关备查的；③未按照规定将其全部银行账号向税务机关报告的；④未按照规定安装、使用税控装置，或者损毁或者擅自改动税控装置的。

（2）扣缴义务人未按照规定设置、保管代扣代缴、代收代缴税款账簿或者保管代扣代缴、代收代缴税款记账凭证及有关资料的，由税务机关责令限期改正，可以处2 000元以下的罚款；情节严重的，处2 000元以上5 000元以下的罚款。

（3）纳税人未按照规定的期限办理纳税申报和报送纳税资料的，或者扣缴义务人未按照规定的期限向税务机关报送代扣代缴、代收代缴税款报告表和有关资料的,由税务机关责令限期改正,可以处 2 000 元以下的罚款;情节严重的,处 2 000 元以上 1 万元以下的罚款。

(4)纳税人、扣缴义务人编造虚假计税依据的,由税务机关责令限期改正,并处 5 万元以下的罚款。

(5)非法印制、转借、倒卖、变造或者伪造完税凭证的,由税务机关责令改正,处 2 000 元以上 1 万元以下的罚款;情节严重的,处 1 万元以上 5 万元以下的罚款;构成犯罪的,依法追究刑事责任。

(6)银行和其他金融机构未依照《税收征管法》的规定在从事生产、经营的纳税人的账户中登录税务登记证件号码,或者未按规定在税务登记证件中登录从事生产、经营的纳税人的账户账号的,由税务机关责令其限期改正,处 2 000 元以上 2 万元以下的罚款;情节严重的,处 2 万元以上 5 万元以下的罚款。

(7)扣缴义务人应扣未扣、应收而不收税款的,由税务机关向纳税人追缴税款,对扣缴义务人处应扣未扣、应收未收税款 50% 以上 3 倍以下的罚款。

(8)税务代理人违反税收法律、行政法规,造成纳税人未缴或者少缴税款的,除由纳税人缴纳或者补缴应纳税款、滞纳金外,对税务代理人处纳税人未缴或者少缴税款 50% 以上 3 倍以下的罚款。

(二)"首违不罚"制度

2021 年 4 月 1 日起,对于首次发生国家税务总局公布的"首违不罚"清单(见表 3-16)中事项且危害后果轻微,在税务机关发现前主动改正或者在税务机关责令限期改正的期限内改正的,不予行政处罚。税务机关应当对当事人加强税法宣传和辅导。

表 3-16 税务行政处罚"首违不罚"事项清单

序号	事项
1	纳税人未按照税收征收管理法及实施细则等有关规定将其全部银行账号向税务机关报送
2	纳税人未按照税收征收管理法及实施细则等有关规定设置、保管账簿或者保管记账凭证和有关资料
3	纳税人未按照税收征收管理法及实施细则等有关规定的期限办理纳税申报和报送纳税资料
4	纳税人使用税控装置开具发票,未按照税收征收管理法及实施细则、发票管理办法等有关规定的期限向主管税务机关报送开具发票的数据且没有违法所得
5	纳税人未按照税收征收管理法及实施细则、发票管理办法等有关规定取得发票,以其他凭证代替发票使用且没有违法所得
6	纳税人未按照税收征收管理法及实施细则、发票管理办法等有关规定缴销发票且没有违法所得
7	扣缴义务人未按照税收征收管理法及实施细则等有关规定设置、保管代扣代缴、代收代缴税款账簿或者保管代扣代缴、代收代缴税款记账凭证及有关资料
8	扣缴义务人未按照税收征收管理法及实施细则等有关规定的期限报送代扣代缴、代收代缴税款有关资料

续表

序号	事　项
9	扣缴义务人未按照《税收票证管理办法》的规定开具税收票证
10	境内机构或个人向非居民发包工程作业或劳务项目,未按照《非居民承包工程作业和提供劳务税收管理暂行办法》的规定向主管税务机关报告有关事项
11	纳税人使用非税控电子器具开具发票,未按照税收征收管理法及实施细则、发票管理办法等有关规定将非税控电子器具使用的软件程序说明资料报主管税务机关备案且没有违法所得
12	纳税人未按照税收征收管理法及实施细则、税务登记管理办法等有关规定办理税务登记证件验证或者换证手续
13	纳税人未按照税收征收管理法及实施细则、发票管理办法等有关规定加盖发票专用章且没有违法所得
14	纳税人未按照税收征收管理法及实施细则等有关规定将财务、会计制度或者财务、会计处理办法和会计核算软件报送税务机关备查

(三)偷税(逃税)行为的法律责任

偷税(逃税)行为,是指纳税人采取欺骗、隐瞒手段进行虚假纳税申报或者不申报,逃避缴纳税款的行为。

纳税人伪造、变造、隐匿、擅自销毁账簿、记账凭证,或者在账簿上多列支出或者不列、少列收入,或者经税务机关通知申报而拒不申报或者进行虚假的纳税申报,不缴或者少缴应纳税款的,由税务机关追缴其不缴或者少缴的税款、滞纳金,并处不缴或者少缴的税款50%以上5倍以下的罚款;构成犯罪的,依法追究刑事责任。

纳税人采取欺骗、隐瞒手段进行虚假纳税申报或者不申报,逃避缴纳税款数额较大并且占应纳税额10%以上的,处3年以下有期徒刑或者拘役,并处罚金;数额巨大并且占应纳税额30%以上的,处3年以上7年以下有期徒刑,并处罚金。对多次实施前述行为,未经处理的,按照累计数额计算。

有上述行为,经税务机关依法下达追缴通知后,补缴应纳税款,缴纳滞纳金,已受行政处罚的,不予追究刑事责任;但是,5年内因逃避缴纳税款受过刑事处罚或者被税务机关给予两次以上行政处罚的除外。

扣缴义务人采取上述手段,不缴或者少缴已扣、已收税款,由税务机关追缴其不缴或者少缴的税款、滞纳金,并处不缴或者少缴的税款50%以上5倍以下的罚款;构成犯罪的,依法追究刑事责任。

(四)欠税行为的法律责任

欠税行为,是指纳税人欠缴应纳税款,采取转移或者隐匿财产的手段,妨碍税务机关追缴欠缴的税款的行为。

纳税人欠税的,由税务机关追缴欠缴的税款、滞纳金,并处欠缴税款50%以上5倍以下的罚款;构成犯罪的,依法追究刑事责任。

(五)抗税行为的法律责任

抗税行为,是指纳税人、扣缴义务人以暴力、威胁方法拒不缴纳税款的行为。

对抗税行为,除由税务机关追缴其拒缴的税款、滞纳金外,依法追究刑事责任。情节轻微、未构成犯罪的,由税务机关追缴其拒缴的税款、滞纳金,并处拒缴税款1倍以上5倍以下的罚款。

(六)骗税行为的法律责任

骗税行为,是指纳税人以假报出口或者其他欺骗手段,骗取国家出口退税款的行为。

纳税人有骗税行为,由税务机关追缴其骗取的退税款,并处骗取税款1倍以上5倍以下的罚款;构成犯罪的,依法追究刑事责任。

对骗取国家出口退税款的,税务机关可以在规定期间内停止为其办理出口退税。

为纳税人、扣缴义务人非法提供银行账户、发票、证明或者其他方便,骗取国家出口退税款的,税务机关除没收其违法所得外,可以处未缴、少缴或者骗取的税款1倍以下的罚款。

(七)纳税人、扣缴义务人不配合税务检查的法律责任

税务检查期间,纳税人、扣缴义务人发生不配合税务机关进行税务检查的下列行为,由税务机关责令改正,可以处1万元以下的罚款;情节严重的,处1万元以上5万元以下的罚款。

(1)逃避、拒绝或者以其他方式阻挠税务机关检查的。

(2)提供虚假资料,不如实反映情况,或者拒绝提供有关资料的。

(3)拒绝或者阻止税务机关记录、录音、录像、照相和复制与案件有关的情况和资料的。

(4)转移、隐匿、销毁有关资料的。

(5)有不依法接受税务检查的其他情形的。

(八)税务行政主体实施税收违法行为的法律责任

1.渎职行为的法律责任

(1)税务人员徇私舞弊,对依法应当移交司法机关追究刑事责任的不移交,情节严重的,依法追究刑事责任。

(2)税务人员利用职务上的便利,收受或者索取纳税人、扣缴义务人财物或者谋取其他不正当利益,构成犯罪的,依法追究刑事责任;未构成犯罪的,依法给予行政处分。

(3)税务人员徇私舞弊或者玩忽职守,不征或者少征应征税款,致使国家税收遭受重大损失,构成犯罪的,依法追究刑事责任;未构成犯罪的,依法给予行政处分。

(4)税务人员滥用职权,故意刁难纳税人、扣缴义务人的,调离税收工作岗位,并依法给予行政处分。

(5)税务人员对控告、检举税收违法行为的纳税人、扣缴义务人以及其他检举人进行打击报复的,依法给予行政处分;构成犯罪的,依法追究刑事责任。

2.其他违法行为的法律责任

(1)税务机关违反规定擅自改变税收征收管理范围和税款入库预算级次的,责令限期

改正,对直接负责的主管人员和其他直接责任人员依法给予降级或者撤职的行政处分。

（2）税务人员在征收税款或者查处税收违法案件时,未按照《税收征管法》的规定进行回避的,对直接负责的主管人员和其他直接责任人员,依法给予行政处分。未按照《税收征管法》的规定为纳税人、扣缴义务人、检举人保密的,对直接负责的主管人员和其他直接责任人员,由所在单位或者有关单位依法给予行政处分。

（3）税务人员与纳税人、扣缴义务人勾结,唆使或者协助纳税人、扣缴义务人实施税收违法行为,构成犯罪的,依法追究刑事责任;未构成犯罪的,依法给予行政处分。

（4）税务人员私分扣押、查封的商品、货物或者其他财产,情节严重、构成犯罪的,依法追究刑事责任;未构成犯罪的,依法给予行政处分。

（5）违反法律、行政法规的规定提前征收、延缓征收或者摊派税款的,由其上级机关或者行政监察机关责令改正,对直接负责的主管人员和其他直接责任人员依法给予行政处分。

（6）违反法律、行政法规的规定,擅自作出税收的开征、停征或者减税、免税、退税、补税以及其他同税收法律、行政法规相抵触的决定的,除按《税收征管法》的规定撤销其擅自作出的决定外,补征应征未征税款,退还不应征收而征收的税款,并由上级机关追究直接负责的主管人员和其他直接责任人员的行政责任;构成犯罪的,依法追究刑事责任。

模块四　劳动合同与社会保险法律制度

💡 **课程教学目标**

　　了解：劳动关系与劳动合同、违反劳动合同法律制度的法律责任；社会保险概述、违反社会保险法律制度的法律责任。

　　熟悉：劳动合同的履行与变更、集体合同与劳务派遣、劳动争议的解决；社会保险费征缴与管理。

　　掌握：劳动合同的订立、劳动合同的主要内容、劳动合同的解除与终止；基本养老保险、基本医疗保险、工伤保险、失业保险。

📑 **思政育人目标**

　　践行社会主义核心价值观，培养遵纪守法、依法维护权利与履行义务的劳动者，树立正确的就业观、职业观。

任务一　劳动合同法律制度

一、劳动合同法概述

(一)《劳动合同法》立法概况

　　为了完善劳动合同制度，明确劳动合同双方当事人的权利和义务，保护劳动者的合法权益，构建和发展和谐稳定的劳动关系，《中华人民共和国劳动合同法》(以下简称《劳动合同法》)由第十届全国人民代表大会常务委员会第二十八次会议于 2007 年 6 月 29 日通过，自 2008 年 1 月 1 日起施行。《全国人民代表大会常务委员会关于修改〈中华人民共和国劳动合同法〉的决定》由第十一届全国人民代表大会常务委员会第三十次会议于 2012 年 12 月 28 日通过，对劳务派遣等相关内容进行了修订，自 2013 年 7 月 1 日起施行。

(二)《劳动合同法》的适用范围

　　中华人民共和国境内的企业、个体经济组织、民办非企业单位等组织(以下简称用人单位)与劳动者建立劳动关系,订立、履行、变更、解除或者终止劳动合同,适用《劳动合同法》。另外,国家机关、事业单位、社会团体和与其建立劳动关系的劳动者,订立、履行、变更、解除或者终止劳动合同,依照《劳动合同法》执行。

二、劳动合同的订立

(一)劳动合同订立的概念和原则

劳动合同的订立是指劳动者和用人单位经过互相选择与平等协商,就劳动合同的各项条款协商一致,并以书面形式明确规定双方权利、义务,从而确立劳动合同关系的法律行为。

订立劳动合同应当遵循合法、公平、平等自愿、协商一致、诚实信用的原则。

(二)劳动合同订立的主体

1.劳动合同订立主体的资格要求

劳动者需年满16周岁,有劳动权利能力和行为能力。文艺、体育和特种工艺单位招用未满16周岁的未成年人,必须遵守国家有关规定,并保障其接受义务教育的权利。

用人单位有用人权利能力和行为能力。用人单位设立的分支机构,依法取得营业执照或者登记证书的,可以作为用人单位与劳动者订立劳动合同;未依法取得营业执照或者登记证书的,受用人单位委托可以与劳动者订立劳动合同。

2.劳动合同订立主体的法定义务

用人单位对劳动者有如实告知义务;用人单位招用劳动者,不得扣押劳动者的居民身份证和其他证件,用人单位扣押劳动者居民身份证等证件的,由劳动行政部门责令限期退还劳动者本人,并依法给予处罚;用人单位不得要求劳动者提供担保或者以其他名义向劳动者收取财物。用人单位以担保或者其他名义向劳动者收取财物的,由劳动行政部门责令限期退还劳动者本人,并以每人500元以上2 000元以下的标准对用人单位处以罚款,给劳动者造成损害的,应当承担赔偿责任。

劳动者就与劳动合同直接相关的基本情况对用人单位有如实说明的义务。

(三)劳动关系建立的时间

用人单位自用工之日起与劳动者建立劳动关系。用人单位与劳动者在用工前订立劳动合同的,劳动关系自用工之日起建立。用人单位应当建立职工名册备查。

(四)劳动合同订立的形式

1.书面形式及要求

用人单位自用工之日起即与劳动者建立劳动关系。建立劳动关系,应当订立书面劳动合同。对于已建立劳动关系,未同时订立书面劳动合同的,应当自用工之日起1个月内订立书面劳动合同。

未订立书面劳动合同的处理:

(1)自用工之日起1个月内,经用人单位书面通知后,劳动者不与用人单位订立书面劳动合同的,用人单位应当书面通知劳动者终止劳动关系,无需向劳动者支付经济补偿,但应依法向劳动者支付其实际工作时间的劳动报酬。

（2）自用工之日起超过1个月不满1年，用人单位未与劳动者订立书面劳动合同的，应当向劳动者每月支付两倍的工资，并与劳动者补订书面劳动合同；劳动者不与用人单位订立书面劳动合同的，用人单位应当书面通知劳动者终止劳动关系，并支付经济补偿。两倍工资的起算时间为用工之日起满1个月的次日，截止时间为补订书面劳动合同的前1日。

（3）自用工之日起满1年，用人单位未与劳动者订立合同的，自用工之日起1个月的次日至满1年的前一日应当向劳动者每月支付两倍的工资补偿，并视为自用工之日起满1年的当日已经与劳动者订立无固定期限劳动合同，应当立即与劳动者补订书面劳动合同。

2.例外情况

非全日制用工双方当事人可以订立口头协议。

三、劳动合同的必备条款与可备条款

(一)必备条款

必备条款是劳动法律所规定的、双方当事人签订的劳动合同必须具备的条款。《劳动合同法》第十七条规定，必备条款包括以下条款：

1.用人单位的名称、住所和法定代表人或者主要负责人

（1）有两个以上办事机构的，以用人单位的主要办事机构所在地为住所。

（2）具有法人资格的用人单位，要注明单位的法定代表人；不具有法人资格的用人单位，必须在劳动合同中写明该单位的主要负责人。

2.劳动者的姓名、住址和居民身份证或者其他有效身份证件号码

劳动者的住址，以其户籍所在的居住地为住址，其经常居住地与户籍所在地不一致的，以经常居住地为住址。

3.劳动合同期限

双方可以选择订立固定期限、无固定期限或以完成一定工作任务为期限的劳动合同。

（1）固定期限劳动合同。即用人单位与劳动者约定合同终止时间的劳动合同。期限一般为一年、三年、五年等。

（2）无固定期限劳动合同。即用人单位与劳动者约定无确定终止时间的劳动合同。无固定期限劳动合同的签订分为以下两种情况：

一是协商。不论职工工龄长短，只要用人单位与劳动者协商一致，就可签订无固定期限劳动合同。

二是法定。《劳动合同法》规定，有下列情形之一，劳动者提出或者同意续订、订立劳动合同的，除劳动者提出订立固定期限劳动合同外，应当订立无固定期限劳动合同：①劳动者在该用人单位连续工作满10年的；②用人单位初次实行劳动合同制度或者国有企业改制重新订立劳动合同时，劳动者在该用人单位连续工作满10年且距法定退休年龄不足10年的；③连续订立二次固定期限劳动合同，又续订劳动合同，且劳动者没有用人单位可以解除劳动合同的情形，也没有因患病或不能胜任工作，用人单位可以提前30日以书面

形式通知解除劳动合同的情形的。此外，用人单位自用工之日起满 1 年不与劳动者订立书面劳动合同的，视为用人单位与劳动者已订立无固定期限劳动合同。

（3）以完成一定工作任务为期限的劳动合同。即用人单位与劳动者约定以某项工作的完成为合同期限的劳动合同。当某项工作或工程完成后，劳动合同自行终止。

4.工作内容和工作地点

工作内容包括劳动者从事劳动的工种、岗位、劳动定额、产品质量标准的要求等。工作地点是指劳动者可能从事工作的具体地理位置。

5.工作时间

（1）标准工时制。国家实行劳动者每日工作 8 小时、每周工作 40 小时的标准工时制度。不能实行标准工时制度，应保证劳动者每天工作不超过 8 小时，每周工作不超过 40 小时，每周至少休息 1 天。

标准工时之外的加班：一般每日不得超过 1 小时；因特殊原因需要延长工作时间的，每日不得超过 3 小时，每月不得超过 36 小时。但有下列情形之一的，延长工作时间不受上述规定的限制：①发生自然灾害、事故或者因其他原因，威胁劳动者生命健康和财产安全，需要紧急处理的；②生产设备、交通运输线路、公共设施发生故障，影响生产和公众利益，必须及时抢修的；③法律、行政法规规定的其他情形。

（2）不定时工作制。也称无定时工作制、不定时工作日。主要适用于一些因工作性质或工作条件不受标准工作时间限制的工作岗位。

（3）综合计算工时制。也称综合计算工作日，是指用人单位根据生产和工作的特点，分别以周、月、季、年等为周期，综合计算劳动者工作时间，但其平均日工作时间和平均周工作时间仍与法定标准工作时间基本相同的一种工时形式。

6.休息、休假

（1）休息。包括工作日内的间歇时间、工作日之间的休息时间和公休假日（即周休息日）。

（2）休假。具体包括：①法定节日休假。一年中属于全体公民的法定节日休息有 11 天，包括元旦 1 天、春节 3 天、清明节 1 天、国际劳动节 1 天、端午节 1 天、国庆节 3 天、中秋节 1 天。②年休假。年休假是指职工工作满一定年限，每年可享有的保留工作岗位、带薪连续休息的时间。累计工作年限已满 1 年不满 10 年的、已满 10 年不满 20 年的、已满 20 年的，年休假天数分别为 5 天、10 天、15 天。

注意：国家法定休假日、休息日不计入年休假的假期。年休假一般不跨年度安排。单位因生产、工作特点确有必要跨年度安排职工年休假的，可以跨 1 个年度安排。

不得享受年休假的情形：职工依法享受寒暑假，其休假天数多于年休假天数的；职工请事假累计 20 天以上且单位按规定不扣工资的；累计工作满 1 年不满 10 年的职工，请病假累计 2 个月以上的；累计工作满 10 年不满 20 年的职工，请病假累计 3 个月以上的；累计工作满 20 年以上的职工，请病假累计 4 个月以上的。

7.劳动报酬

（1）劳动报酬与支付

工资应当以法定货币支付，不得以实物及有价证券替代货币支付。工资必须在用人单位与劳动者约定的日期支付。如遇节假日或休息日,则应提前在最近的工作日支付。工资至少每月支付一次,实行周、日、小时工资制的,可按周、日、小时支付工资。对完成一次性临时劳动或某项具体工作的劳动者,用人单位应按有关协议或合同规定在其完成劳动任务后即支付工资。

(2)特殊情况下的工资支付

法定休假日和婚丧假期间以及依法参加社会活动期间,用人单位应当依法支付工资。

在部分公民放假的节日期间(妇女节、青年节),对参加社会活动或单位组织庆祝活动和照常工作的职工,单位应支付工资报酬,但不支付加班工资。

关于加班的劳动报酬。依法安排劳动者在日标准工作时间以外延长工作时间的,支付工资的标准不低于劳动合同规定的劳动者本人小时工资标准的150%。依法安排劳动者在休息日工作,不能安排补休的,支付工资的标准不低于劳动合同规定的劳动者本人小时工资标准的200%。依法安排劳动者在法定休假日工作的,支付工资的标准不低于劳动合同规定的劳动者本人小时工资标准的300%。注意:①实行计件工资的劳动者,在完成计件定额任务后,由用人单位安排延长工作时间的,根据上述原则,分别按照不低于其本人法定工作时间计件单价的150%、200%、300%支付其工资。②用人单位安排加班不支付加班费的,由劳动行政部门责令限期支付加班费,逾期不支付的,责令用人单位按应付金额50%以上100%以下的标准向劳动者加付赔偿金。③经劳动行政部门批准实行综合计算工时工作制的,其综合计算工作时间超过法定标准工作时间的部分,视为延长工作时间,按上述规定支付劳动者延长工作时间的工资。④实行不定时工时制度的劳动者,不执行上述规定。

另外,因劳动者本人原因给用人单位造成经济损失的,用人单位可按劳动合同的约定要求其赔偿经济损失。经济损失的赔偿,可从劳动者本人的工资中扣除。但每月扣除的部分不得超过劳动者当月工资的20%。若扣除后的剩余工资部分低于当地月最低工资标准,则按最低工资标准支付。

(3)最低工资制度

具体标准由各省、自治区、直辖市人民政府规定,报国务院备案。

8.社会保险

社会保险,是指国家依法建立的,由国家、用人单位和个人共同筹集资金、建立基金,使个人在年老(退休)、患病、工伤(因工伤残或者患职业病)、失业、生育等情况下获得物质帮助和补偿的一种社会保障制度。包括养老保险、失业保险、医疗保险、工伤保险、生育保险。《劳动合同法》规定,用人单位应当依法为劳动者缴纳社会保险,否则劳动者有权解除劳动合同,并可以按照实际工作年限要求用人单位支付经济补偿。

9.劳动保护、劳动条件和职业危害防护

劳动保护、劳动条件和职业危害防护是指用人单位必须为劳动者所从事的劳动提供的生产、工作条件和劳动安全保护措施。此类条款的具体规定多为国家的强制性规定。

10.法律、法规规定应当纳入劳动合同的其他事项

(二)可备条款

可备条款是法律没有要求必须具备的,而由劳动合同当事人双方协商规定的条款。

《劳动合同法》规定,用人单位与劳动者可以约定试用期、培训、保守秘密、补充保险和福利待遇等其他事项。

1.试用期条款

为帮助劳动者防范劳动风险,用人单位防范用工风险,《劳动合同法》对试用期的期限、工资待遇、合同解除等作了具体规定。

(1)试用期期限的强制性规定

《劳动合同法》第十九条第一款规定,劳动合同期限 3 个月以上不满 1 年的,试用期不得超过 1 个月;劳动合同期限 1 年以上不满 3 年的,试用期不得超过 2 个月;3 年以上固定期限和无固定期限的劳动合同,试用期不得超过 6 个月。

注意:同一用人单位与同一劳动者只能约定一次试用期。以完成一定工作任务为期限的劳动合同或者劳动合同期限不满 3 个月的,不得约定试用期。试用期包含在劳动合同期限内。劳动合同仅约定试用期的。试用期不成立,该期限为劳动合同期限。

(2)试用期工资的强制性规定

劳动者在试用期的工资不得低于本单位相同岗位最低档工资或劳动合同约定工资的80％,并不得低于用人单位所在地的最低工资标准。

(3)试用期内劳动合同的解除

劳动者有下列情形之一的,用人单位可以解除劳动合同,但应当向劳动者说明理由:①劳动者在试用期间被证明不符合录用条件的;②劳动者严重违反用人单位的规章制度的;③劳动者严重失职,营私舞弊,给用人单位造成重大损害的;④劳动者同时与其他用人单位建立劳动关系,对完成本单位的工作任务造成严重影响,或者经用人单位提出,拒不改正的;⑤劳动者以欺诈、胁迫的手段或者乘人之危,使用人单位在违背真实意思的情况下订立或者变更劳动合同的;⑥劳动者被依法追究刑事责任的;⑦劳动者患病或者非因工负伤,在规定的医疗期满后不能从事原工作,也不能从事由用人单位另行安排的工作的;⑧劳动者不能胜任工作,经过培训或者调整工作岗位,仍不能胜任工作的。

劳动者在试用期内提前 3 日通知用人单位,可以解除劳动合同。

2.服务期条款

(1)服务期的含义

服务期是指劳动者因享受用人单位给予的特殊待遇而作出的劳动履行期限承诺。

用人单位为劳动者提供专项培训费用,对其进行专业技术培训的,可以与该劳动者订立协议,约定服务期。培训费用,包括用人单位为了对劳动者进行专业技术培训而支付的有凭证的培训费用、培训期间的差旅费用以及因培训产生的用于该劳动者的其他直接费用。劳动合同期满,但是用人单位与劳动者约定的服务期尚未到期的,劳动合同应当续延至服务期满;双方另有约定的,从其约定。

(2)劳动者违反服务期的违约责任

劳动者违反服务期约定的,应当按照约定向用人单位支付违约金。违约金的数额不得超过用人单位提供的培训费用。对已经履行部分服务期限的,用人单位要求劳动者支付的违约金不得超过服务期尚未履行部分所应分摊的培训费用。对劳动者培训出资且能够提供相应的支付凭证,才能要求劳动者承担违约责任。一般而言,只有劳动者在服务期内提出与单位解除劳动关系时,用人单位才可以要求其支付违约金。

劳动者因下列违纪等重大过错行为而被用人单位解除劳动关系的,用人单位仍有权要求其支付违约金:①劳动者严重违反用人单位的规章制度的;②劳动者严重失职,营私舞弊,给用人单位造成重大损害的;③劳动者同时与其他用人单位建立劳动关系,对完成本单位的工作任务造成严重影响,或者经用人单位提出,拒不改正的;④劳动者以欺诈、胁迫的手段或者乘人之危,使用人单位在违背真实意思的情况下订立或者变更劳动合同的;⑤劳动者被依法追究刑事责任的。

(3)劳动者解除劳动合同不属于违反服务期约定的情形(用人单位存在过错)

用人单位与劳动者约定了服务期,劳动者依照下述情形的规定解除劳动合同的,不属于违反服务期的约定,用人单位不得要求劳动者支付违约金:①用人单位未按劳动合同约定提供劳动保护或者劳动条件的;②用人单位未及时足额支付劳动报酬的;③用人单位未依法为劳动者缴纳社会保险费的;④用人单位的规章制度违反法律、法规的规定,损害劳动者权益的;⑤用人单位以欺诈、胁迫的手段或者乘人之危,使劳动者在违背真实意思的情况下订立或者变更劳动合同的;⑥用人单位在劳动合同中免除自己的法定责任、排除劳动者权利的;⑦用人单位违反法律、行政法规强制性规定的;⑧法律、行政法规规定劳动者可以解除劳动合同的其他情形。

3.保守商业秘密和竞业限制条款

用人单位与劳动者可以在劳动合同中约定保守用人单位的商业秘密和与知识产权相关的保密事项。竞业限制即限制劳动者一定时期的择业权。

对负有保密义务的劳动者,用人单位可以在劳动合同或者保密协议中与劳动者约定竞业限制条款,并约定在解除或者终止劳动合同后,在竞业限制期限内按月给予劳动者经济补偿。补偿金的数额由双方约定,劳动者违反竞业限制约定的,应当按照约定向用人单位支付违约金。

竞业限制条款适用范围限于用人单位的高级管理人员、高级技术人员和其他负有保密义务的人员。

从事同类业务的竞业限制期限不得超过2年。

4.违约金条款

违约金条款,是指用人单位与劳动者在劳动合同中约定的一方不履行或不完全履行劳动合同义务时,向另一方支付一定数额金钱的条款。违约金条款仅适用于服务期条款、保密条款和竞业限制条款三种情形。除此之外,不得约定违约金。

四、劳动合同的履行

(一)用人单位与劳动者应当按照劳动合同的约定,全面履行各自的义务

1.用人单位应向劳动者及时足额支付劳动报酬。用人单位拖欠或者未足额支付劳动报酬的,劳动者可以依法向当地人民法院申请支付令。

2.用人单位不得强迫或者变相强迫劳动者加班。

3.劳动者拒绝用人单位管理人员违章指挥、强令冒险作业的,不视为违反劳动合同。

4.用人单位变更名称、法定代表人、主要负责人或者投资人等事项,不影响劳动合同的履行。

5.用人单位发生合并或者分立等情况,原劳动合同继续有效,劳动合同由承继其权利和义务的用人单位继续履行。

(二)用人单位应当依法建立和完善劳动规章制度,保障劳动者享有劳动权利、履行劳动义务

1.用人单位劳动规章制度即内部劳动规则,其内容不能违反劳动法律法规的义务性规范和劳动合同的约定条款。合法有效的劳动规章制度是劳动合同的组成部分,对用人单位和劳动者均有法律约束力。

2.建立劳动规章制度的程序。如果用人单位的规章制度未经公示或者对劳动者告知,该规章制度对劳动者不生效。

3.劳动规章制度要接受工会、职工与劳动行政部门等的监督。

五、劳动合同的变更

在劳动合同开始履行但尚未履行完毕之前,用人单位与劳动者协商一致,可以变更劳动合同约定的内容。变更劳动合同,应当采用书面形式。变更后的劳动合同文本由用人单位和劳动者各执一份。用人单位不得强迫劳动者变更劳动合同内容。

六、劳动合同的解除

(一)劳动合同解除的含义

劳动合同解除是指双方当事人对依法订立而尚未全部履行的劳动合同,经双方协商,或因一定的法律事实的出现,双方当事人或一方当事人依法提前终止劳动合同的法律效力,解除双方权利义务关系的行为。劳动合同解除分为协商解除和法定解除两种情况。

(二)协商解除

由用人单位提出解除劳动合同而与劳动者协商一致的,必须依法向劳动者支付经济补偿。

由劳动者主动辞职而与用人单位协商一致解除劳动合同的,用人单位无需向劳动者支付经济补偿。

(三)法定解除

法定解除指出现国家法律、法规或劳动合同规定的可以解除劳动合同的情形时,不需双方当事人一致同意,劳动合同效力可以自然或由单方提前终止。法定解除又可分为用人单位的单方解除和劳动者的单方解除。

1.劳动者可单方面解除劳动合同的情形

(1)预告辞职

《劳动合同法》第三十七条规定,劳动者提前 30 日以书面形式通知用人单位,可以解除劳动合同。劳动者在试用期内提前 3 日通知用人单位,可以解除劳动合同。

预告辞职的情况,用人单位没有过错,不需要给予劳动者经济补偿。

(2)即时辞职

《劳动合同法》第三十八条第一款规定,用人单位有下列情形之一的,劳动者可以随时通知用人单位解除劳动合同:①用人单位未按照劳动合同约定提供劳动保护或者劳动条件的;②用人单位未及时足额支付劳动报酬的;③用人单位未依法为劳动者缴纳社会保险费的;④用人单位的规章制度违反法律、法规的规定,损害劳动者权益的;⑤用人单位以欺诈、胁迫的手段或者乘人之危,使劳动者在违背真实意思的情况下订立或者变更劳动合同的;⑥法律、行政法规规定劳动者可以解除劳动合同的其他情形。

劳动者即时辞职,有权要求用人单位给予经济补偿。

(3)立即辞职

《劳动合同法》第三十八条第二款规定,用人单位以暴力、威胁或者非法限制人身自由的手段强迫劳动者劳动的,或者用人单位违章指挥、强令冒险作业危及劳动者人身安全的,劳动者可以立即解除劳动合同,不需事先告知用人单位。

此种情形是用人单位有重大过错的情况下,劳动者不需事先告知用人单位可以立即解除劳动合同,并有权要求用人单位给予经济补偿。

2.用人单位可单方面解除劳动合同的情形

(1)预告辞退

预告辞退,用人单位需提前30天书面通知劳动者本人,或者额外支付劳动者一个月工资,即可解除劳动合同。根据《劳动合同法》第四十条的规定,包括下列情形:①劳动者患病或者非因工负伤,在规定的医疗期满后不能从事原工作,也不能从事由用人单位另行安排的工作的;②劳动者不能胜任工作,经过培训或者调整工作岗位,仍不能胜任工作的;③劳动合同订立时所依据的客观情况发生重大变化,致使劳动合同无法履行,经用人单位与劳动者协商,未能就变更劳动合同内容达成协议的。

(2)即时辞退

《劳动合同法》第三十九条规定,劳动者有下列情形之一的,用人单位可以随时通知劳动者解除劳动合同:①劳动者在试用期间被证明不符合录用条件的;②劳动者严重违反用人单位的规章制度的;③劳动者严重失职,营私舞弊,给用人单位造成重大损害的;④劳动者同时与其他用人单位建立劳动关系,对完成本单位的工作任务造成严重影响,或者经用人单位提出,拒不改正的;⑤劳动者以欺诈、胁迫的手段或者乘人之危,使用人单位在违背真实意思的情况下订立或者变更劳动合同的;⑥劳动者被依法追究刑事责任的。

(3)经济性裁员

《劳动合同法》第四十一条规定,有下列情形之一,需要裁减人员 20 人以上或者裁减不足 20 人但占企业职工总数 10％以上的,用人单位提前 30 日向工会或者全体职工说明情况,听取工会或者职工的意见后,裁减人员方案经向劳动行政部门报告,可以裁减人员:①依照企业破产法规定进行重整的;②生产经营发生严重困难的;③企业转产、重大技术革新或者经营方式调整,经变更劳动合同后,仍需裁减人员的;④其他因劳动合同订立时所依据的客观经济情况发生重大变化,致使劳动合同无法履行的。

注意:用人单位裁员后,在 6 个月内重新招用人员的,应当通知被裁减的人员,并在同等条件下优先招用被裁减的人员。

（4）对用人单位单方解除劳动合同的限制性规定

劳动者有下列情形之一的，用人单位不得解除劳动合同：①从事接触职业病危害作业的劳动者未进行离岗前职业健康检查，或者疑似职业病病人在诊断或者医学观察期间的；②在本单位患职业病或者因工负伤并被确认丧失或者部分丧失劳动能力的；③患病或者非因工负伤，在规定的医疗期内的；④女职工在孕期、产期、哺乳期的；⑤在本单位连续工作满 15 年，且距法定退休年龄不足 5 年的；⑥法律、行政法规规定的其他情形。

如果用人单位在上述情形下解除劳动合同的，属于违法解除劳动合同情形。劳动者可要求继续履行劳动合同，享受在劳动关系存续期间的待遇；如果劳动者不愿意或者劳动合同的履行已经不可能，那么劳动者可要求获得 2 倍经济补偿的赔偿金。

七、劳动合同的终止

（一）劳动合同终止的含义与情形

劳动合同的终止是指劳动合同的法律效力因一定法律事实的出现而归于消灭。

有下列情形之一的，劳动合同终止：①劳动合同期满的；②劳动者开始依法享受基本养老保险待遇的；③劳动者死亡，或者被人民法院宣告死亡或者宣告失踪的；④用人单位被依法宣告破产的；⑤用人单位被吊销营业执照、责令关闭、撤销或者用人单位决定提前解散的；⑥法律、行政法规规定的其他情形。

需要注意的是，当有《劳动合同法》限制用人单位解除劳动合同情形时，即使劳动合同期满也不能终止，而应依法延续一定的期限至相应情形消失时终止。

（二）劳动合同解除或终止的后续义务

1.用人单位应当在解除或者终止劳动合同时给劳动者出具解除或者终止劳动合同的证明，并应在 15 日内为劳动者办理档案和社会保险关系转移手续。用人单位对已经解除或者终止的劳动合同的文本，至少保存 2 年备查。

2.劳动者应当按照双方约定，办理工作交接，负有保密义务的应当继续为用人单位保守商业秘密。

（三）劳动合同解除和终止的经济补偿

1.用人单位应当向劳动者支付经济补偿的情形

（1）由用人单位提出解除劳动合同并与劳动者协商一致而解除劳动合同的；

（2）劳动者符合随时通知解除和不需事先通知即可解除劳动合同规定情形而解除劳动合同的；

（3）用人单位符合提前 30 日以书面形式通知劳动者本人或者额外支付劳动者 1 个月工资后，可以解除劳动合同规定情形而解除劳动合同的；

（4）用人单位符合可裁减人员规定而解除劳动合同的；

（5）除用人单位维持或者提高劳动合同约定条件续订劳动合同，劳动者不同意续订的情形外，劳动合同期满终止固定期劳动合同的；

（6）以完成一定工作任务为期限的劳动合同因任务完成而终止的；

（7）用人单位被依法宣告破产终止劳动合同的；

（8）用人单位被吊销营业执照、责令关闭、撤销或者用人单位决定提前解散而终止劳动合同的；

（9）法律、行政法规规定解除或终止劳动合同应当向劳动者支付经济补偿的其他情形。

2.经济补偿的支付标准

经济补偿，一般根据劳动者在用人单位的工作年限和工资标准来计算具体金额，并以货币形式支付给劳动者。

$$经济补偿金=\frac{劳动合同解除或终止前}{劳动者在本单位的工作年限} \times 每工作一年应得的经济补偿$$

即：

$$经济补偿金=工作年限 \times 月工资$$

（1）补偿年限的计算标准

经济补偿按劳动者在本单位工作的年限，每满1年支付1个月工资的标准向劳动者支付。6个月以上不满1年的，按1年计算。不满6个月的，向劳动者支付半个月工资标准的经济补偿。

劳动者非因本人原因从原用人单位被安排到新用人单位工作的，劳动者在原用人单位的工作年限合并计入新用人单位的工作年限。原用人单位已经向劳动者支付经济补偿的，新用人单位在依法解除、终止劳动合同计算支付经济补偿的工作年限时，不再计算劳动者在原用人单位的工作年限。

（2）补偿基数的计算标准

月工资是指劳动者在劳动合同解除或者终止前12个月的平均工资，包括计时工资或者计件工资以及奖金、津贴和补贴等货币性收入。劳动者工作不满12个月的，按照实际工作的月数计算平均工资。

劳动者月工资高于用人单位所在直辖市、设区的市级人民政府公布的本地区上年度职工月平均工资3倍的，向其支付经济补偿的标准按职工月平均工资3倍的数额支付，向其支付经济补偿的年限最高不超过12年。

八、集体合同

集体合同，是指工会或劳动者代表与用人单位或用人单位组织之间，根据劳动法律法规和规章的规定，就劳动报酬、工作时间、休息休假、劳动安全卫生、职业培训、保险福利等事项，通过平等协商签订的书面协议。

(一)集体合同的订立

1.集体合同的双方当事人

综合（或专项）集体合同：工会与用人单位。

行业性(或区域性)集体合同:工会与企业代表。

2.集体合同的订立

职工代表大会或者全体职工讨论集体合同草案,应当有 2/3 以上职工出席,且须经全体职工代表半数以上或全体职工半数以上同意,方获通过。然后由集体协商双方首席代表签字。

3.集体合同的生效

集体合同订立后,应当报送劳动行政部门。劳动行政部门自收到集体合同文本之日起 15 日内未提出异议的,集体合同生效。

(二)集体合同的法律意义

依法订立的集体合同对用人单位和劳动者具有约束力。用人单位与劳动者订立的劳动合同中劳动报酬和劳动条件等标准不得低于集体合同规定的标准。

用人单位违反集体合同,侵犯劳动者权益的,工会可以依法要求用人单位承担责任;因履行集体合同发生争议,经协商解决不成的,工会可以依法申请仲裁,提起诉讼。

九、劳务派遣

劳务派遣,是指具有派遣资格的劳务派遣单位招聘劳动者后,根据与用工单位的约定,将其派往用工单位指定的工作场所,为用工单位提供劳动的用工形式。劳动合同用工是我国企业的基本用工形式。劳务派遣用工是补充形式,只能在临时性、辅助性或者替代性的工作岗位上实施。

(一)劳务派遣单位

1.资质要求

经营劳务派遣业务应当具备下列条件:①注册资本不得少于人民币 200 万元;②有与开展业务相适应的固定的经营场所和设施;③有符合法律、行政法规规定的劳务派遣管理制度;④法律、行政法规规定的其他条件。

经营劳务派遣业务,应当向劳动行政部门依法申请行政许可。经许可的,依法办理相应的公司登记。未经许可,任何单位和个人不得经营劳务派遣业务。

2.法定义务

劳务派遣单位的法定义务:①应当与被派员工订立 2 年以上固定期限劳动合同;②按月支付被派员工的劳动报酬;③劳务派遣单位应当将劳务派遣协议的内容告知派遣员工;④不得设立劳务派遣单位向本单位或者所属单位派遣劳动者。

(二)劳务派遣协议

双方当事人:派遣单位和用工单位。

应当约定的内容:派遣岗位和人员数量、派遣期限、劳动报酬和社会保险费的数额与支付方式以及违反协议的责任。

不得将连续用工期限分割订立数个短期劳务派遣协议。

(三)用工单位的义务

劳务派遣用工单位的义务：①执行国家劳动标准，提供相应的劳动条件和劳动保护；②告知被派遣劳动者的工作要求和劳动报酬；③支付加班费、绩效奖金，提供与工作岗位相关的福利待遇；④对在岗被派遣劳动者进行工作岗位所必需的培训；⑤连续用工的，实行正常的工资调整机制；⑥不得将被派遣劳动者再派遣到其他用人单位。

(四)被派遣劳动者的权利

1.被派遣劳动者享有与用工单位的劳动者同工同酬的权利。

2.被派遣劳动者有权在劳务派遣单位或者用工单位依法参加或者组织工会，维护自身的合法权益。

十、非全日制用工

(一)非全日制用工的概念

非全日制用工，是指以小时计酬为主，劳动者在同一用人单位一般平均每日工作时间不超过4小时，每周工作时间累计不超过24小时的用工形式。

(二)非全日制用工的特别规定

(1)非全日制用工双方当事人可以订立口头协议。

(2)从事非全日制用工的劳动者可以与一个或者一个以上用人单位订立劳动合同；但是，后订立的劳动合同不得影响先订立的劳动合同的履行。

(3)非全日制用工双方当事人不得约定试用期。

(4)非全日制用工双方当事人任何一方都可以随时通知对方终止用工。终止用工，用人单位不向劳动者支付经济补偿。

(5)非全日制用工小时计酬标准不得低于用人单位所在地人民政府规定的最低小时工资标准。

(6)非全日制用工劳动报酬结算支付周期最长不得超过15日。

十一、违反劳动合同法律制度的法律责任

(一)用人单位违反《劳动合同法》的法律责任

(1)用人单位规章制度违反法律、法规规定的，由劳动行政部门责令改正，给予警告；给劳动者造成损害的，应当承担赔偿责任。

(2)用人单位提供的劳动合同文本未载明《劳动合同法》规定的劳动合同必备条款或者用人单位未将劳动合同文本交付劳动者的，由劳动行政部门责令改正；给劳动者造成损害的，应当承担赔偿责任。

(3)用人单位自用工之日起超过1个月不满1年未与劳动者订立书面劳动合同的，应当向劳动者每月支付2倍的工资。用人单位违反《劳动合同法》规定不与劳动者订立无固

定期限劳动合同的,自应当订立无固定期限劳动合同之日起向劳动者每月支付2倍的工资。

(4)用人单位违反《劳动合同法》规定与劳动者约定试用期的,由劳动行政部门责令改正;违法约定的试用期已经履行的,由用人单位以劳动者试用期满月工资为标准,按已经履行的超过法定试用期的期间向劳动者支付赔偿金。

(5)用人单位扣押劳动者居民身份证等证件的,由劳动行政部门责令限期退还劳动者本人,并以每人500元以上2000元以下的标准处以罚款;给劳动者造成损害的,应当承担赔偿责任。

(6)用人单位有下列情形之一的,由劳动行政部门责令限期支付劳动报酬、加班费或者经济补偿;劳动报酬低于当地最低工资标准的,应当支付其差额部分;逾期不支付的,责令用人单位按应付金额50%以上100%以下的标准向劳动者加付赔偿金:①未按照劳动合同的约定或者国家规定及时足额支付劳动者劳动报酬的;②低于当地最低工资标准支付劳动者工资的;③安排加班不支付加班费的;④解除或者终止劳动合同,未依照《劳动合同法》规定向劳动者支付经济补偿的。

(7)用人单位违法解除或者终止劳动合同的,应当依照《劳动合同法》规定的经济补偿标准的2倍向劳动者支付赔偿金。

(8)用人单位有下列情形之一的,依法给予行政处罚;构成犯罪的,依法追究刑事责任;给劳动者造成损害的,应当承担赔偿责任:①以暴力、威胁或者非法限制人身自由的手段强迫劳动的;②违章指挥或者强令冒险作业危及劳动者人身安全的;③侮辱、体罚、殴打、非法搜查或者拘禁劳动者的;④劳动条件恶劣、环境污染严重,给劳动者身心健康造成严重损害的。

(9)用人单位违反《劳动合同法》规定未向劳动者出具解除或者终止劳动合同的书面证明,由劳动行政部门责令改正;给劳动者造成损害的,应当承担赔偿责任。

(10)用人单位招用与其他用人单位尚未解除或者终止劳动合同的劳动者,给其他用人单位造成损失的,应当承担连带赔偿责任。

(二)劳动者违反《劳动合同法》的法律责任

(1)劳动合同被确认无效,给用人单位造成损害的,有过错的劳动者应当承担赔偿责任。

(2)劳动者违反《劳动合同法》规定解除劳动合同,或者违反劳动合同中约定的保密义务或者竞业限制,给用人单位造成损失的,应当承担赔偿责任。

(三)劳务派遣单位、用工单位违反《劳动合同法》的法律责任

劳务派遣单位、用工单位违反《劳动合同法》有关劳务派遣规定的,由劳动行政部门责令限期改正;逾期不改正的,以每人5000元以上10000元以下的标准处以罚款,对劳务派遣单位,吊销其劳务派遣业务经营许可证。用工单位给被派遣劳动者造成损害的,劳务派遣单位与用工单位承担连带赔偿责任。

任务二　社会保险法律制度

一、社会保险法立法概况

社会保险,是指国家依法建立的,由国家、用人单位和个人共同筹集资金、建立基金,使个人在年老(退休)、患病、工伤(因工伤残或者患职业病)、失业、生育等情况下获得物质帮助和补偿的一种社会保障制度。

为了规范社会保险关系,维护公民参加社会保险和享受社会保险待遇的合法权益,使公民共享发展成果,促进社会和谐稳定,根据宪法,《中华人民共和国社会保险法》(以下简称《社会保险法》)已由第十一届全国人民代表大会常务委员会第十七次会议于2010年10月28日通过,自2011年7月1日起施行。《社会保险法》是我国第一部社会保险制度的综合性法律,是一部着力保障和改善民生的法律。与其相配套的《中华人民共和国社会保险法实施细则》自2011年7月1日起施行。2018年12月29日第十三届全国人大常委会第七次会议对《社会保险法》予以修正。

2019年3月6日,国务院办公厅印发了《关于全面推进生育保险和职工基本医疗保险合并实施的意见》,全面推进两项保险合并实施。

二、社会保险登记与社会保险费缴纳

(一)社会保险登记

企业在办理登记注册时,同步办理社会保险登记。企业以外的用人单位应当自成立之日起30日内,向当地社会保险经办机构申请办理社会保险登记。

用人单位应当自用工之日起30日内为其职工向社会保险经办机构申请办理社会保险登记。未办理社会保险登记的,由社会保险经办机构核定其应当缴纳的社会保险费。

自愿参加社会保险的无雇工的个体工商户、未在用人单位参加社会保险的非全日制从业人员以及其他灵活就业人员,应当向社会保险经办机构申请办理社会保险登记。

国家建立全国统一的个人社会保障号码。个人社会保障号码为公民身份证号码。

(二)社会保险费缴纳

用人单位应自行申报、按时足额缴纳由单位负担的社会保险费,非因不可抗力等法定事由不得缓缴、减免。用人单位应按月代扣代缴由职工负担的社会保险费并将其明细情况告知职工本人。

无雇工的个体工商户、未在用人单位参加社会保险的非全日制从业人员以及其他灵活就业人员,可以直接向社会保险费征收机构缴纳社会保险费。

自 2019 年 1 月 1 日起,基本养老保险费、基本医疗保险费、工伤保险费、失业保险费等各项社会保险费由税务部门统一征收。

三、基本养老保险

(一)基本养老保险的含义

基本养老保险是对达到法定退休年龄或因年老丧失劳动能力的老年人予以基本生活保障的社会保险制度。养老保险是社会保险体系中最重要、实施最广泛的一项制度。

(二)基本养老保险的覆盖范围

1.职工基本养老保险

职工基本养老保险由用人单位和职工共同缴纳基本养老保险费。这是基本养老保险的主体部分。

2.城乡居民基本养老保险

根据国务院 2014 年 2 月 26 日发布的《关于建立统一的城乡居民基本养老保险制度的意见》,新型农村社会养老保险和城镇居民社会养老保险两项制度合并实施,在全国范围内建立统一的城乡居民基本养老保险制度。

(三)职工基本养老保险基金的组成和来源

基本养老保险基金由用人单位和个人缴费以及政府补贴等组成。基本养老金由统筹养老金和个人账户养老金组成。

1.统筹养老金账户

用人单位应当按照国家规定的本单位职工工资总额的比例缴纳基本养老保险费,记入基本养老保险统筹基金。

2.个人养老金账户

职工按照国家规定的本人工资的比例缴纳基本养老保险费,记入个人账户。个人账户不得提前支取,记账利率不得低于银行定期存款利率,免征利息税。个人跨统筹地区就业的,其基本养老保险关系随本人转移,缴费年限累计计算。个人达到法定退休年龄时,基本养老金分段计算、统一支付。

(四)职工基本养老保险费的缴纳与计算

1.单位缴费

单位缴费的比例为单位工资总额的 16% 左右,具体比例由省、自治区、直辖市政府确定。

2.个人缴费

职工本人缴费比例为工资的 8%,计入个人账户。本人月平均工资低于当地职工月平均工资 60% 的,按当地职工月平均工资的 60% 作为缴费基数。本人月平均工资高于当地职工月平均工资 300% 的,按当地职工月平均工资的 300% 作为缴费基数,超过部分不计入缴费工资基数,也不计入计发养老金的基数。个人缴费不计征个人所得税,在计算个人所得税的应税收入时,应当扣除个人缴纳的养老保险费。

(五)职工基本养老保险享受条件与待遇

1.职工基本养老保险享受条件

(1)年龄条件:达到法定退休年龄。

(2)缴费条件:累计缴费满 15 年。

2.职工基本养老保险待遇

(1)支付职工基本养老金。职工基本养老金的支付方法为国家按月支付基本养老金。

(2)丧葬补助金和遗属抚恤金。投保人因病或者非因工死亡的,其遗属可以领取丧葬补助金和抚恤金。

(3)病残津贴。投保人在未达到法定退休年龄时因病或者非因工致残完全丧失劳动能力的,可以领取病残津贴。

四、基本医疗保险

(一)基本医疗保险的含义

基本医疗保险是指按照国家规定缴纳一定比例的医疗保险费,参保人因患疾病和意外伤害而就医治疗,由医疗保险基金支付其一定医疗费用的社会保险。

(二)基本医疗保险的覆盖范围

1.职工基本医疗保险

征缴范围包括各类企业及其职工、国家机关及其工作人员、事业单位及其职工、民办非企业单位及其职工、社会团体及其专职人员。

无雇工的个体工商户、未在用人单位参加基本医疗保险的非全日制从业人员以及其他灵活就业人员可以参加职工基本医疗保险,由个人按照国家规定缴纳基本医疗保险费。

根据 2019 年 3 月 6 日国务院办公厅印发《关于全面推进生育保险和职工基本医疗保险合并实施的意见》的规定,参加职工基本医疗保险的在职职工同步参加生育保险,统一基金征缴和管理,生育保险基金并入职工基本医疗保险基金,按照用人单位参加生育保险和职工基本医疗保险的缴费比例之和确定新的用人单位职工基本医疗保险费,个人不缴纳生育保险费。两项保险合并实施后实行统一定点医疗服务管理,统一经办和信息服务,确保职工生育期间的生育保险待遇不变。

2.城乡居民基本医疗保险

城乡居民基本医疗保险制度覆盖除职工基本医疗保险应参保人员以外的其他所有城乡居民,统一保障待遇。

(三)职工基本医疗保险费的缴纳

1.单位缴费

一般为职工工资总额的 6% 左右,具体比例由各地确定。

2.基本医疗保险个人账户的资金来源

(1)个人缴费部分。一般为本人工资收入的 2%。个人跨统筹地区就业的,其基本医疗保险关系随本人转移,缴费年限累计计算。

(2)退休人员基本医疗保险费的缴纳。参加职工基本医疗保险的个人,达到法定退休年龄时累计缴费达到国家规定年限的,退休后不再缴纳基本医疗保险费,按照国家规定享受基本医疗保险待遇;未达到国家规定缴费年限的,可以缴费至国家规定年限。

(四)职工基本医疗保险费用的结算

参保人员符合基本医疗保险支付范围的医疗费用中,在社会医疗统筹基金起付标准以上与最高支付限额以下的费用部分,由社会保险医疗统筹基金按一定比例支付。

起付标准以下的医疗费用,从个人账户中支付或由个人自付。起付标准以上、最高支付限额以下的医疗费用,主要从统筹基金中支付,个人也要负担一定比例。超过最高支付限额的医疗费用,可以通过商业医疗保险等途径解决。统筹基金的具体起付标准、最高支付限额以及在起付标准以上和最高支付限额以下医疗费用的个人负担比例,由统筹地区根据以收定支、收支平衡的原则确定。

(五)基本医疗保险基金不支付的医疗费用

以下医疗费用基本医疗保险基金不支付:①应当从工伤保险基金中支付的;②应当由第三人负担的;③应当由公共卫生负担的;④在境外就医的。

医疗费用应当由第三人负担,第三人不支付或者无法确定第三人的,由基本医疗保险基金先行支付,然后向第三人追偿。

(六)医疗期

医疗期是指企业职工因患病或非因工负伤停止工作,治病休息,但不得解除劳动合同的期限。

1.医疗期

企业职工因患病或非因工负伤,需要停止工作,进行医疗时,根据本人实际参加工作年限和在本单位工作年限,给予 3 个月到 24 个月的医疗期。注意:医疗期的长短与劳动者的工龄相关。计算医疗期从病休第一天开始,累计计算。病休期间,公休、假日和法定节日包括在内。

2.医疗期的计算方法

医疗期根据实际工作年限和在本单位工作年限综合考虑:

(1)连续医疗期的计算方法。实际工作年限 10 年以下的,在本单位工作年限 5 年以下的为 3 个月,5 年以上的为 6 个月。实际工作年限 10 年以上,在本单位工作年限五年以下的为 6 个月;5 年以上 10 年以下的为 9 个月;10 年以上 15 年以下的为 12 个月;15 年以上 20 年以下的为 18 个月;20 年以上的为 24 个月。

(2)累计医疗期的计算方法。医疗期 3 个月的按 6 个月内累计病休时间计算;6 个月的按 12 个月内累计病休时间计算;9 个月的按 15 个月内累计病休时间计算;12 个月的按 18 个月内累计病休时间计算;18 个月的按 24 个月内累计病休时间计算;24 个月的按 30 个月内累计病休时间计算。

3.医疗期内的待遇

(1)病假工资(或疾病救济费)标准。可低于当地最低工资标准,但最低不能低于最低工资标准的 80%。

(2)医疗期内不得解除劳动合同。如医疗期内遇合同期满,则合同必须续延至医疗期满,职工在此期间仍然享受医疗期内待遇。

(3)对医疗期满尚未痊愈者,或者医疗期满后,不能从事原工作,也不能从事用人单位另行安排的工作,被解除劳动合同的,用人单位需按经济补偿规定给予其经济补偿。

五、工伤保险

(一)工伤保险的含义

工伤保险,是指劳动者在职业工作中或规定的特殊情况下遭遇意外伤害或职业病,导致暂时或永久丧失劳动能力以及死亡时,劳动者或其遗属能够从国家和社会获得物质帮助的社会保险。

(二)工伤保险费的缴纳和工伤保险基金

1.工伤保险费的缴纳

用人单位缴纳工伤保险费,职工个人不缴纳工伤保险费。工伤保险费根据以支定收、收支平衡的原则,确定费率。国家根据不同行业的工伤风险程度确定行业差别费率和行业内费率差别。用人单位应当按照本单位职工工资总额,根据社会保险经办机构确定的费率缴纳工伤保险费。

2.工伤保险基金

工伤保险基金由用人单位缴纳的工伤保险费、工伤保险基金的利息、依法纳入工伤保险基金的其他资金构成。工伤保险基金存入社会保障基金财政专户,用于规定的工伤保险待遇,劳动能力鉴定,工伤预防的宣传、培训等费用,以及法律、法规规定的用于工伤保险的其他费用的支付。

(三)工伤认定与劳动能力鉴定

1.职工有下列情形之一的,应当认定为工伤

(1)在工作时间和工作场所内,因工作原因受到事故伤害的;(2)工作时间前后在工作场所内,从事与工作有关的预备性或者收尾性工作受到事故伤害的;(3)在工作时间和工作场所内,因履行工作职责受到暴力等意外伤害的;(4)患职业病的;(5)因工外出期间,由于工作原因受到伤害或者发生事故下落不明的;(6)在上下班途中,受到非本人主要责任的交通事故或者城市轨道交通、客运轮渡、火车事故伤害的;(7)法律、行政法规规定应当认定为工伤的其他情形。

2.职工有下列情形之一的,视同工伤

(1)在工作时间和工作岗位,突发疾病死亡或者在 48 小时之内经抢救无效死亡的;(2)在抢险救灾等维护国家利益、公共利益活动中受到伤害的;(3)职工原在军队服役,因战、因公负伤致残,已取得革命伤残军人证,到用人单位后旧伤复发的。

3.不得认定为工伤或者视同工伤的情形

(1)故意犯罪的;(2)醉酒或者吸毒的;(3)自残或者自杀的。

4.劳动能力鉴定

职工发生工伤,经治疗伤情相对稳定后存在残疾、影响劳动能力的,应当进行劳动能力鉴定。劳动能力鉴定是指劳动功能障碍程度和生活自理障碍程度的等级鉴定。劳动功能障碍分为十个伤残等级,最重的为一级,最轻的为十级。生活自理障碍分为三个等级:生活完全不能自理、生活大部分不能自理和生活部分不能自理。自劳动能力鉴定结论作出之日起1年后,工伤职工或者其直系亲属、所在单位或者经办机构认为伤残情况发生变化的,可以申请劳动能力复查鉴定。

(四)工伤保险待遇

1.医疗康复待遇

医疗康复待遇包括工伤治疗及相关补助待遇,康复性治疗待遇,人工器官、矫形器等辅助器具的安装、配置待遇等等。在停工留薪内,工伤职工原工资福利待遇不变,由所在单位按月支付。

2.伤残待遇

工伤职工根据不同的伤残等级,享受一次性伤残补助金、伤残津贴、伤残就业补助金以及生活护理费等待遇。其中既有一次性待遇,也有长期待遇。

3.工亡待遇

职工因工死亡,其直系亲属可以领取丧葬补助金、供养亲属抚恤金和一次性工亡补助金。

(五)特别规定

(1)本人工资:是指工伤职工因工作遭受事故伤害或者患职业病前12个月平均月缴费工资。上限不超过统筹地区职工平均工资的300%;下限不低于统筹地区职工平均工资的60%。

(2)工伤职工有下列情形之一的,停止享受工伤保险待遇:①丧失享受待遇条件的;②拒不接受劳动能力鉴定的;③拒绝治疗的。

(3)职工所在用人单位未依法缴纳工伤保险费,发生工伤事故的,由用人单位支付工伤保险待遇。用人单位不支付的,从工伤保险基金中先行支付,由用人单位偿还。用人单位不偿还的,社会保险经办机构可以追偿。

六、失业保险

(一)失业保险的含义

失业保险,是指国家通过立法强制实行的,由社会集中建立基金,保障因失业而暂时中断生活来源的劳动者的基本生活,并通过职业训练、职业介绍等措施为其重新就业创造条件的社会保险。失业保险制度有三大功能:一是保障失业者基本生活;二是促进失业者再就业;三是合理配置劳动力。

(二)失业保险费的缴纳

1.征缴范围:各类企业、事业单位及其职工。

2.征缴比例:各类企业事业单位按照本单位工资总额的2‰缴纳失业保险费,职工按照本人工资的1‰缴纳失业保险费。职工跨统筹地区就业的,其失业保险关系随本人转移,缴费年限累计计算。

(三)失业保险待遇

1.失业保险待遇的享受条件

(1)失业前用人单位和本人已经缴纳失业保险费满1年的。

(2)非因本人意愿中断就业的。包括劳动合同终止;被用人单位解除劳动合同;被用人单位开除、除名和辞退;因用人单位过错由劳动者解除劳动合同;法律、法规、规章规定的其他情形。

(3)已经进行失业登记,并有求职要求的。

2.失业保险金的领取期限

用人单位应当及时为失业人员出具终止或者解除劳动关系的证明,并将失业人员的名单自终止或者解除劳动关系之日起15日内告知社会保险经办机构。

失业前用人单位和本人累计缴费满1年不足5年的,领取失业保险金的期限最长为12个月;累计缴费满5年不足10年的,领取失业保险金的期限最长为18个月;累计缴费10年以上的,领取失业保险金的期限最长为24个月。

3.失业保险金发放标准

不低于城市居民最低生活保障标准,不高于当地最低工资标准。

4.失业保险待遇——由失业保险基金支付

(1)领取失业保险金。

(2)领取失业保险金期间的基本医疗保险费:参加职工基本医疗保险,享受基本医疗保险待遇。失业人员应缴纳的医保从失业保险基金中支付,个人不缴纳基本医疗保险费。

(3)领取失业保险金期间的死亡补助:向其遗属发给一次性丧葬补助金和抚恤。

(4)职业介绍与职业培训补贴。

(四)停止领取失业保险金及其他失业保险待遇的情形

(1)重新就业的;(2)应征服兵役的;(3)移居境外的;(4)享受基本养老保险待遇的;(5)无正当理由,拒不接受当地人民政府指定部门或者机构介绍的适当工作或者提供的培训的。

七、用人单位违反《社会保险法》的法律责任

用人单位不办理社会保险登记的,由社会保险行政部门责令限期改正;逾期不改正的,对用人单位处应缴社会保险费数额1倍以上3倍以下的罚款,对其直接负责的主管人员和其他直接责任人员处500元以上3 000元以下的罚款。

用人单位未按时足额缴纳社会保险费的,由社会保险费征收机构责令限期缴纳或者

补足,并自欠缴之日起,按日加收万分之五的滞纳金;逾期仍不缴纳的,由有关行政部门处欠缴数额 1 倍以上 3 倍以下的罚款。

任务三 劳动争议处理法律制度

一、劳动争议调解仲裁法立法概况

为了公正、及时解决劳动争议,保护当事人合法权益,促进劳动关系和谐稳定,中华人民共和国第十届全国人民代表大会常务委员会第三十一次会议于 2007 年 12 月 29 日通过《中华人民共和国劳动争议调解仲裁法》,自 2008 年 5 月 1 日起施行。

我国境内的用人单位与劳动者发生的下述劳动争议,均适用《中华人民共和国劳动争议调解仲裁法》:①因确认劳动关系发生的争议;②因订立、履行、变更、解除和终止劳动合同发生的争议;③因除名、辞退和辞职、离职发生的争议;④因工作时间、休息休假、社会保险、福利、培训以及劳动保护发生的争议;⑤因劳动报酬、工伤医疗费、经济补偿或者赔偿金等发生的争议;⑥法律、法规规定的其他劳动争议。

二、劳动争议处理的方式

《中华人民共和国劳动法》第七十七条规定,用人单位与劳动者发生劳动争议,当事人可以依法申请调解、仲裁、提起诉讼,也可以协商解决。根据这一规定,我国劳动争议的解决方式主要有四种:协商、调解、仲裁、诉讼。其中协商、调解属于可选程序,仲裁和诉讼是处理劳动争议案件的法定程序。发生劳动争议的,当事人双方可以协商解决;协商不成的,可依法申请调解;调解不成的,可以依法申请仲裁;对仲裁裁决不服的,可以向人民法院提起诉讼。当事人也可以不经过协商和调解,直接申请劳动仲裁,但劳动仲裁是劳动诉讼的前置程序,一般的劳动争议未经劳动仲裁而直接向人民法院起诉的,人民法院不予受理。

三、劳动争议的调解

(一)劳动争议调解机构

可受理劳动争议的调解组织有:

(1)企业劳动争议调解委员会。由职工代表和企业代表组成。其中,职工代表由工会成员担任或者由全体职工推举产生;企业代表由企业负责人指定。企业劳动争议调解委员会主任由工会成员或者双方推举的人员担任。

(2)依法设立的基层人民调解组织。

(3)在乡镇、街道设立的具有劳动争议调解职能的组织。

(二)劳动争议调解程序

(1)当事人申请劳动争议调解可以书面申请,也可以口头申请。口头申请的,调解组织应当当场记录申请人基本情况、申请调解的争议事项、理由和时间。

(2)调解劳动争议,应当充分听取双方当事人对事实和理由的陈述,耐心疏导,帮助其达成协议。

(3)经调解达成协议的,应当制作调解协议书。调解协议书由双方当事人签名或者盖章,经调解员签名并加盖调解组织印章后生效,对双方当事人具有约束力,当事人应当履行。自劳动争议调解组织收到调解申请之日起十五日内未达成调解协议的,当事人可以依法申请仲裁。

(4)达成调解协议后,一方当事人在协议约定期限内不履行调解协议的,另一方当事人可以依法申请仲裁。

(5)因支付拖欠劳动报酬、工伤医疗费、经济补偿或者赔偿金事项达成调解协议,用人单位在协议约定期限内不履行的,劳动者可以持调解协议书依法向人民法院申请支付令。人民法院应当依法发出支付令。

四、劳动争议仲裁

(一)劳动争议仲裁的管辖

劳动争议仲裁主要实行地域管辖。劳动争议仲裁委员会负责管辖本区域内发生的劳动争议。劳动争议由劳动合同履行地或者用人单位所在地的劳动争议仲裁委员会管辖。双方当事人分别向劳动合同履行地和用人单位所在地的劳动争议仲裁委员会申请仲裁的,由劳动合同履行地的劳动争议仲裁委员会管辖。

劳动争议仲裁委员会按照统筹规划、合理布局和适应实际需要的原则设立,而不按行政区划层层设立。劳动争议仲裁委员会由劳动行政部门代表、工会代表和企业方面代表组成。劳动争议仲裁委员会组成人员应当是单数。劳动仲裁委员会处理劳动争议案件,实行仲裁庭制度,即按照"一案一庭"的原则组成仲裁庭,审理劳动争议案件。仲裁庭的组织形式有独任制和合议制两种。独任判仲裁庭是指由1名仲裁员组成的仲裁庭,即由1名仲裁员组成仲裁庭对争议案件进行审理并作出裁决。合议制仲裁庭由3名仲裁员组成,并设1名首席仲裁员。除简单劳动争议案件外,均应组成合议制仲裁庭。仲裁庭在仲裁委员会领导下依法处理劳动争议。

(二)劳动争议仲裁的时效

劳动争议申请仲裁的时效期间为1年。仲裁时效期间从当事人知道或者应当知道其权利被侵害之日起计算。劳动关系存续期间因拖欠劳动报酬发生争议的,劳动者申请仲裁不受上述仲裁时效期间的限制;但是,劳动关系终止的,应当自劳动关系终止之日起1年内提出。仲裁时效和诉讼时效一样适用时效中断、时效中止。

(三)劳动争议仲裁的程序

1.申请与受理

(1)仲裁申请

劳动争议的当事人不愿调解或自劳动争议调解组织收到调解申请之日起15日内未达成调解协议,可以向劳动争议仲裁委员会申请仲裁。达成调解协议后,一方当事人在协议约定期限内不履行调解协议的,另一方当事人可以依法申请仲裁。

申请人申请仲裁应当提交书面仲裁申请,并按照被申请人人数提交副本。

仲裁申请书应当载明:①劳动者的姓名、性别、年龄、职业、工作单位和住所,用人单位的名称、住所和法定代表人或者主要负责人的姓名、职务;②仲裁请求和所根据的事实、理由;③证据和证据来源、证人姓名和住所。

书写仲裁申请确有困难的,可以口头申请,由劳动争议仲裁委员会记入笔录,并告知对方当事人。

(2)仲裁受理

劳动争议仲裁委员会收到仲裁申请之日起5日内,决定是否受理。对劳动争议仲裁委员会不予受理或者逾期未作出决定的,申请人可以就该劳动争议事项向人民法院提起诉讼。劳动争议仲裁委员会受理仲裁申请后,应当在5日内将仲裁申请书副本送达被申请人。被申请人收到仲裁申请书副本后,应当在10日内向劳动争议仲裁委员会提交答辩书。劳动争议仲裁委员会收到答辩书后,应当在5日内将答辩书副本送达申请人。被申请人未提交答辩书的,不影响仲裁程序的进行。

2.开庭和裁决

(1)基本制度

①公开仲裁制,但当事人协议不公开进行或者涉及国家秘密、商业秘密和个人隐私的除外。

②仲裁庭制,即由3名仲裁员组成仲裁庭;简单劳动争议案件可以由1名仲裁员独任仲裁。

③回避制,仲裁员有下列情形之一,应当回避,当事人也有权以口头或者书面方式提出回避申请:A.是本案当事人或者当事人、代理人的近亲属的;B.与本案有利害关系的;C.与本案当事人、代理人有其他关系,可能影响公正裁决的;D.私自会见当事人、代理人,或者接受当事人、代理人的请客送礼的。劳动争议仲裁委员会对回避申请应当及时作出决定,并以口头或者书面方式通知当事人。

(2)开庭程序

①开庭通知和延期申请

劳动争议仲裁委员会应当在受理仲裁申请之日起5日内将仲裁庭的组成情况书面通知当事人。

仲裁庭应当在开庭5日前,将开庭日期、地点书面通知双方当事人。当事人有正当理由的,可以在开庭3日前请求延期开庭。是否延期,由劳动争议仲裁委员会决定。

申请人收到书面通知,无正当理由拒不到庭或者未经仲裁庭同意中途退庭的,可以视为撤回仲裁申请;被申请人收到书面通知,无正当理由拒不到庭或者未经仲裁庭同意中途退庭的,可以缺席裁决。

②开庭审理

当事人在仲裁过程中有权进行质证和辩论。质证和辩论终结时,首席仲裁员或者独任仲裁员应当征询当事人的最后意见。

当事人提供的证据经查证属实的,仲裁庭应当将其作为认定事实的根据。

劳动者无法提供由用人单位掌握管理的与仲裁请求有关的证据,仲裁庭可以要求用人单位在指定期限内提供。用人单位在指定期限内不提供的,应当承担不利后果。

(3)裁决

当事人申请劳动争议仲裁后,可以自行和解。达成和解协议的,可以撤回仲裁申请。仲裁庭在作出裁决前,应当先行调解。调解达成协议的,仲裁庭应当制作调解书。调解书经双方当事人签收后,发生法律效力。

裁决应当按照多数仲裁员的意见作出,仲裁庭不能形成多数意见时,裁决应当按照首席仲裁员的意见作出。

下列劳动争议,除法律另有规定的外,仲裁裁决为终局裁决,裁决书自作出之日起发生法律效力:①追索劳动报酬、工伤医疗费、经济补偿或者赔偿金,不超过当地月最低工资标准 12 个月金额的争议;②因执行国家的劳动标准在工作时间、休息休假、社会保险等方面发生的争议。

当事人对上述终局裁决情形之外的其他劳动争议案件的仲裁裁决不服的,可以自收到仲裁裁决书之日起 15 日内提起诉讼。

关于裁决期限,应当自劳动争议仲裁委员会受理仲裁申请之日起 45 日内结束。案情复杂需要延期的,经劳动争议仲裁委员会主任批准,可以延期并书面通知当事人,但是延长期限不得超过 15 日。逾期未作出仲裁裁决的,当事人可以就该劳动争议事项向人民法院提起诉讼。

3.执行

(1)先予执行。仲裁庭对追索劳动报酬、工伤医疗费、经济补偿或者赔偿金的案件,根据当事人的申请,可以裁决先予执行,移送人民法院执行。劳动者申请先予执行的,可以不提供担保。仲裁庭裁决先予执行的,应当符合下列条件:当事人之间权利义务关系明确;不先予执行将严重影响申请人的生活。

(2)向人民法院申请执行。当事人对发生法律效力的裁决书,应当依照规定的期限履行。一方当事人逾期不履行的,另一方当事人可以依照民事诉讼法的有关规定向人民法院申请执行。受理申请的人民法院应当依法执行。

五、劳动诉讼

(一)劳动诉讼的提起

(1)对劳动争议仲裁委员会不予受理或者逾期未作出决定的,申请人可以就该劳动争议事项向人民法院提起诉讼。

(2)劳动者对劳动争议的终局裁决不服的,可以自收到仲裁裁决书之日起 15 日内向人民法院提起诉讼。

（3）当事人对终局裁决情形之外的其他劳动争议案件的仲裁裁决不服的，可以自收到仲裁裁决书之日起 15 日内提起诉讼。

（4）终局仲裁裁决被人民法院裁定撤销的，当事人可以自收到裁定书之日起 15 日内就该劳动争议事项向人民法院提起诉讼。

（二）劳动诉讼程序

劳动诉讼程序，依照民事诉讼法的规定执行，此处不赘述。

模块五　会计职业道德

💡 课程教学目标

了解：道德与职业道德，会计职业道德管理的组织实施。

熟悉：会计职业道德的概念与特征，会计职业道德修养，会计人员信用档案管理。

掌握：会计职业道德与会计法律制度的区别，会计职业道德规范的内容。

📋 思政育人目标

践行社会主义核心价值观，培养社会主义法治理念与职业道德观，维护会计职业形象。

任务一　职业道德与会计职业道德认知

一、道德

"道德"一词，大家并不陌生，是一个时时处处都会遇到的问题，"道德"与人们的日常生活密切相关。在西方古代文化中，"道德"（Morality）一词起源于拉丁语的"Mores"，意为风俗和习惯。道德一词，在汉语中可追溯到先秦思想家老子所著的《道德经》一书。老子说："道生之，德畜之，物形之，势成之。是以万物莫不尊道而贵德。道之尊，德之贵，夫莫之命而常自然。"我国是将其视为由一定社会的经济基础所决定的，以荣与辱、是与非、善与恶、美与丑、正义与非正义、公正与偏私、诚实与虚伪等观念作为评价标准，以法律为保障，并依靠社会舆论、传统习俗和内心信念来维系的，调整人们之间以及个人和社会之间关系的行为规范及准则的总和。因此，道德是一种社会现象，在不同的历史阶段有其不同的特征和职能。

按照马克思主义唯物史观，道德产生于人们的物质生产活动。在早期的原始社会，生产力水平低下，人们为了生存，自发地结成群体，共同劳动，共同分享劳动成果。这样，在人们中间客观上形成了简单的交往和关系，涉及群体内部个人彼此之间以及个人与群体之间的关系。为了维护群体内部关系的协调和正常的秩序,便出现了萌芽状态的道德。后来,语言的产生促进了人们抽象思维能力的发展,使得人们对周围的社会关系有了一定的认识,产生了道德意识。随着劳动和生产力的不断发展,出现了社会分工,人们彼此之间的相互联系加强了,使得个人彼此之间、群体之间以及个人与群体之间的利益矛盾日益突出,这就要求社会提出调整和解决这些关系和矛盾的准则,道德便应运而生。

道德属于上层建筑的范畴,受人们的物质生活条件及经济关系的制约,并随着社会经济关系的变革而发展变化。处于不同社会发展阶段的人们,都会根据不同的社会经济关系,形成与社会发展类型相适应的道德准则和观念。

原始社会的道德主要是维系氏族的整体利益,互助、平等、正义是原始社会主要的道德准则和观念。

奴隶社会的道德主要是维系奴隶制社会关系的道德,维护奴隶制度、人身隶属制度。我国的忠、礼、智、仁,西方的智慧、勇敢、节制和正义都反映了奴隶社会的道德准则和观念。

封建社会的道德主要是维系封建社会关系的道德。我国的"三纲五常",西方的爱、信等宗教信仰,是封建社会道德的主要内容。

资本主义社会的道德主要是维系资本主义的私有制,完全是以等价交换为原则的资本主义商品经济的产物。利己主义和"自由、平等、博爱"的道德观念是其主要内容。

社会主义道德的基本原则是集体主义和为人民服务,基本要求是爱祖国、爱人民、爱劳动、爱科学、爱社会主义,基本规范是爱国守法、明礼诚信、团结友善、勤俭自强、敬业奉献。

二、职业道德

(一)职业道德的概念

职业道德有广义和狭义之分。广义的职业道德是指从业人员在职业活动中应该遵循的行为准则,涵盖了从业人员与服务对象、职业与职工、职业与职业之间的关系。狭义的职业道德是指在一定职业活动中应遵循的、体现一定职业特征的、调整一定职业关系的职业行为准则和规范。不同职业的人员在特定的职业活动中形成了特殊的职业关系、职业利益、职业活动范围和方式,由此形成了不同职业人员的道德规范。例如,医生的职业道德是救死扶伤、治病救人、实行人道主义;法官的职业道德是清正廉明、秉公执法;教师的职业道德是教书育人、为人师表;军人的职业道德是服从命令、不怕牺牲;注册会计师的职业道德是独立、客观、公正、保守秘密。这些职业道德规范用来指导和约束职业行为,以保证职业活动的正常进行。

(二)职业道德的产生

早在原始社会,为了谋生的需要,社会便开始有了一定的分工,起初主要是按照性别和年龄进行分工。随着生产的发展,个体手工业和商业开始出现,复杂的社会分工逐渐产生,相应地出现了职业。社会分工和职业的发展,使人们的各种社会联系日益紧密,职业利益和职业关系日趋复杂。为了有效地调整职业利益和职业关系,就要求对职业行为主体在执业活动中的行为,以及对社会承担的职业责任和义务进行规范。因此,职业道德是随着社会分工的产生和发展而形成的。

(三)职业道德的发展

职业道德的发展主要表现在两个方面:一是随着生产力的发展,社会分工的进一步细化促进了新兴职业的不断出现,社会职业的种类逐渐增加,也就逐步形成了不同职业的职业道德。例如,从事商品的交换、流通活动逐渐成为一种专门职业,使得商人与消费者和社会之间形成了一定的关系,为调整这些关系,就要求商人遵守买卖公平、童叟无欺的商业职业道德。又如,最初的各种体育运动只是人们锻炼身体的一种喜好和交流的形式,还不是一种职业,后来在一些运动项目中出现了职业运动员,也就出现了对职业运动员的道德要求。二是随着社会经济关系的不断发展和变化,职业实践活动规模和方式的扩大和变革,职业实践活动不断丰富和发展,职业关系中出现了许多新特点和新要求,从而职业道德的内容在继承传统的基础上,不断补充、丰富和发展。人们在职业实践活动中促进了职业道德的发展。

(四)职业道德的主要内容

职业道德是道德在职业实践活动中的具体表现。

由于各行各业的职业活动内容和职业特征不同,不同职业的职业道德内容不尽相同,但是各种不同职业的职业道德都有其共同的基本内容。我国《新时代公民道德建设实施纲要》践行以爱岗敬业、诚实守信、办事公道、热情服务、奉献社会为主要内容的职业道德。

爱岗敬业是职业道德的基础,是社会主义职业道德所倡导的首要规范。爱岗就是热爱自己的工作岗位,热爱自己从事的职业,忠于职守,对本职工作尽心尽力。敬业是爱岗的升华,就是以恭敬、严肃、负责的态度对待自己的职业,对本职工作一丝不苟,兢兢业业,专心致志。爱岗敬业,是人们对从业者工作态度的普遍要求,是国家对每个从业者最基本的期待,是从业者服务社会、尊重自己的具体表现。爱岗敬业,就是要对自己的工作认真负责,刻苦勤奋,精益求精,为实现职业上的奋斗目标而努力。

诚实守信是做人的基本准则,也是职业道德的精髓。中国古代圣贤认为,人无诚信不立,事无诚信不成,国无诚信不威。"一诺千金"的成语体现了古代人对诚信的价值判断。诚实就是真心诚意,实事求是,不虚假,不欺诈;守信就是遵守承诺,讲究信用,注重质量和信誉。诚实守信是各行各业的生存之道,是维系良好的市场经济秩序必不可少的道德准则。要在全社会加强诚实守信的道德教育,强化诚信意识,树立诚信信念,养成诚信习惯。同时,还应依法严惩制假售假、偷税骗税、欺诈毁约、恶意逃避债务等行为。

办事公道是指处理各种职业事务要客观公正、恰如其分、不偏不倚、公平公开。办事公道有助于社会文明程度的提高,是市场经济良性运转的有效保证。办事公道要求人们对不同的服务对象一视同仁、秉公办事,不因职位高低、贫富亲疏的差别而区别对待。办事公道是在爱岗敬业、诚实守信的基础上提出了更高一个层次的职业道德的基本要求。

热情服务是为群众服务这一职业道德核心在职业生活中的具体化。服务群众指要倾听群众呼声,体察群众困难,尊重群众意愿,解除群众忧虑,满足群众需要;要树立服务理念,端正服务态度,改善服务环境,提高服务技能,保证服务质量。服务群众指出了我们的职业与人民群众的关系,指出了我们工作的主要服务对象是人民群众,指出了我们应当依靠人民群众,时时刻刻为群众着想,急群众所急,忧群众所忧,乐群众所乐。

奉献社会是职业道德的归宿。奉献社会就是要履行对社会、对他人的义务,把自己的知识、才能、智慧等,毫无保留地、不计报酬地贡献给公众,贡献给社会。奉献社会有助于培养人们的社会责任感和无私精神,以充分实现自我价值。当社会利益与局部利益、个人利益发生冲突时,要求每一个从业人员把公众利益、社会利益放在首位。与爱岗敬业、诚实守信、办事公道、热情服务这四项规范相比较,奉献社会是职业道德中的最高境界,同时也是做人的最高境界。一个人只要达到一心为社会做奉献的境界,他的工作就必然做得更好。

(五)职业道德的特征

1.职业性

职业道德的职业性表现为职业道德反映职业或行业特殊利益的要求。每一种职业都有其特定利益和义务、特定活动内容和方式、特定服务对象和手段等,形成了某一职业特有的职业心理和行为习惯,表现为从事某一职业的人们特有的道德心理和道德品质,甚至造成从事不同职业的人们在道德品貌上的差异。

2.实践性

职业道德的实践性表现为其是在特定职业实践的基础上形成的,同时又对从事该职业的人员的职业行为给予指导、规范和约束。职业道德产生于实践,同时又指导实践。离开了职业实践,不可能产生职业道德,也不可能丰富和发展职业道德。

3.继承性

职业道德的继承性表现为某一职业道德在历史的前后阶段、前后时期在传承与接续。随着社会经济关系的发展变化、社会形态的更替,某一职业道德会发生一定变化,会增添新的内容和要求,但其固有的职业传统和习惯并不完全消失,而会被其后的职业行为所继承。因此,职业道德在不同社会中虽然会有所变化,但会呈现出相对稳定的特征,具有继承性。

4.多样性

职业道德的多样性表现为比较具体、灵活,在具体职业实践中表现为从本职业的交流活动的实际出发,采用制度、守则、公约、承诺、誓言、条例,以及标语口号之类的形式,这些灵活的形式易于为从业人员所接受和实行,而且易于形成一种职业的道德习惯。

(六)职业道德的作用

1.职业道德具有促进职业活动有序进行的作用

职业道德通过引导人们的职业行为,约束不当的职业行为,从而促进社会职业活动合理有序进行。

2.职业道德具有促进良好社会风尚形成和发展的作用

人们的职业活动作为其社会活动的一个重要组成部分,对社会风尚的形成存在着重大影响。职业道德通过对人们的职业行为活动的规范和约束,使人们的职业行为符合道德规范的要求,从而促进良好的社会风尚的形成。

三、会计职业道德

(一)会计职业道德的概念

会计职业道德是指在会计职业活动中应当遵循的、体现会计职业特征的、调整会计职业关系的职业行为准则和规范。其含义包括以下几个方面：

1.会计职业道德是调整会计职业活动中各种利益关系的手段

会计工作的性质决定了在会计职业活动中要处理方方面面的经济关系，包括单位与单位、单位与国家、单位与投资者、单位与债权人、单位与职工、单位内部各部门之间及单位与社会公众之间等经济关系，这些经济关系的实质是经济利益关系。在我国社会主义市场经济建设中，当各经济主体的利益与国家利益、社会公众利益发生冲突的时候，会计职业道德不允许通过损害国家和社会公众利益而获取违法利益，但允许个人和各经济主体获取合法的自身利益。会计职业道德可以配合国家会计法律制度，调整会计职业关系中的经济利益关系，维护正常的经济秩序。

2.会计职业道德具有相对稳定性

会计是一种专业技术性很强的职业。在其对单位经济事项进行确认、计量、记录和报告中，会计标准的设计、会计政策的制定、会计方法的选择，都必须遵循其内在的客观经济规律和要求。由于人们面对的是共同的客观经济规律，因此，会计职业道德在社会经济关系不断的变迁中，始终保持自己的相对稳定性。在会计职业活动中诚实守信、客观公正等是对会计人员的普遍要求。没有任何一个社会制度能够容忍虚假会计信息，也没有任何一个经济主体会允许会计人员私自向外界提供或者泄露单位的商业秘密。

3.会计职业道德具有广泛的社会性

会计职业道德的社会性是由会计职业活动所生成的产品决定的。特别是在所有权和经营权分离的情况下，会计不仅要为政府机构、企业管理层、金融机构等提供符合质量要求的会计信息，而且要为投资者、债权人及社会公众服务，因其服务对象涉及面很广，提供的会计信息是公共产品，所以会计职业道德的优劣将影响国家和社会公众利益。像银广夏、郑百文、蓝田股份等会计造假丑闻就是典型例子，由于会计造假致使广大股东遭受了巨大的损失，严重干扰了社会经济的正常秩序。可见，会计信息质量直接影响着社会经济的发展和社会经济秩序的健康运行，会计职业道德必然受社会关注，具有广泛的社会性。

(二)会计职业道德的特征

会计作为社会经济活动中的一种特殊职业，除具有职业道德的一般特征外，还具有一定的强制性和较多关注公众利益的特征。

会计主要是从事会计核算与财务管理活动。会计核算所提供的会计信息是宏观和微观决策的依据，直接影响着社会正常的经济秩序甚至社会的稳定。相对于其他职业道德来说，会计职业道德具有更强的强制性的特征。

会计职业活动还直接与资金相关，承担着资金的筹集和使用以及利益分配的工作，直接涉及利益分配关系和经济关系。另外，会计对外所提供的信息作为投资者决策的依据，其质量影响到投资者的投资决策,从而影响到投资者的经济利益。因此,会计职业道德还具有较多关注公众利益的特征。

(三)会计职业道德的功能

会计职业道德的功能是指会计职业道德在会计工作中可以发挥的职能作用。具体表现在以下几个方面:

1.指导功能

动机是行为的先导,有什么样的动机就有什么样的行为。会计行为是由会计人员内心信念来支配的。会计职业道德对会计的行为动机提出了相应的要求,会计职业道德是一种行为规范,它规定人们应该怎样做,不应该怎样做,哪些允许做,哪些不允许做。因此,作为会计人员的内心信念来灌输,可指导会计人员会计行为。比如,会计职业道德对会计行为提出诚实守信、客观公正等具体规范要求,指导会计人员树立正确的职业观念、遵循职业道德要求,并按此规范会计人员的会计行为。会计职业道德还通过各种方式来指导和纠正会计人员的思想和行为活动,促使抑恶扬善,强化道德责任感,促进会计行业的健康发展。

2.评价功能

会计职业道德也是评价善与恶、美与丑、是与非、荣与辱、好与坏、正义与非正义、诚实与虚伪的标准,具有对会计人员的会计行为作出评价的功能。然而,会计职业道德规范具有非制度性、非强制性,它是一种内化的规范。因此,会计职业道德可通过社会舆论、传统习俗和有关部门对会计人员职业道德行为的褒奖活动,来影响会计人员按照一定的善恶标准选择自己的行为,也能起到评价功能的作用。

3.教化功能

会计职业道德的教化功能是指其教育会计人员认识自己对他人、对社会、对国家应尽的义务和能力。通过传播会计职业道德,形成会计职业道德风尚、树立会计职业道德榜样、塑造理想人格等方式来培养会计人员的会计职业道德信念,深刻影响会计人员的会计道德观念和会计道德行为,培养会计人员的会计道德习惯和会计道德品质。开展会计职业道德教育,也正是立足于这个出发点。以德感化人,胜过以鞭子驱赶人,这是我们老祖宗感悟的真理。在道德的不断教育感化之下,会计人员的灵魂得以净化,心灵得以升华,并不断地修正自己的道德观念,提高自己的道德水平,调整自己的道德行为,为他人、为社会、为国家尽自己的责任。

(四)会计职业道德的作用

会计职业道德的作用是会计职业道德发挥自身功能的外在表现。其作用主要有:

1.会计职业道德是规范会计行为的基础

会计职业道德为会计人员的职业行为提供规范,通过明确可以作为的行为和不可以作为的行为、鼓励发生的行为和不鼓励发生的行为,从道德层面引导会计人员在会计工作中的具体行为符合会计职业道德的要求,为规范会计人员的会计行为提供了基础。

2.会计职业道德是实现会计目标的重要保证

会计职业道德通过约束和规范,鼓励符合会计职业道德的行为,谴责和鞭挞不符合会计职业道德的行为,使会计人员的会计行为符合实现会计目标的要求,从而保证会计目标的顺利实现。

3.会计职业道德是对会计法律制度的重要补充

会计方面的法律制度只是就会计工作提供最基本的要求,而并不是最高要求。随着经济业务的创新和日益复杂化,会计工作中不断出现一些新的情况和新的问题,会计法律制度的规定会滞后于会计发展的需要,会计工作中存在着会计法律制度规定未涉及的空间。在这些方面,就需要会计职业道德对其进行必要的补充,发挥会计职业道德对会计法律制度的补充作用。

4.会计职业道德是提高会计人员职业素养的内在要求

会计人员的职业素养既包括会计专业技术方面的素养,也包括会计职业道德方面的素养。会计职业道德本身就是会计人员职业素养的一个重要组成部分,要提高会计人员的职业素养首先就得提高其会计职业道德水平。另一方面,会计人员会计职业道德水平的提升,将进一步促进会计人员爱岗敬业、刻苦钻研业务,从而不断提高其会计职业素养。

四、会计职业道德与会计法律制度的关系

(一)会计职业道德与会计法律制度的联系

会计职业道德与会计法律制度有着共同的目标、相同的调整对象、承担着共同的职责,在作用上相互补充、相互协调,在内容上相互渗透、相互吸收。两者之间的联系主要表现在:

1.根本目标一致

会计职业道德是通过调整会计工作中的人际关系,激发会计人员的工作热忱,把提高会计水平作为自身的道德责任,达到为单位利益、国家利益更好地聚财、理财、用财、生财的目的。同样,会计法律制度也是旨在通过稳定会计工作秩序和保证社会再生产过程顺利进行,提高会计工作效率,从而也达到为单位利益和国家利益更好地聚财、理财、用财、生财的目的。可以说,两者"殊途同归"。

2.作用上相互补充

在规范会计行为中,我们不可能完全依赖会计法律制度的强制功能而排斥会计职业道德的教化功能,因为会计行为不可能都由会计法律制度进行规范,不需要或不宜由会计法律制度进行规范的行为,可以通过会计职业道德规范来实现。会计法律只能对会计人员不得违法的行为作出规定,不宜对他们如何勤勉敬业、提高技能、强化服务等提出具体要求。但如果会计人员缺乏工作的热情和态度,没有必要的职业技能和服务意识,则很难保证会计信息达到真实、完整的法定要求。显然,会计职业道德起着重要的辅助和补充作用。

3.内容上相互渗透、相互吸收

会计法律制度中含有会计职业道德规范的内容,同时,会计职业道德规范中也包含会计法律制度的某些条款。最初的会计职业道德规范就是对会计职业行为约定俗成的基本要求,后来制定的会计法律制度吸收了这些基本要求,便形成了会计法律制度。可以说,

会计法律制度是会计职业道德的最低要求。会计法律制度中的许多具体规定,直接或间接地反映了会计职业道德要求。如会计人员的岗位责任制,本身就体现了会计职业道德的责任感、义务感和使命感。会计制度中的账实相符规定体现了诚实、客观的会计职业道德规范的要求。在一般情况下,凡是会计法律制度不允许的行为,都是会计职业道德要谴责的行为;而会计法律制度所规范的行为,又都是会计职业道德所倡导的行为。

(二)会计职业道德与会计法律制度的主要区别

1.性质不同

会计法律制度是从工作业务角度对会计人员的会计行为作出规范,它是在总结会计工作实践经验的基础上,由国家立法部门或行政管理部门颁布的对会计人员的工作行为的具体规定。它充分体现了统治阶级的愿望和意志,通过国家机器强制执行,具有很强的他律性。

会计职业道德作为行为规范主要是从品行角度对会计人员的会计行为作出规范。要求会计人员"应该做什么或者不应该做什么",具有很强的自律性。

2.作用范围不同

会计法律制度侧重于调整会计人员的外在行为和结果,具有较强的客观性。

会计职业道德不仅要求调整会计人员的外在行为,还要求调整会计人员内在的精神世界,作用范围更加广泛。

3.表现形式不同

会计法律制度是通过一定的程序由国家立法部门或行政管理部门制定具体的、明确的、正式形成文字的成文规定。会计法律制度要求的是"必须",通常对违反会计法律制度的应对其进行禁止性追究,并视情节轻重予以不同的惩处。

会计职业道德出自会计人员的职业生活和职业实践,日积月累,约定俗成。其表现形式既有明确的成文规定,也有不成文的规范,尤其是那些较高层次的会计职业道德,存在于人们的意识和信念之中,并无具体的表现形式,它依靠社会舆论、道德教育、传统习俗和道德评价来实现。会计职业道德要求的是"应该",对违背会计职业道德规范的应予以舆论谴责,并引起违背良心的内疚和行为的反思。

4.实施保障机制不同

会计法律制度不仅仅是一种权利和义务的规定,为了达到有法必依、执法必严、违法必究的目的,还需要一套实施保障机制。会计法律制度的这种保障机制不仅体现在其法律规范的内容中具有明确的制裁和处罚条款,而且体现在设有与之相配合的国家机关,由国家强制力保障实施。

会计职业道德主要依靠行业行政管理部门监督执行和职业道德教育、社会舆论、传统习惯和道德评价来实现。

5.评价标准不同

会计职业道德更多的是由社会和社会舆论进行评价,评价标准更多的是定性标准,如好与坏、应该与不应该,更多的是价值判断。而会计法律制度一般则由一定或专门的机构监督执行,其评价标准既有定性标准也有定量标准,由相关法律制度明文规定,具有法定性。

(三)会计行为的法治与德治

会计法律制度的各种规定是会计职业关系得以维系的最基本条件,是对会计从业人员行为的最低限度的要求,用以维持现有的会计职业关系和正常的会计工作秩序。一般来说,这些会计法律制度是对会计行为的法治要求。

会计职业道德处在会计行为规范的较高层次上,在会计职业活动的实践中,虽然有很多不良的会计行为在违反了会计法律制度的同时也违反会计职业道德,但也有的不良会计行为只是违反了会计职业道德而没有违反会计法律制度。例如,会计人员不钻研业务,不加强新知识的学习,缺乏胜任工作的能力。对这种情况,我们可以说会计人员没有很好地遵守会计职业道德,但不能说其违反了会计法律制度。再如,某些会计人员对本职工作仅满足现状,不思进取,尽管我们不能说这种现象违反了会计法律制度,但它违背了爱岗敬业、提高技能等会计职业道德的规范要求。

因此,在加强会计行为法治建设的同时,应当注重加强会计行为的德治建设。会计行为的德治,表现在对会计人员非强制执行的,来自职业习惯和约定俗成,以及靠信念、习惯、传统和教育的力量来维持的一种社会约束力量,应当主要依靠社会舆论,进一步强化会计从业人员遵纪守法的自觉性和自律性。

任务二　会计职业道德规范的主要内容

会计职业道德规范,是指一定社会经济条件下,对会计职业行为及职业活动的系统要求或明文规定。它是社会道德体系的一个重要组成部分,是职业道德在会计职业行为和会计职业活动的具体体现。

不同的国家因经济发展程度不同,社会制度和经济体制各异,其会计职业道德有一定的差异,但也有许多共同点,只是实施方式和管理方式不同而已。根据我国会计工作和会计人员的实际情况,综合《新时代公民道德建设实施纲要》和国际上会计职业道德的一般要求,我国会计人员职业道德规范的内容可以概括为:爱岗敬业、诚实守信、廉洁自律、客观公正、坚持准则、提高技能、参与管理和强化服务八个方面。

一、爱岗敬业

(一)爱岗敬业的含义

爱岗敬业的"岗",是指会计工作岗位。会计工作岗位是根据会计工作的需要设置的,是会计工作的重要组成部分。

爱岗就是会计人员热爱本职工作,安心本职岗位,并为做好本职工作尽心尽力、尽职尽责。它是会计人员的一种意识活动,是敬业精神在其职业活动方式上的有意识的表达。这种表达可概括为一个"忠"字,即忠于职守,具体表现为会计人员对自己应承担责任和义务所表现出的一种责任感。一个有很强责任感的会计人员会千方百计干好工作,去履行自己的使命和责任;而一个责任感不强或没有责任感的人,就会把工作当儿戏,也谈不上做好本职工作。

敬业是会计人员对其所从事的会计职业或行业的正确认识和恭敬态度,认真地对待本职工作,将身心与本职工作融为一体。

爱岗敬业是会计职业道德的基础和基本要求,是否爱岗敬业是判断每个会计从业者是否有职业道德的首要标志。爱岗和敬业,互为前提,相辅相成。爱岗是敬业的基础,敬业是爱岗的升华。爱岗敬业是会计人员干好本职工作的基础和前提,是其应具备的基本道德素质。

(二)爱岗敬业的基本要求

1.正确认识会计职业,树立职业荣誉感

会计职业作为社会经济管理的重要岗位,在国家经济社会发展中承担着重要的职能和发挥着重要的作用。市场经济越发展,会计越重要。作为一名会计人员,必须具有崇高的使命感,要以从事会计职业而自豪,树立会计职业的荣誉感。

2.热爱会计工作,敬重会计职业

在任何一个社会里,都存在着各种各样的职业,每一种职业都有其存在的客观必然性,发挥着其独特的作用。人们只有树立"干一行爱一行"的思想,对所从事的职业有一个正确的认识态度,才会有职业乐趣。如果做了会计,就应该热爱会计工作,敬重会计职业。只有热爱会计工作,才会刻苦钻研会计业务技能,才会努力学习会计业务知识,才会发现在会计核算、企业理财领域有许多值得人们去研究探索的东西,才会全身心地投入会计事业。

3.安心会计工作和会计岗位,任劳任怨

安心工作、任劳任怨是职业道德的要求之一,也是会计职业道德的要求之一。会计工作对专业性要求较高,事务性工作繁杂,有时工作任务相对比较集中,作为一名会计人员,必须安心会计工作,任劳任怨。

4.严肃认真,一丝不苟

会计工作是一项严肃细致的工作,没有严肃认真的工作态度和一丝不苟的工作精神,就可能出偏差。对一些损失浪费、违法乱纪的行为和一切不合法不合理的业务开支,要严肃认真对待,把好关、守好口。将严肃认真、一丝不苟的职业作风贯穿于会计工作的始终,不仅要求数字计算准确,手续清楚完备,而且绝不能有"都是熟人不会错"的麻痹思想和"办事马虎、敷衍塞责"的工作作风。

5.忠于职守,尽心尽力,尽职尽责

单位会计人员要忠实于所服务的主体,不仅要客观真实地记录和反映服务主体的经济活动状况,监督其财产安全,还应筹划其资金的有效运作,积极参与经营决策。要忠实于社会公众,正确恰当地对外提供有关服务主体的会计信息,以便让投资者、债权人及其他社会公众获取客观真实的财务信息,从而作出正确判断和合理决策。任何一个会计主体的经济活动,都是整个国民经济的一个组成部分,其经济活动是否合理、合法,都直接或间接影响着国家的财政收支,影响着国家宏观经济调控的决策。因此,忠实于国家实际上是对社会整体利益负责。能否对社会整体利益负责,是衡量会计人员是否称职的基本标准。

二、诚实守信

(一)诚实守信的含义

诚实守信是指忠诚老实,信守诺言,是为人处事的一种美德,也是中华民族的优良传统和美德。

诚实,就是忠诚老实,不讲假话。诚实的人能忠实于事物的本来面目,不歪曲、不篡改事实,同时也不隐瞒自己的真实思想,光明磊落,言语真切,处事实在。诚实的人反对投机取巧,趋炎附势,吹拍奉迎,见风使舵,争功诿过,弄虚作假,口是心非。

守信,就是信守诺言,说话算数,讲信誉,重信用。信,即信用、信任、真实可靠。守,是指遵循、依照。守信就是遵守所作出的承诺,讲信用,重信用,信守诺言,保守秘密。

诚实守信不仅是做事的原则,更应当是做人的准则。一个人要想在社会立足,干出一番事业,就必须具有诚实守信的品德,一个弄虚作假,欺上瞒下,糊弄国家与社会,骗取荣誉与报酬的人,是要遭人唾骂的。在中国古代,上至贤明君主,下至平民百姓,留下许多诚实守信的故事。如曾子以信教子、商鞅立木树信等。诚实必须守信,自古以来,人们将"诚实"和"守信"视为道德的最高境界,也将其作为道德的基本要求,甚至将诚信作为治国经邦、修身养性的根本。

(二)诚实守信的基本要求

市场经济越发达,职业越社会化,道德信誉越关注。市场经济是"信用经济""契约经济",注重的就是"诚实守信"。可以说,信用是维护市场经济步入良性发展轨道的前提和基础,是市场经济赖以生存的基石。区块链、云计算、大数据、人工智能等现代信息技术在会计工作中广泛运用,对会计诚信提出了更高的要求。

1.做老实人,说老实话,办老实事,不搞虚假

做老实人,要求会计人员言行一致,表里如一,光明正大。说老实话,要求会计人员说话要诚实,是一说一,是二说二,不夸大,不缩小,不隐瞒,如实反映和披露单位经济业务事项。办老实事,要求会计人员工作踏踏实实,不弄虚作假,不欺上瞒下。总之,会计人员应言行一致,实事求是,正确核算,尽量减少和避免各种失误,不为了个人和小集团利益,伪造账目,弄虚作假,损害国家和社会公众利益。

会计人员诚实守信的道德观念如何,将直接影响会计信息的真实性和完整性。

《会计法》规定,各单位必须根据实际发生的经济业务事项,进行会计核算,填制会计凭证,登记会计账簿,编制财务会计报告。会计人员只有根据实际发生的经济业务事项,真实正确地记录,如实反映单位经济业务活动情况,才能实现会计核算、监督的真正内涵。在处理会计业务时,从原始材料的取得、凭证的整理、账簿的登记、报表的编制,到经济活动的分析,都要做到实事求是,严格按照会计准则、会计制度进行记账、算账、报账,并做到手续完备、账目清楚、数字正确。不为他人所左右,也不因个人好恶而取舍,更不能为谋取个人或小集团私利而弄虚作假,编造假账。

2.保守秘密,不为利益所诱惑

在市场经济中,秘密可以带来经济利益,而会计人员因职业特点经常接触到单位和客户的一些秘密。因而,会计人员应依法保守单位秘密,这也是诚实守信的具体表现。

秘密主要有国家秘密、商业秘密和个人隐私三类,秘密一旦泄露就会对国家、单位或个人造成损失。

国家秘密,是指关系国家的安全和利益,依照法定程序确定,在一定时间内只限一定范围的人员知悉的事项。一切国家机关、武装力量、政党、社会团体、企事业单位和公民都有保守国家秘密的义务。

商业秘密,是指不为公众所知悉、能为权利人带来经济利益、具有实用性并经权利人采取保密措施的技术信息和经营信息。它主要分三类:一是不能向竞争对手公开的秘密,包括生产技术、经营诀窍、经营策略、客户及市场情况等;二是对投资者保守的秘密,主要是上市公司在有关信息正式发布前应保守的各项秘密,如尚未正式发布的财务数据,重组计划或意向等;三是对内部人员应保守的秘密,包括上述两类对除有知悉权以外的人员保密,有些管理活动的手段不能公开等。

商业秘密与其权利人的利益息息相关,一旦被泄露就会给权利人造成严重后果。比如,将有关产品成本的信息扩散,会使竞争对手调整产品价格,使本单位产品在竞争中处于不利地位;如果向竞争对手泄露了产品配方、程序、设计、制作工艺、制作方法、客户名单、货源情报、产销策略等商业秘密,同样会使本单位处于不利的竞争地位;在不适当的时间、以不适当的方式泄露上市公司的利润情况、经营状况等商业秘密,会对广大的股票投资者产生不利影响,属于严重违反法律的行为;对内部管理活动的泄密,可能会影响管理效果,使本单位管理层处于非常被动的地位。

单位内部的会计人员如果泄露本单位的商业秘密,不仅会威胁单位利益,同时对会计人员本身也将造成不利影响。一方面,会计人员是单位里的一员,泄露单位的商业秘密后会使单位利益受损;另一方面,泄露商业秘密是违法行为,一旦查出,会计人员就会受到相应的法律制裁;一经披露,还会对整个会计行业的声望产生负面影响,公众对会计的信任度将大打折扣,整个会计行业的利益将会蒙受损失。

会计人员保守商业秘密,维护国家、单位利益是其应尽的义务。泄密,不仅是一种不道德的行为,也是违法行为,是会计职业的大忌。我国有关法律制度对会计人员保守秘密作了相关的规定。如《会计基础工作规范》规定:"会计人员应当保守本单位的商业秘密。除法律规定和单位领导人同意外,不能私自向外界提供或者泄露单位的会计信息。"《注册会计师法》也规定:"注册会计师对执行业务中知悉的商业秘密,负有保密义务。"

3.执业谨慎,信誉至上

诚实守信,要求会计人员在执业中始终保持应有的谨慎态度,尽职尽责,形成"守信光荣,失信可耻"的氛围,以维护职业信誉。俗话说得好:"说谎话如同面朝天空吐唾沫,最终要落在自己的脸上"。会计人员不讲诚信,欺骗社会公众,滥用公众信任,将严重损害会计职业的形象,威胁会计行业的健康发展。近年来,"琼民源""银广夏""亿安科技"等上市公司的会计造假丑闻曝光后,引发了会计职业的"信用危机",严重地损害了会计职业的社会声誉。这不仅是一种执业不谨慎、不讲信誉的表现,也是一种不诚实、滥用公众对其信任的表现。

三、廉洁自律

(一)廉洁自律的含义

"不受曰廉,不污曰洁",不收受贿赂、不贪污钱财,就是廉洁。廉洁自律是中华民族的一种传统美德,也是会计职业道德规范的重要内容之一。

在会计职业中,廉洁是指要求会计从业人员公私分明、不贪不占、遵纪守法,经得起金钱、权利、美色的考验,不贪污挪用、不监守自盗。自律,是指会计从业人员按照一定的标准,自己约束自己、自己控制自己的言行和思想的过程。其主要特征在于"律",即将一定的具体标准作为具体行为或言行的参照物,警醒自我、约束自我、控制自我。

会计人员的自我约束,即会计人员自律。会计人员的自我约束是靠其科学的价值观和人生观来实现的。可以说,会计人员自律是会计职业道德的最高境界,因为这是一种自觉的行为,无需强制。会计人员的自律是会计职业自律的基础和保证,每个会计人员的自律性强,则整个会计行业的自律性也强。但行业自律性强,不等于每个会计人员自律性都强。

会计人员的廉洁是会计职业道德自律的基础,而自律是廉洁的保证。自律性不强就很难做到廉洁,不廉洁就谈不上自律。会计工作的特点决定了廉洁自律是会计职业道德的内在要求,是会计人员的行为准则。自律的核心就是用道德观念自觉地抵制自己的不良欲望。对于整天与钱财打交道的会计人员来说,经常会受到钱财的诱惑,没有"理万金分文不沾""常在河边走,就是不湿鞋"的道德品质和高尚情操是不行的。会计人员只有首先做到自身廉洁,严格约束自己,才能理直气壮地阻止或防止别人侵占集体利益,正确行使反映和监督的会计职责,保证各项经济活动正常进行。若会计人员职业道德观念不强,自律意志薄弱,很容易成为钱财的俘虏,走向犯罪的深渊。惩治腐败,打击会计职业活动中的各种违法活动和违反职业道德的行为,除了要靠法律手段,建立坚强和完善的法制外,会计人员需保持清醒的头脑,把持住自我,严格自律,防微杜渐,构筑思想道德防线。

(二)廉洁自律的基本要求

1.树立正确的人生观和价值观

廉洁自律,首先要求会计人员必须加强世界观的改造。树立正确的人生观和价值观,这是奠定廉洁自律的基础。人生观是指人生价值观,是人们对人生的目的和意义的总的看法和观点,其核心是人生价值问题。价值观是指人们对于价值的根本观点和看法。它是世界观的一个重要组成部分,包括对价值的本质、创造、功能、认识、实现等有关价值的一系列问题的基本观点和看法。会计人员应以马克思主义、毛泽东思想、邓小平理论、"三个代表"、社会主义核心价值观等重要思想为指导,树立科学的人生观和价值观,自觉抵制享乐主义、个人主义、拜金主义等错误的思想,这是在会计工作中做到廉洁自律的思想基础。

2.公私分明,不贪不占

公私分明,是指严格划分公私界线,公是公,私是私。不贪不占,是指会计人员不贪、不沾、不收礼、不同流合污。

廉洁自律的天敌就是"贪""欲"。会计人员因其职业特点最易犯的就是"贪""欲"。一些会计人员利用职务之便贪图金钱和物质上的享乐,自觉或不自觉地利用职业特权行"贪"。贪欲强的会计人员只要有机会就"贪",不管采用什么方式,也不顾什么后果。有的被动受贿,有的主动索贿、贪污、挪用,有的监守自盗,有的集体贪污,有的以权谋私。现实生活中,这样的教训很多,不胜枚举。

犯"贪""欲"的根本原因是会计人员忽视了世界观的自我改造,放松了道德的自我修养,弱化了职业道德的自律。"千里之堤,溃于蚁穴",一念之差,身败名裂! 广大会计人员一定要加强道德修养,彻底摒弃"金钱至上、金钱万能"的人生哲理,在不义之财面前不动心,决不利用手中权力占便宜。

3.遵纪守法,一身正气

遵纪守法是对公民的基本要求,更是对会计人员的基本要求。为维护会计工作秩序,国家专门对会计工作制定了相应的法律和法规,专门制定了《企业会计准则》等会计核算方面的法规制度。对于会计人员来说,除了遵守一般的法律法规外,还必须遵守会计工作方面的法律法规。一身正气是指会计人员自身应具有光明正大的作风和刚正的气节。会计人员经常与金钱打交道,经常接触资金,只有一身正气,才能在会计工作中经得住各种利益的诱惑,杜绝错误和腐败。

四、客观公正

(一)客观公正的含义

客观公正,是指要求会计人员端正态度,依法办事,实事求是,如实反映,不偏不倚,保持应有的独立性。客观是指按事物的本来面目去反映,不掺杂个人的主观意愿,也不为他人意见所左右,既不夸大,也不缩小。对于会计工作而言,客观主要包括:一是真实性,即以客观事实为依据,真实地记录和反映实际经济业务事项;二是可靠性,即会计核算要准确,记录要可靠,凭证要合法。

公正就是公平正直,没有偏失,但不是中庸。对于会计工作而言,公正主要包括:一是国家统一的会计制度,即会计准则、制度要公正。会计准则、制度不是为某一个特定的主体而制定的,而是为众多主体和社会公众所制定的。二是执行会计准则、制度的人,即公司、企业单位管理层和会计人员不仅应当具备诚实的品质,而且应公正地开展会计核算和会计监督工作,即在履行会计职能时,摒弃单位、个人私利,公平公正,不偏不倚地对待相关利益各方。

客观是公正的基础,公正是客观的反映。要达到公正,仅仅做到客观是不够的。公正不仅仅单指诚实、真实、可靠,还包括在真实可靠中作出公正选择。这种选择尽管是建立在客观的基础之上,还需要在主观上作出公平合理的选择。是否公正、合理,既取决于客观的选择标准,也取决于选择者的道德品质和职业态度。

(二)客观公正的基本要求

在会计职业中,客观公正是会计人员必须具备的行为品德,是会计职业道德规范的灵魂。客观要求会计人员在处理经济业务时必须以实际发生的交易或事项为依据，如实反映企业的财务状况、经营成果和现金流量情况；公正要求会计准则不偏不倚、一视同仁，会计人员在履行会计职能时，摒弃单位、个人私利，不偏不倚地对待有关利益各方。客观公正，不只是一种工作态度，更是会计人员追求的一种境界。

1.依法办事

有了端正的态度和知识技能基础之后，在工作过程中必须遵守各种法律、法规、准则和制度，依照法律规定进行核算，并作出客观的会计职业判断。会计人员记账、算账、报账和进行财产清查，需要熟悉并依据《会计法》和国家统一的会计制度进行业务处理。注册会计师开展独立审计时，应依据《会计法》《注册会计师法》以及独立审计准则等法律法规的规定实施审计活动。总之，只有熟悉掌握并严格遵守会计法律法规，才能客观公正地处理会计业务。目前，会计信息失真严重，一个很重要的方面是会计人员在处理经济业务、编制会计报表时不能遵循客观公正的原则，过去的"书记成本、厂长利润"，现在的"技术处理"，都是与客观公正原则相违背的。一些上市公司的会计人员，为了帮助公司取得上市资格，为了公司能增股、配股、"圈钱"，不惜血本弄虚作假，表现出"高超"的技术处理能力，极具隐蔽性。客观公正要求会计人员在工作中必须做到坚持原则，照章办事，不能因关系亲疏而异，要把好"贪欲"关、"人情"关，做到"经手万贯，一尘不染"，做到"糖弹打不中，美酒泼不进"。

2.实事求是，如实反映

客观公正贯穿于会计活动的整个过程：一是会计核算过程的如实反映，即会计人员在具体进行业务处理时，或进行职业判断时，应保持客观公正态度，实事求是、如实反映、不偏不倚。如会计人员在办理有关缴纳企业所得税的业务时，应依法纳税，不能以损害国家利益为前提而少交税款。二是最终结果公正，是指会计人员对经济业务的处理结果是公正的。例如，某人因公出差丢失了报销用的车票，业务处理时，不能因为无报销凭证就不报销，也不能随意报销，而是要求出差人员办理各种合法、合理的证明手续后，才能报销，即最终结果是客观公正地进行会计处理。不报销或随意报销，都是不客观公正的。再如，注册会计师出具的审计意见，既不违背事实，也不夸大事实，才能算是客观公正。总之，会计核算过程的如实反映和最终结果的客观公正都是十分重要的，没有如实反映的会计核算过程作为前提，结果的客观公正性就难以保证；没有客观公正的结果，业务操作过程的客观公正就失去意义。

客观公正，是会计工作和会计人员追求的目标。社会经济是复杂的，生活中的人的品性和欲望是多样的。会计人员不是"超人"，对经济业务事项的职业判断可能会出现偏差，极有可能导致披露的会计信息失真。因此，如实反映，客观公正是会计工作和会计人员追求的目标，通过不断提高专业技能，正确理解、把握并严格执行会计准则、制度，不断消除非客观、非公正因素的影响，做到最大限度的客观公正。

3.保持应有的独立性

会计人员要做到如实反映，要求保持会计人员从业的独立性。独立性有实质上的独立和形式上的独立两层含义。前者是指会计人员在从事会计工作时应当不受个人或外界因素的约束、影响和干扰，保持客观公正的工作态度；后者是指会计人员应当保持适当独立的身份,如财务利益上的独立,实行回避制度、内部稽核制度或控制制度等。保持独立性,对于注册会计师行业尤为重要。这里所说的独立性主要是指注册会计师在执行审计业务的过程中,与相关利益当事人应保持独立。注册会计师保持其独立性应当做到以下两点:(1)注册会计师应当回避可能影响独立性的审计事项,实现形式上的独立;(2)注册会计师应当恪守职业良心,保持实质上的独立。

五、坚持准则

(一)坚持准则的含义

坚持准则,是指要求会计人员在处理会计业务的过程中,严格按照会计法律制度办事,不为主观或他人意志所左右。这里所说的"准则"是广义的,不仅指各项会计准则,而且包括会计法律、国家统一的会计制度以及会计工作相关的法律制度。

"没有规矩,不成方圆"。坚持准则,要求会计人员熟悉国家法律、法规和国家统一的会计制度,始终坚持按法律、法规和国家统一的会计制度的要求进行会计核算,实施会计监督。

会计人员应当熟悉和掌握准则的具体内容,并且在会计核算中认真执行,对经济业务事项进行确认、计量、记录和报告的全过程应符合会计准则的要求,为政府、企业、单位和其他相关当事人提供真实、完整的会计信息。

(二)坚持准则的基本要求

会计人员在进行核算和监督的过程中要依法办事,坚持准则。只有坚持准则,才能以准则作为自己的行动指南。现实生活中经常会出现单位、社会公众和国家利益发生冲突的情况。面对这种情况会计人员应作出"是""非"判断,坚持准则,以维护国家利益、社会公众利益和正常的经济秩序。

1.熟悉准则

熟悉准则是指会计人员应了解和掌握《会计法》和国家统一的会计制度与会计相关的法律制度,这是遵循准则、坚持准则的前提。市场经济是法治经济,市场经济条件下的政府、企业、单位是在法律法规的约束下进行经济活动的。会计工作不单纯是进行记账、算账和报账,在记账、算账和报账过程中会时时、事事、处处涉及政策界限、利益关系的处理,需要遵守准则、执行准则,才能遵纪守法,才能保证会计信息的真实性、完整性。

会计的核算、报告、内部控制、年度财产清查等活动都是有法律和制度规定的,会计人员要想做好会计工作就必须熟悉国家法律、法规和国家统一的会计制度,熟悉准则,理解和掌握准则,并在会计实践中加以熟练运用。会计人员不仅要熟练掌握准则,正确领会会计法律法规、会计准则、会计制度,而且也应根据自己的实际需要,了解和熟悉与会计相关的经济法律制度,如税收、金融、证券、票据、合同等法律制度。此外,还要熟悉本部门、本单位内部制定的管理制度,如内部控制制度、财务管理制度等。只有熟悉准则,才有可能提高会计人员的守法能力,这是做好会计工作的前提。

2.遵循准则

遵循准则即执行准则。准则是会计人员开展会计工作的外在标准和参照物。会计人员在会计核算和监督时要自觉地严格遵守各项准则、法律,同时也要求他人遵守准则,将单位具体的经济业务事项和经济行为与会计法律和国家统一的会计制度相对照,先作出是否合法合规的判断,对不合法的经济业务不予受理。

在实际工作中,由于科技的发展和社会环境的变化,会计业务日趋复杂,因而准则规范的内容也会不断变化和完善。这就要求会计人员不仅要经常学习、掌握准则的最新变化,了解本部门、本单位的实际情况,准确地理解和执行准则,还要在面对实际经济生活中出现的新情况、新问题以及准则未涉及的经济业务或事项时,通过运用所掌握的会计专业理论和技能,作出客观的职业判断,予以妥善地处理。

3.敢于同违法行为作斗争

会计人员在会计工作中遵循准则,难免在工作中碰到某些违反财经法规和纪律的情况,如有的单位负责人为了本单位、小集团或个人的私利,指使会计人员账外设账,私设小金库,乱发奖金、私分财物;有的为了体现单位的"政绩",指使会计人员通过伪造会计凭证、会计账簿,编制虚假财务会计报告等,损害国家和社会公众的利益。此外,会计人员作为社会成员的一分子,有领导、同事、朋友、亲眷,也有七情六欲,在会计工作中也会时常有各种因素的干扰,发生道德上的冲突。如果会计人员为了自己的个人利益不受影响,放弃原则,做"老好人",对单位领导公款消费、私分财产,甚至直接授意伪造会计凭证、会计账簿等违规违纪行为,不提醒、不抵制,领导怎么说就怎么做,唯领导意图是命,只要领导高兴,"原则"可以变成"圆则","不合法"的可以想办法使其变成"合法",对关系好的同事、朋友放弃会计监督职责,随意"迁就""照顾",凭证审核不严,开支标准尺度放宽,能马虎的就马虎,能视而不见者就视而不见,甚至主动参与串通作弊,就会使会计工作严重偏离准则,会计信息的真实性、完整性就无法保证,作为会计人员,也应当承担相应责任。因此,要确保会计信息真实、可靠,会计人员必须坚持准则,始终坚持按法律、法规和国家统一的会计制度的要求进行会计核算,实施会计监督。

坚持准则,依法办事,是会计人员职业道德的重中之重。会计工作以会计准则为指导,以会计处理为载体,涉及社会生活的所有经济事项和方方面面,这就要求每一位会计人员必须自觉遵守会计准则,牢固树立财经法治意识,时刻保持清醒的头脑,在各种诱惑面前不为所动,"不唯情,不唯钱,只唯法",有"不义之财不可取"和"不为五斗米而折腰"的志气。

六、提高技能

(一)提高技能的含义

提高技能,是指要求会计人员增强提高专业技能的自觉性和紧迫感,勤学苦练,刻苦钻研,不断进取,提高业务水平。

会计是一门不断发展变化、专业性很强的学科,它与经济发展有着密切的联系。近年来,随着市场经济的发展和经济全球化进程的加快,特别是我国加入世界贸易组织后,会计改革不断深入,会计专业性和技术性日趋复杂,对会计人员所应具备的职业技能要求也越来越高。同时,会计行业也要参加市场竞争,遵循优胜劣汰的法则。会计人员要想生存就必须使自身具有较高层次的专业知识和技能。会计职业技能的内容主要包括：一是专业基础知识；二是会计理论、专业操作和创新能力；三是组织协调能力；四是主动更新知识的能力；五是提供会计信息能力等。提高技能，就是指会计人员通过学习、培训等手段提高职业技能，以达到足够的专业胜任能力的活动。

会计人员是会计工作的主体。会计工作质量的优劣，一方面受会计人员技能水平的影响，包括会计人员对会计原则、制度的理解、掌握的程度，对客观事物的判断能力等；另一方面受会计人员道德品行的影响，包括对会计工作的认识态度，工作作风，对道德冲突的正确解决等。

(二)提高技能的基本要求

会计人员的道德品行是会计职业道德的根本和核心，会计人员的技能水平是会计人员职业道德水平的保证。没有娴熟的会计技能，再好的个人道德品行，也无法干好会计工作。会计工作是一门专业性和技术性很强的工作，从业人员必须"具备一定的会计专业知识和技能"，才能胜任会计工作，才能够勤勉、谨慎地运用其知识、技能、经验，善于根据客观环境作出正确的职业判断，如选择恰当的会计政策、作出合理的会计估计等。社会在前进，经济在发展，科学在进步。作为一名会计工作者必须不断地提高其业务技能，这既是会计人员的义务，也是做好会计工作的需要。

1.要有不断提高会计专业技能的意识和愿望

会计人员要适应时代发展的步伐，就要有危机感、紧迫感，要有不断提高专业技能的意识和愿望。只有具备不断提高会计专业技能的意识和愿望，才能不断进取，才会主动地求知、求学，勤学苦练，精益求精。会计人员要具备高超的职业技能，掌握过硬的本领，就必须谦虚好学，刻苦钻研，熟悉法规。只有具备专业胜任能力，才能适应会计工作以及会计职业道德的要求。

会计是一门不断发展变化的学科和技术，随着市场经济的不断发展，新的法律制度不断颁布和实施，会计改革仍在延续，不学习新的会计理论和新的准则制度，会计人员就可能适应不了所从事工作的要求。此外，由于经济活动千变万化、包罗万象，现有的会计准则和会计制度不可能全部涉及，因此，会计人员还必须不间断地学习、研究、充实和提高，具备根据会计理论解决现实问题的能力。同时，会计人员还负有获得及维持该项专业能力的持续责任。专业技能的学习和提高不可能是一劳永逸之事，"活到老学到老"。要做一名业务精、技术硬的会计人员，需要付出终生的努力。只有向书本学、向社会学、向实际工作学，并且具有锲而不舍的进取精神，用科学的会计理论、高超的会计操作技术武装自己，才能不断地提高自己的业务水平、理论水平、操作技能和职业判断能力，才能推动会计工作和会计职业的发展，以适应不断变化的新形势和新情况的需要。只有在学中思，在思中学，不断学习、思考，才能不断提高业务素质水平。

精通业务、胜任本职工作是会计人员应具备的职业道德品质。没有相当娴熟的专业技能，是无法开展会计工作、履行会计职责的。会计之道，就是会计的职业技能和技术，没有娴熟的会计之道，会计之德也就失去了依托。因此，遵守会计职业道德客观上需要不断进取，提高业务水平。

2.要有勤学苦练的精神和科学的学习方法

现代会计是集高科技、高知识于一体的事业,会计理论不断创新,新的会计学科分支不断出现,如跨国公司会计、国际税收会计、金融工具及衍生工具会计、知识产权会计、国际服务领域会计、人力资源价值的计量与核算、通货膨胀、经济全球化带来的外币兑换等以及会计信息系统和财务机器人的发展,都要求会计人员去不断地学习与探索。没有精益求精的"敬业"精神,就不能更好地为企业的发展出谋划策,解决工作中的难题。而要具备高超的专业技术和过硬的本领,就需要具备勤学苦练、刻苦钻研的精神。能否做到这一点,既是衡量一个人事业心的重要尺度,也是衡量会计职业道德水准高低的标志。不学无术、鄙视专业技能,轻视会计业务,满足于一知半解或者似懂非懂、似通非通,对会计工作者来说,是一种不道德的表现。

提高技能是多方面的。作为一名会计人员应该苦练业务基本功,包括具备熟练的记账、算账、报账以及会计电算化技术等操作能力。作为更高的要求,还要会预测、会编制计划、会分析、会决策等,还要具有较强独立分析、处理实际问题的能力,能够透过现象看本质,抓住主要矛盾并妥善予以解决。会计人员应重视在会计实践中提高会计职业能力。会计是一种实践性很强的工作,会计业务的操作能力需要在工作中锻炼培养。在会计岗位上学习可以把理性的东西和感性的东西结合起来,全面认识事物。特别是对于层次不高的会计人员来说,通过理论联系实际的学习方法可以使晦涩难懂的会计理论变得活灵活现、容易掌握。

如何将学到的专业技术理论转化为技能技巧,关键在于理论联系实际,同时,要掌握科学的学习方法,必须积极参加社会实践活动,在实践中锤炼提高职业技能。

谦虚好学、刻苦钻研、锲而不舍、不断进取,是练就高超的专业技术和过硬本领的唯一途径,也是衡量会计人员职业道德水准高低的重要标志之一。

七、参与管理

(一)参与管理的含义

参与管理,是指要求会计人员在做好本职工作的同时,努力钻研相关业务,全面熟悉本单位经营活动和任务流程,主动提出合理化建议,协调领导决策,积极参与管理,为管理者当参谋,为管理活动服务。

管理是人类各种活动中最重要的活动之一。自从人们开始组成群体以实现个人无法达到的目标以来,管理工作就成为协调个体努力必不可少的因素。人类社会越依赖集体的努力来完成任务,管理工作也就越发重要。

会计工作或会计人员与管理决策者在管理活动中分别扮演着参谋人员与决策者的角色,承担着不同的职责和义务。会计人员在参与管理过程中并不直接从事管理活动,只是尽职尽责地履行会计职责,间接地从事管理活动或者说参与管理活动。会计人员要树立参与管理意识,积极主动地做好参谋,不能消极被动地记账、算账和报账,做个单纯的"账房先生"。

(二)参与管理的基本要求

会计人员要树立参与管理意识,积极主动地做好参谋。经常主动地向领导反映经营管理活动中的情况和存在的问题,主动提出合理化建议,协调领导决策,参与经营管理活动。应积极主动地做好以下两方面的工作:

1.努力钻研业务,熟悉财经法规和相关制度,提高业务技能,为参与管理打下坚实基础

会计人员应当努力钻研业务,使自己的知识和技能适应所从事工作的要求。会计人员只有业务娴熟,并具有精湛的技能,才能更好地参与管理,为改善经营管理,提高经济效益服务;只有努力钻研业务,不断提高业务技能,深刻领会财经法规和相关制度,才能有效地参与管理。

2.熟悉服务对象的经营活动和业务流程,使参与管理的决策更具针对性和有效性

会计人员应当熟悉本单位的生产经营、业务流程和管理情况,掌握单位的生产经营能力、技术设备条件、产品市场及资源状况等情况,结合财会工作的综合信息优势,积极参与预测。根据预测情况,运用专门的财务会计方法,从生产、销售、成本、利润等方面有针对性地拟定可行性方案,参与优化决策。对计划、预算的执行,要充分利用会计工作的优势,积极协助、参与监控。会计人员要充分利用掌握的大量会计信息去分析单位的管理,从财务会计的角度渗透到单位的各项管理中,找出经营管理中的问题和薄弱环节,主动提出合理化建议,协助领导决策,积极参与管理,把管理结合到日常工作之中。从而使会计的事后反映变为事前的预测分析,真正起到"当家理财"的作用,成为决策层参谋助手,为改善单位内部管理、提高经济效益服务。

八、强化服务

(一)强化服务的含义

强化服务,是指要求会计人员具有文明的服务态度、强烈的服务意识和优良的服务质量。

服务态度是服务者的行为表现,要求礼貌服务,以礼待人。文明服务是现代经济社会对劳动者所从事职业的高层次的要求,它表现为人们在参与对外工作交往和组织内部协调运作过程中,人与人之间人际关系的融洽程度和与之相对应的工作态度。

强化服务是现代经济社会对劳动者所从事职业的更高层次的要求,强化服务要求会计人员树立服务意识,提高服务质量,努力维护和提升会计职业的良好社会形象。

会计职业强化服务的结果就是奉献社会。如果说爱岗敬业是会计职业道德的出发点,那么,强化服务、奉献社会就是会计职业道德的归宿点。任何职业的利益、职业劳动者个人的利益都必须服从社会的利益、国家的利益,把奉献社会作为职业的崇高责任是职业道德的基本要求和最终归宿。

(二)强化服务的基本要求

强化会计职业服务的基本要求就是会计人员要有强烈的服务意识,服务要文明,质量

要上乘,努力维护和提升会计职业的良好社会形象。

1.强化服务意识

会计人员要强化服务意识,不论是为经济主体服务,还是为社会公众服务,都要摆正自己的工作位置。不要认为自己管钱管账,就高人一等;不要认为会计职业在社会上吃香,就不敬业、就马马虎虎;不要认为自己在工作中可以参与管理决策,就自命不凡。要树立强烈的服务意识,管钱管账是自己的工作职责,参与管理是自己的义务,会计职业受社会尊重是因为会计职业在社会上的信誉高、服务质量好。会计人员要在内心深处树立服务意识,为管理者服务、为所有者服务、为社会公众服务。只有树立了强烈的服务意识,才能做好会计工作,履行会计职能,为单位和社会经济的发展作出应有的贡献。

强化服务意识,要搞好文明服务。会计人员要做到态度温和,语言文明,尊重同事,尊重事实,谦虚谨慎,彬彬有礼,团结协作,互相支持。常言道,"良言一句三冬暖,恶语伤人六月寒"。会计工作需要与各方面打交道,会计人员的一言一行,一举一动表现出其道德素质的高低,直接反映着会计人员的社会形象。因此,文明用语,礼貌待人,以理服人,是会计人员道德规范的基本要求。会计人员在办理业务时,经常会遇到领导、同事因对会计制度、财经法规不熟悉而出现争执。在解决各种矛盾和问题时,不能以势压人,以权欺人,而是要尊重领导、尊重同事,尊重事实,心平气和地解释和沟通。做到说话和气,以诚相待,认真听取对方的意见,以理服人;做到沟通讲策略,用语讲准确,建议看场合;要做到大事讲原则,小事讲风格,是自己存在的问题,要主动向对方承认错误,以得到对方的谅解,即使自己有理也要做到文明礼貌,平等对待对方。

会计工作是一个协作的工作,制单、审核、记账、报表、出纳等各个环节都紧密相连。任何一个环节出错或延迟,都会影响整个会计信息的真实、客观和及时的传输。各个岗位上会计人员之间、会计人员与其他人员之间要团结协作,互相支持,"以和为贵"。因此,会计人员不仅要自觉地培养团结协作、互相支持的道德观念,并以此来规范自己的言行,而且还要严以律己,宽以待人;同时,要正确处理各部门之间以及上下级之间的关系。

2.提高服务质量

提高服务质量,是在坚持原则、坚持会计准则的基础上尽量满足用户或服务主体的需要。单位服务不仅要文明,还要讲质量,更要不断开拓创新。强化服务的关键是会计人员和注册会计师的服务内容各有侧重,其服务效果的表现也不同。单位会计人员强化服务的内容是真实、客观地记账、算账和报账,积极主动地向单位领导反映经营活动情况和存在的问题,提出合理化建议,协助领导决策,参与经营管理活动。注册会计师强化服务的内容是以客观、公正的态度正确评价委托单位的经济财务状况,为社会公众及信息使用者服务。

会计人员服务的态度直接关系到会计行业的声誉和全行业运作的效率,会计人员服务态度好、质量高、做到讲文明、讲礼貌、讲诚信、讲质量,坚持准则,严格执法,服务周到,就能提高会计职业的信誉,维护和提升会计职业的良好社会形象,增强会计职业的生命力;反之,就会影响会计职业的声誉,甚至直接影响到全行业的生存和发展。

总而言之,以上"爱岗敬业、诚实守信、廉洁自律、客观公正、坚持准则、提高技能、参与管理、强化服务"八个方面会计职业道德的要求,会计从业者应在实践中自觉遵循、不断充实和发扬光大。

任务三 会计职业道德建设

会计职业道德建设是一项复杂的系统工程,各级财政部门、会计职业团体、机关和企事业单位要充分认识到加强会计职业道德建设对于促进社会经济秩序健康发展的重要意义,积极探索会计职业道德建设组织与实施的制度和机制,齐抓共管,保证会计职业道德建设的各项任务和要求落到实处。

一、开展会计职业道德教育

(一)会计职业道德教育的含义

会计职业道德教育,是指为了促使会计人员正确履行会计职能,而对其施行有目的、有计划、有组织、有系统的道德教育活动。会计职业道德教育是使外在的会计职业道德规范得以转化为会计人员内在品质和行为的有效途径。其基本内涵是根据会计工作的特点,用社会主义道德对会计人员灌输和施加影响,使会计职业道德规范和优秀会计职业道德传统深入人心,提高会计人员在会计工作中的道德水平。

(二)会计职业道德教育的内容

会计职业道德教育的主要任务是帮助和引导会计人员培养会计职业道德情感,树立会计职业道德信念,遵守会计职业道德规范,使会计人员懂得什么是对的,什么是错的;什么是可以做的,什么是不应该做的;什么是必须提倡的,什么是坚决反对的。会计职业道德教育的内容包括以下几个方面:

1.会计职业道德观念教育

会计职业道德观念教育主要是普及会计职业道德基础知识,让会计人员在思想上牢固树立会计职业道德观念,了解会计职业道德对社会经济秩序、会计信息质量的影响,懂得一旦违反会计职业道德,除了会受到良心和道义上的谴责外,还会受到行业惩戒和处罚。会计职业道德观念教育应该同社会教育、学校教育、家庭教育结合起来。采取广播电视、报刊、网络等媒介普及会计职业道德知识,形成会计人员以遵守职业道德光荣、以不遵守职业道德可耻的社会氛围。

2.会计职业道德规范教育

会计职业道德规范教育是指对会计人员开展以会计职业道德规范为内容的教育,也是对会计人员从事会计工作的服务宗旨进行的教育。会计人员从事会计职业应当具备的基本职业道德是以爱岗敬业、诚实守信、廉洁自律、客观公正、坚持准则、提高技能、参与管理和强化服务为主要内容的会计职业道德规范,是会计职业道德教育的核心内容,涵盖的内容非常广泛,应贯穿于会计职业道德教育的始终。

3.会计职业道德警示教育

会计职业道德警示教育是指通过开展对违法会计行为典型案例的讨论,给会计人员以启发和警示。根据不同的教育对象,选择一些违反会计职业道德行为和违法会计行为典型案例开展广泛深入的讨论和剖析,对各种腐朽思想文化的影响警钟长鸣,给会计人员以启发和警示,从而可以随时警醒和告诫会计人员提高自身的法律意识和会计职业道德观念,增强辨别是非的能力。

4.其他教育

其他教育是指除上述会计职业道德观念教育、会计职业道德规范教育和会计职业道德警示教育以外的会计职业道德教育的内容。

二、提升会计人员职业道德修养

(一)会计职业道德修养的含义

会计职业道德修养,是指会计人员在会计职业活动中,按照会计职业道德的基本要求,在自身道德品质方面进行的自我教育、自我改造、自我锻炼、自我提高,从而达到一定的职业道德境界。

会计职业道德修养要求会计人员学习职业道德的知识,培养自己的职业情感,在履行义务时,克服困难障碍,磨炼职业道德意志,树立坚定的职业道德信念。职业道德修养的最终目的在于把职业道德原则和规范逐步地转化为自己的职业道德品质,从而将职业实践中对职业道德的意识情感和信念上升为职业道德习惯,使其贯穿于职业活动的始终。此时,会计人员对职业道德规范的遵守已成为自己的职业本能。

(二)会计职业道德修养的环节

1.形成正确的会计职业道德认知

会计职业道德认知,是会计人员对自己所做的会计工作不断地进行总结,自我批评、自我解剖,用会计职业道德的规范要求对照检查,认真查找自己的缺点、差距,并通过主观努力加以改正,使自己的行为纳入职业道德规范和要求的轨道。同时,要虚心听取别人意见。对待别人的批评,要态度诚恳,虚心接受。经过这一过程,把会计职业道德规范要求变成自己的内心信念和自觉行动。

2.培养高尚的会计职业道德情感

高尚的会计职业品德的形成,不是一蹴而就的,而是刻苦进行道德修养的结果。会计职业道德修养,虽然是道德品质和思想素质方面的自我锻炼,但绝非"闭门思过"就可以的。培养高尚的会计职业道德情感,自我教育是一种重要形式,是会计职业道德正确认知得以充分发挥的重要环节。通过自我教育培养高尚会计职业道德情感,养成良好会计职业道德行为,从而凝结为优良的会计职业道德品质。

3.树立坚定的会计职业道德信念

会计职业道德信念是指会计人员对会计职业道德具有强烈的责任感和坚定信仰。会计人员树立了坚定的职业道德信念,必然对自己的职业充满热情,必然认真度量自己在职业实践中的一切言行,必然自觉按照职业道德规范要求,忠实履行自己的义务,以坚韧不拔的毅力维护会计纪律,努力做好会计相关工作。

4.养成良好的会计职业道德行为

通过对会计职业道德规范的认知,培养高尚的会计职业道德情感,使会计人员形成稳定的、能区别和明辨职业行为中的善良与丑恶、光荣与耻辱、高尚与卑鄙、诚实与虚伪等方面的内心信念,并将内心信念运用于会计工作实践,在实践中自觉调节个人的行为,使之符合会计职业道德的一般要求和特殊要求,从我做起。在会计实际工作中,不畏压力,不为利诱,在任何时候、任何情况下做到诚信为本,坚持准则,廉洁自律,严格把关,尽职尽责,一尘不染,自觉养成良好的会计职业道德行为。

(三)会计职业道德修养的途径

1.慎省慎微

慎省是指会计人员要对自己的会计行为按会计职业道德的要求,进行反省,对照会计职业道德规范进行检查,发现差距,修正错误。进行"内省",就是认真自省,通过自我反思、自我解剖、自我总结而发扬长处、克服短处,不断地自我升华、自我超越,做到慎欲慎微。慎微,要求会计人员要小处自律,从微处、小处着眼,防微杜渐,不断自省,积小善成大德,要自觉抵制行业不正之风,处理好会计职业权利与义务的关系,以获得良好的职业信誉。

2.慎独慎欲

自律慎独就是在单独处事、无人监督时,仍能坚持道德准则,不做任何对国家、对社会、对他人不道德的事情。慎独,既是一种道德修养方法,又是一种很高的道德境界。通过自我约束、自我监督,可以更好地培养、锻炼坚强的职业道德信念和意志。慎独的最基本特征是以高度自觉性为前提,在履行职责时自律谨慎,不管财经法规、制度是否有漏洞,也不管是否有人监督,领导管理是否严格,都能够按照会计职业道德规范行事。慎欲,要求会计人员要把国家、社会公众和集体利益放在首位,在追求自身利益的时候,不损害国家和他人利益,要求适度适当,合理合法。

3.自警自励

自警,就是自我警告警戒,针对自己不好的习惯、不好的行为要时时提高警惕,自我提醒预防。自励,就是自我鼓励、激励、勉励,鼓励自我精神,激励自我斗志。会计人员在会计工作中,对不符合会计职业道德、违反国家会计法律法规的行为要时刻提高警惕,时刻提醒预防。在会计工作中遇到挫折,不被人理解或受到埋怨,会计人员要进行自我鼓励和自我激励,树立信心和决心,坚持公平正义。

会计职业道德修养和会计职业道德教育是相辅相成的两个方面。会计职业道德教育是外因,会计职业道德修养是内因,职业道德原则和规范转化为会计人员的职业道德品质和行为,是一个内外结合、外因通过内因起作用的过程。在我国的会计职业道德体系的建设中,对职业道德教育和职业道德修养要齐抓共建。

三、加强会计人员信用档案建设

(一)建立会计人员信用信息管理制度

明确会计人员信用信息的内容、采集方式、归档要求和使用条件,形成统一要求、分级负责、综合利用的会计人员信用信息管理制度,切实加强对会计人员信用情况的管理。研究建立会计人员信用信息纠错、修复机制,探索建立会计人员信用记录分级管理制度。

(二)建设会计人员信用档案

以在职会计人员为对象,以会计人员执业活动为依据,以会计人员有效身份证件号码为基础,及时采集、如实记载会计人员的信用信息,逐步形成会计人员信用档案,作为评价会计人员履职和遵循会计职业道德情况的重要依据。

(三)规范会计人员信用信息使用

省级财政部门和业务主管部门要充分利用信息化技术手段,推动建设会计人员信用信息管理系统,在此基础上逐步形成全国统一的会计人员信用信息平台。探索提供会计人员信用信息查询服务,明确查询程序、查询方式和查询内容。加强与其他部门合作,推动实现会计人员信用信息的互换、互通和共享。建立健全并严格执行保障会计人员信息安全的管理制度,做好安全防护工作,防止信息泄露。

四、组织实施会计职业道德管理

《会计法》规定,县级以上财政部门管理本行政区域内的会计工作。各级财政部门应该以依法治国和以德治国的基本方略为指导,正确认识法治与德治的辩证关系,认识会计职业道德建设的重要意义。会计职业道德建设是会计管理工作的重要组成部分,应该列入财政部门管理会计工作的重要议事日程。

各级财政部门要充分结合本地区的实际情况,加大宣传力度,制定确实可行的宣传方案,采取灵活多样的宣传形式,如举办会计职业道德演讲、论坛、竞赛、有奖征文等活动,积极发挥思想文化阵地在会计职业道德建设的作用,牢牢把握正确的舆论,唱响主旋律,营造会计职业道德建设的良好氛围。要把会计职业道德建设和会计法制建设紧密结合起来。在认真宣传贯彻《会计法》和国家统一的会计制度的同时,加大执法力度,严厉打击违法会计行为,维护国家和社会公众利益,维护正常经济秩序,为会计职业道德建设提供强有力的法律支持和政策保障。

五、完善会计人员诚信激励和失信惩戒机制

(一)为诚信会计人员提供更多机会和便利

会计人员信用记录将作为先进会计工作者评选、会计职称考试或评审、高端会计人才选拔等资格审查的重要依据。对具有良好诚信记录的会计人员,在教育、就业、创业等领

域给予重点支持,尽力提供更多便利服务。鼓励用人单位依法使用会计人员信用信息,优先聘用、培养、晋升具有良好诚信记录的会计人员。

(二)对严重失信会计人员实施约束和惩戒

在先进会计工作者评选、会计职称考试或评审、高端会计人才选拔等资格审查过程中,对严重失信会计人员实行"一票否决制"。对于已经取得会计专业技术资格的严重失信会计人员,吊销其已经取得的会计专业技术资格;用人单位应当根据严重失信会计人员的专业技术资格情况,对其进行降职、撤职或解聘。探索建立会计人员严重失信行为披露制度,依法向社会公开披露会计人员严重失信信息。

(三)加强对会计人员信用情况的监督检查

财政部门应当结合会计监督工作,加强对会计人员遵守国家统一的会计制度和会计职业道德规范等情况的检查,并将检查结果记入会计人员信用档案。争取审计、税务、市场监督管理、人民银行、银保监管、证券监管等部门的支持,将有关检查中涉及会计人员严重失信情况纳入会计人员信用档案。支持会计行业组织依据法律和章程,加强对会员信用情况的监督检查。